KB133709

시민을 위한 도시 스토리텔링

──────── 행복한 공동체를 만드는 담론

시민을 위한
도시 스토리텔링

김태훈 지음

프롤로그

전국 방방곡곡에 스토리텔링이 넘쳐난다. 축제를 하든, 관광사업을 펼치든, 공원을 만들든, 거리를 조성하든 스토리텔링이 약방의 감초처럼 빠지지 않고 등장한다. 계획을 발표하고 사업자를 선정할 때도 스토리텔링은 필요조건으로 공문서에 돋을새김된다. 이에 대응하는 제안서에도 스토리텔링은 회사의 비전이자 각오로 아로새겨진다.

그렇게 강조되고 회자되는 스토리텔링이 우리나라 도시에 본격적으로 도입된지도 어언 20년이 다 돼간다. 강산이 두 번 바뀔 시간에 도시 정책과 환경을 뒤덮었던 스토리텔링은 오늘날 어떤 모습을 하고 있을까? 시민들의 삶은 넘쳐나는 이야기 덕분에 풍요로워졌을까? 스토리텔링의 마술봉으로 지역 경제는 과연 활성화됐을까?

도시가 스토리텔링에 집착해 변화시킨 풍경 두 가지만 살펴보자. 먼저 2015년 가을 경남 진주. 대한민국에서 둘째 가라면 서러울 정도의 '남강유등축제'가 전에 없이 몸살을 앓았다. 논란은 진주시가 9월초 일방적으로 '축제 전면 유료화'를 선언하면서 시작됐다. 축제 기간 중 교통 혼잡을 줄이기 위해서, 또 축제 사무국의 재정을 건전하게 만들기 위해서 유료화가 필요하다고 진주시는 주장했다. 그러나 의회는 반발했다. 축제를 한 달 여 앞둔 시점에 사전 논의도 없이 시장이 일방적으로 추진했기 때문이었다.

급기야 축제를 1주일 가까이 앞두고 남강변 전역에 2미터 높이의 가림막이 세워졌다. 평소 남강을 바라보며 생활하던 시민들은 난데 없는 벽에 시야를 가로막혔다. 축제의 수익성을 높인다는 이유로 돈을 내지 않은 사람들의 시야를 차단한 것이었다. 축제는 눈에 띄게 활력을 잃었다. 시민들이 가림막 정책에 반발했다. 방문객도 전년 280만 명에서 40만 명으로 현저하게 줄어들었다. 축제 조직은 수익성을 개선했는지 몰라도 대목을 챙기려던 상인들은 오히려 큰 손해를 입었다. 갈등은 이듬해까지 이어져 진주시와 시민들 사이에 소모적인 논쟁이 반복됐다. 논란은 축제가 끝난 뒤에도 끊이지 않고 있다.

2016년 봄 서울 종로구 이화동. 한 때 벽화마을로 유명해져 중국과 일본 등지에서 관광객들이 물밀 듯이 찾아오던 이 곳이 갑자기 썰렁해졌다. TV 예능 프로그램과 드라마에도 나와 동네에서 가장 유명하던 해바라기 계단과 잉어 계단이 흔적도 없이 사라졌기 때문이다. 계단은 회색으로 덧칠됐고, 벽면에는 "주거지에 관광지가 웬말이냐, 주민들도 편히 쉬고 싶다"는 격문이 붉게 씌어져 있었다.

같은 해 가을 수원시 행궁동에서도 비슷한 일이 벌어졌다. 5년간 국내외 작가와 주민들 500여 명이 함께 만들어 유명세를 탔던 골목 벽화 중 일부가 덧칠과 황칠로 심각하게 훼손된 것이다. 수원시가 벽화마을 내 주택 10채를 문화시설로 지정해 한옥체험마을로 만들겠다는 계획을 발효한 것이 발단이 됐다. 문화시설 지정이 재건축 같은 개발행위를 제한할 것이기 때문이었다. 이처럼 전국의 벽화마을들은 미디어를 통해 유명세를 타는 순간 갈등의 현장으로 곧잘 둔갑했다. 주거환경이 급격하게 바뀌고 또 재산권에도 변동이 생기면서 주민들과 주민들 사이에, 주민들과 관청 사이에 이해관계가 충돌하기 때문이다.

도시 관계자들에게 스토리텔링은 거의 '맹신'에 가깝다. 스토리텔링만 잘하면 모든 문제가 해결될 것이라고 믿는 것 같다. 물론 우수 사례라고 불리는 곳들도 제법 있다. 서울의 북촌이라든지, 대구의 김광석 거리라든지, 통영의 동피랑이라든지, 전주의 한옥마을이라든지 사람들 입과 소셜미디어 타임라인을 오르내리며 유명세를 치르는 장소들이 그것들이다. 하지만 이들 사례를 과연 스토리텔링의 성공적인 결과라고 평가할 수 있을까? 관광객이 많이 찾아와 상권이 살아나는 것이 과연 스토리텔링의 목적이 되어야 할까?

이런 사례들과 마주할 때 나는 항상 질문한다. "스토리텔링이 과연 무엇일까?" "스토리텔링은 누구를 위한 것일까?" "도시를 스토리텔링해야 한다면, 그 이유는 무엇일까?" 스토리텔링 계획이, 스토리텔링 사업이 도처에서 넘쳐나는 이때에, 과도한 스토리텔링이 도시 공동체에 갈등을 일으키기 시작한 이때에 우리는 이와 같은 본질적인 질문을 던질 필요가 있다. 자기 도시에 관광객이 많이 찾아오면 정말 좋은 것일까? 그 인기 때문에 임대료가 올라가면 성공이라고 평가해야 할까?

대한민국에서 살아가는 사람 대부분이 도시에서 살아간다. 세계적으로도 전체 인구 중 도시 인구가 차지하는 비중이 빠르게 늘어나고 있다. 일부 귀농 귀촌을 꿈꾸는 사람들도 있지만, 전체적으로 보면 소수에 불과하다. 우리들 대다수는 어떻게 해서든 도시 안에서 살아가게 될 것이다.

그렇다면 가능한 한 도시 안에서 행복하게 살아야 하지 않을까? 자긍심을 갖고 인간답게 살아야 하지 않을까? 정글 같은 경쟁과 무표정한 익명성에 내던져지는 것이 아니라 시민 한 사람 한 사람이 존재 의의를 갖고 자기 삶을 살아갈 수 있도록 지원해야 하지 않을까? 제아무리 경제가 중요하더라도 행복한 일상 위에서 비로소 의미 있는 가치 아닐까?

도시의 스토리텔링은 이와 같은 질문에 해답을 던져주는 활동이 되어야 한다. 단순히 관광객을 유치하거나 건물 임대료를 높이기 위한 스토리텔링이 아니라 시민의 삶을 풍요롭게 만드는 스토리텔링이어야 한다. 스토리텔링의 본질이 그러하다. 이제 그 이야기를 시작해 보겠다.

2017년 6월 김태훈

차례

프롤로그·4

1장
이야기와 도시·14

허구와 상상 공동체·16

도시의 탄생·18

성과 속·24

도시 스토리텔링의 정의·26

2장
스토리텔링과 도시 마케팅·32

조작주의적 스토리텔링·34

한국의 스토리텔링 담론·38

도시 마케팅의 등장·44

신화 근본주의·48

3장
도시 정치 · 54

스토리텔링에 중립은 없다 · 55
중앙정치에 발목 잡힌 지방자치 · 58
지방자치와 도시 스토리텔링 · 64
도시 주권을 창조하는 과정 · 67
주권의 변화와 공간의 변화 · 69
권력자의 도시 서울 · 74
좋은 정치가 만드는 새로운 공간 · 79

4장
도시의 인물 · 82

권위가 세운 인물, 최윤덕의 예 · 84
인물에 반영된 공동체의 가치 · 88
민중이 세운 영웅, 그라쿠스와 전봉준 · 93
시민이 세운 영웅, 스포츠 스타 · 97
평범한 시민, 몰리와 애니 · 99
우리 도시의 대표 인물은? · 103
기억을 붙잡는 도시 · 109
1980년대의 민중, 21세기의 시민 · 114

5장
도시를 이야기하는 사람들 · 120

조이스와 파묵 · 122
작가의 도시와 독자의 도시 사이 · 126
영감을 재촉하는 시간의 흔적 · 128
시민과 도시의 애착 관계 · 131
도시 이야기? 사람 이야기! · 136

6장
성스러운 공간과 랜드마크 · 142

경건한 공간이 도시의 중심 · 144
경건한 공간을 둘러싼 갈등 · 147
경건한 공간을 만드는 사람들 · 155
살아 있는 경건한 공간 · 161
도시의 상징 랜드마크 · 164
자유여신상이 품고 있는 이야기 · 166
랜드마크에 응축된 이야기 · 171

7장
성스러운 시간과 특별한 사건 · 176

특별한 시간 전략과 공동체의 정체성 · 178
시간 전략에 투영된 세계관 · 181
혁명 정부의 무모한 시간 전략 · 183
도시의 시간, 시민의 시간 · 186
특별한 사건과 성스러운 시간 · 189

8장
축제 · 194

엉뚱하게 시작된 축제 · 196
관광 도시? 축제 도시! · 199
축제는 성스러운 시간의 재현 · 201
우리 축제는 안녕합니까? · 205
축제의 본질을 찾아서 · 208

9장
문화예술과 스포츠 · 212

에스토니아의 노래와 춤 · 215

노래와 춤으로 확인하는 공동체의 정체성 · 217

시민이 선택하는 문화예술 · 219

스포츠가 창조하는 신화 · 222

몸에 새기는 이야기 · 228

사회체육과 공동체 네트워크 · 234

10장
향토기업 향토음식 · 238

자기 도시에 밀착하는 성심당 · 240

대전과 성심당이 함께 만든 이야기 · 242

향토 기업의 문화적 잠재력 · 247

향토음식에 대한 도시 문화정책 · 252

향토음식과 도시 정체성 · 258

11장
공동체 미디어와 스토리텔링 네트워크 · 266

대안 미디어와 공동체의 목소리 · 268

커뮤니케이션 하부구조 · 272

붕괴된 하부구조의 재건 · 277

에필로그 · 284

1장

이야기와 도시

우리는 이야기 속에서 살아간다. 친구나 동료를 만나면 우리는 어김없이 '이야기'를 나눈다. 그 자리에 없는 '사람 이야기'부터, 세간을 떠들썩하게 만드는 '뉴스 이야기', 그리고 어젯밤 시청한 '드라마 이야기'까지 하루 중 상당한 시간을 이야기하는 데 보낸다. 혹자는 디지털 시대를 맞이해 신인류인 이야기하는 인간, 즉 호모 나렌스Homo Narrans가 등장했다고는 하지만, 꼭 디지털이 아니어도 인간은 이야기하며 살아가는 특징을 가지고 있다.

이야기에 대한 교육은 사실 태어나면서부터 시작된다. 두 팔을 자유롭게 사용할 수 있는 엄마는 아기를 품에 안고 얼굴을 맞대며 하루 종일 의사소통한다. 아기는 눈도 제대로 뜨지 못할 때부터 어머니 품에 안겨 뜻모를 이야기를 들어야 한다. 말을 조금이라도 알아듣게 되면 이야기 교육의 난이도는 순식간에 뛰어 오른다. 과거 할아버지 할머니가 담당하던 '옛날 이야기'는 오늘날 동화책으로 바뀌어 방 전체를 채우다시피 하고 있다. 그 엄청난 이야기는 부모의 목소리를 통해 자녀에게 전달되고 또 각인된다.

그렇게 전수되는 이야기는 문화권에 따라 공동체에 따라 일정한 패턴을 갖는다. 수많은 이야기가 흩어져 있고, 하루에도 엄청난 수의 새로운 이야기가 생산되지만, 마치 확률의 정규분포 곡선을 그리듯이 구성원 모두가 알고 있는 이야기에서부터 극소수만이 공유하는 이야기에 이르기까지 그 수많은 이야기는 일정한 패턴으로 분포한다. 문화권과 공동체의 관점에서 볼 때 그래서 '모두가 알고 있는 이야기'가 매우 중요하다. 그 앎의 범위가 바로 공동체의 울타리와 거의 일치하기 때문이다.

예를 들어 성서 이야기를 마음 속으로 공유하는 범위는 '기독교 공동체'라고 불러도 크게 틀리지 않다. 성서에 등장하는 다양한 인물들과 사건사고들에 익숙한 사람들은 이들을 낯설어 하는 사람들과 대화할 때 '우리'라기 보다는 '그들'이라고 여길 가능성이 높다. 같은 성서 이야기지만 다른 번역과 명칭을 쓰는 가톨릭과 개신교도 서로를 '그들'로 바라보는 경향이 많다. 한 발 더 나아가 성서 이야기를 공유하는 기독교 공동체는 쿠란 이야기를 공유하는 이슬람 공동체를 자주 적대시 한다.

민족적 정서라는 것도 마찬가지로 공통의 이야기가 중요한 기준이 된다. 예를 들어 한일간에는 일제 시대 때 강제 동원된 위안부 이야기를 어떻게 공유하고 기억하느냐는 '우리'와 '그들'을 나누는 결정적인 척도가 된다. 심지어 일본 국적자라도 위안부를 피해자로 여기는 사람은 '우리'가 되고 한국 국적자라도 위안부를 자발적 사업자로 받아들이는 사람은 '그들'로 분류한다. 같은 현상을 두고 어떤 이야기를 공유하는지가 정체성을 나누는 기준이 되는 것이다.

허구와 상상 공동체

〈사피엔스〉라는 책으로 유명한 이스라엘의 역사학자 유발 하라리는 이러한 이야기 능력 때문에 인간이 다른 동물과 비교할 수 없는 막강한 힘을 갖게 됐다고 분석한다. 하라리는 이를 약 7만 년에서 3만 년 전에 발생한 인지혁명Cognitive Revolution이라고 불렀다. 이 시기에 사피엔스들은 네

안데르탈인과 구별되는 언어체계를 갖게 된다. 바로 '허구를 말할 수 있는 능력', 즉 '이야기 능력'이었다.

인지혁명이 일어나기 전 지구상에 인간종은 최소한 여섯 가지 이상이 혼재했다고 한다. 그러나 사피엔스종은 허구를 말하고 믿기 시작하면서 개별적인 존재가 아닌 집단적인 존재로 부상하기 시작했다. 하라리는 이 능력을 '고도로 탄력적인 협동'이라고 정의했다. 이야기를 중심으로 집단이 내부적으로 결속하고 때로 희생을 감내하면서 경쟁자를 공격하거나 외부의 위협을 이겨낸다는 것이다.

그 결과 사피엔스는 다른 인간종을 멸절시키고 지구상에서 가장 치명적인 동물종이 되었다. 4만 5,000년 전에 오스트레일리아 대륙에 상륙한 호모 사피엔스는 90%의 대형동물을 멸종시켰고, 1만 5,000년 전 아메리카 대륙에 상륙한 다른 호모 사피엔스는 70%의 대형동물을 멸종시켰으며, 현재 지구상에 존재하는 대형동물의 90%를 길들이고 노예화하는 데 성공했다. 곤충과 식물을 제외하면 인간이 지구를 지배하고 있다 해도 과언이 아닐 텐데 그 치명적인 능력이 바로 이야기하는 능력, 즉 스토리텔링에서 비롯된 것이다.

사실 평범한 인간 한 명이 사회적으로 맺을 수 있는 관계의 범위는 그렇게 크지 않다. 인류의 사회적 관계를 오랫동안 연구한 영국 옥스포드 대학교의 인류학 교수인 로빈 던바Robin Dunbar는 150명을 그 기준으로 제시했다. 수렵 시대 때부터 형성된 촌락 공동체는 대개 150명 수준이었고, 고대 로마의 군대조직인 백인대도 이 숫자를 기준으로 조직됐다는 것이다.

던바의 숫자라고 불리는 150명은 현대 사회에서도 여전히 의미 있는 단위가 되고 있다. 조직 전문가들은 종교든, 기업이든, 군대든 150명을 기준으로 무리를 조직하고 또 관리하는 전략을 세운다. 심지어 사회적 관계를 무한대로 확장할 수 있는 소셜미디어 환경에서도 이용자들의 의미 있는 관계 숫자를 평균 내보면 150명에 수렴한다. 150명은 사람들이 서로를 알아보고 친밀감을 느끼는 한편, 같은 편으로서 응집력을 발휘할 수 있는 한계 숫자인 셈이다.

따라서 한 무리가 이 숫자를 넘어갈 때 보통은 내부에서 갈등이 발생한다. 신흥 반체제 세력이 등장해 기존의 리더십에 반기를 든다. 기존 리더십이 그 세력을 제압하지 못하면 무리는 둘로 쪼개지든지 아니면 해체되는 수순을 밟는다. 이런 분리 현상은 강한 리더십이 작동하지 않는 종교단체나 사회 봉사단체 등에서 자주 일어난다.

만약 인간도 이 정도로 무리지어 살아간다면 20~80마리씩 무리지어 살아가는 침팬지와 크게 다르지 않을지도 모르겠다. 그러나 인간은 '자연스런' 150명을 크게 뛰어넘는 집단을 조직하는 데 성공했다. 허구의 스토리를 만들어내고 그것을 믿는 무리들을 조직해 본격적인 집단 생활을 시작했다. 바로 '도시'가 탄생한 것이다.

도시의 탄생

〈도시의 탄생〉을 쓴 P.D 스미스는 인간을 "환경을 스스로 만들며 살아가는 유인원이자 도시를 건설하는 존재, 즉 '호모 우르바누스^{Homo} ^{Urbanus}'다'라고 정의했다. 다른 동물과 인간을 구별 짓는 가장 대표적인 정주 방식이 바로 도시이기 때문이다. 스미스는 도시를 "인간이 만들어 낸 창조물 가운데 가장 위대하다"고 선언한다.

실제 인간이 창조한 도시는 문명이 축적되는 공간으로 오늘날까지 이어지고 있다. 전체 인구 중 도시 인구가 차지하는 비중도 갈수록 높아지고 있다. 불과 200년 전만 해도 세계 인구의 3퍼센트만이 도시에 살았는데 지금은 전체의 절반이 넘는 33억 명이 도시에서 살고 있다. 나라마다 도시를 규정하는 기준은 다르지만 우리나라는 전체 인구의 약 92%가 도시 지역에 살고 있는 것으로 집계될 정도다(국토교통부 2015년 자료). 전염병의 위협과 과밀의 불경제를 우려하는 목소리가 끊이지 않지만 도시의 진화와 질주는 당분간 멈출 것 같지 않다.

놀라운 발명품 도시의 설계도는 바로 '이야기'라고 할 수 있다. 던바의 숫자를 훌쩍 뛰어넘는 사람들이 모여 유기적으로 시스템을 만들고 협동할 수 있게 하는 비결이 바로 여기에 있다. 하라리의 표현을 빌리자면 무리 속의 사람들이 도시의 이야기를 공유할 때 비로소 '같은 시민'이라는 자의식을 형성하게 된다. 그 공감대 위에서 도시는 질서와 규범을 형성하고 하나의 살아 있는 시스템으로 작동하게 된다.

세계에서 가장 오래된 도시 유적으로 꼽히는 터키의 차탈휘윅^{Çatal Höyük} 에서도 이야기의 흔적을 뚜렷하게 찾아볼 수 있다. 기원전 7,500여 년 전에 만들어진 것으로 추정되는 이 도시에는 적어도 4,000명 이상의 주민이 농경과 목축을 하면서 함께 산 것으로 추정된다. 역사학자들은 이 유적을 '인류 최초의 계획도시'라고 부르기를 주저하지 않는다. 유물이 전시된 터키 앙카라의 아나톨리아 박물관에 가면 도시 구조를 묘사한 설계도 같은 흙판 그림도 전시되어 있다. 진흙으로 지어진 집은 네 개의 직사각형 방과 거실로 이루어져 있고 지붕에서 사다리로 진입하게 되어 있다. 집 내부를 재현한 모습을 보면 창고와 부엌이 따로 있고, 여러가지 디자인으로 꾸민 거실이 가운데 자리 잡고 있다. 눈길을 끄는 부분은 집집마다 뿔 달린 황소 머리를 장식처럼 걸고 흙벽에는 별과 태양계, 사람과 여신, 사냥 장면 등을 채색으로 그려넣은 것이다. 신석기 시대로 분류되는 그때 이미 차탈휘윅 사람들은 황소머리를 신성시하고 사냥을 중요하게 생각하는 공통의 이야기를 집안 장식에 묘사하고 있었던 것이다.

발굴된 유물 중 가장 주목을 받았던 것은 바로 테라코타로 만든 모신상이었다. 양쪽에 소와 양을 상징하는 동물을 끼고 앉아 출산하는 모습을 형상화한 이 모신상은 기원전 5,750년경에 사용되던 유물로 비너스의 할머니 뻘 되는 인류 최초의 모신상으로 평가 받는다. 추정컨대 이 모신이 차탈휘윅 도시를 지배하는 공통의 허구, 즉 스토리였을 것이다. 이 모신을 믿고 섬기는 자는 차탈휘윅의 시민이고, 그렇지 않은 자는 외부인으로 대우 받지 않았을까?

인류 최초의 문명 발상지라는 메소포타미아에서 가장 먼저 문명의 싹을 틔운 수메르인들의 도시들도 차탈휘윅과 크게 다르지 않다. 수메르인들은 도시 중앙에 반드시 지구라트라고 불리는 신전을 세웠다. 그것은 도시를 지배하는 이야기, 도시공동체의 정체성을 나타내는 상징이었다. 시간이 흐르고 도시 규모가 커지면서 지구라트의 크기도 커졌다. 처음

인류 최초의 도시 차탈휘육 유적에서 발굴된 모신상

에는 방 한 칸 정도 크기에서 여러 칸으로 넓어졌고, 높이 또한 단층에서 여러 층으로 높아졌다. 지구라트의 크기가 신의 힘, 즉 도시공동체가 공유하고 있는 이야기의 힘이라고 믿었다.

성서에 나오는 바벨탑도 신바빌로니아 제국의 네부카드네자르 2세가 수호신 마르두크를 모신 90미터 높이의 지구라트였다. 바빌로니아의 모든 시민은 언제 어디서든 바벨탑을 바라볼 수 있었다. 뒤집어 말하면 바벨탑이 도시의 모든 공간과 시민의 일상을 장악한 셈이었다. 1990년 걸프전 때 미군들이 군화발로 걸어올라 입방아에 올랐던 우르의 지구라트도 수메르인들이 달의 신 난나에게 바친 신전이었다.

모든 신전은 이야기를 가지고 있었을 것이다. 실제로 인류 최초의 이야기로 평가 받는 '길가메시 서사시'는 수메르인들이 지구라트를 중심으로 어떤 이야기를 공유했을지를 가늠할 수 있게 해준다. 서사의 주인공으로 3분의 1은 인간, 3분의 2는 신인 길가메시는 도시국가 우르크의 5대 왕으로 126년간이나 통치했다고 기록돼 있다. 길가메시는 한때 친구와 함께 신에게 도전하는 용맹을 떨치지만 신들의 저주로 친구를 잃은 뒤 영생의 비밀을 찾아 기나긴 여정을 떠난다. 그 여정에서 홍수를 피한 유일한 영생자 우트나피시팀을 만나 영생의 비밀이 담긴 가시덤불을 얻지만 잠시 쉬는 사이에 뱀에게 뺏겨 빈손으로 돌아온다.

수메르의 우르크에 사는 시민이라면 과감하게 도전하고 진지하게 갈구했던 길가메시를 가장 본받아야 할 인간상으로 여기지 않았을까? 모름지기 우르크인이라면 자녀를 양육할 때 길가메시 이야기로 칭찬도 하고 혼도 내지 않았을까? 이웃 도시와의 전쟁을 앞둔 병사라면 스스로 길가메시의 후예라고 주문을 외우며 전투에 임하지 않았을까? 동네 노인들은 술자리에서 "인생은 길가메시처럼"을 건배사로 외치며 자기 인생을 그에게 빗대지 않을까? 길가메시를 흠모하는 사람이라면 우르크 바깥에 사는 외부인이라도 환영받지 않았을까? 길가메시를 폄훼하는 사람이라면 우르크 토박이라도 배척 받지 않았을까? 그렇게 길가메시를 중심으로 '우리'를 결속하고 '그들'을 경계하지 않았을까?

구약 성서에 등장하는 유대인들의 가나안 정복 전쟁도 각 도시가 섬기는 신(이야기)이 중요한 명분이 되었다. 스스로를 야훼라는 유일신을 섬기며 아브라함의 후손이라고 여기는 유목민족 유대인들은 가나안, 즉 지금의 팔레스타인 지역의 다양한 정착민들을 상대로 치열한 정복 전쟁을 펼쳤다. 그들 눈에 비친 가나안 도시들은 젖과 꿀이 흐르는 야훼의 땅을 차지하고서 거짓 우상(이야기)을 섬기는 죽어 마땅한 죄인들이었다. 그래서 그들은 잔혹한 침략 전쟁을 일으키면서도 거짓 이야기를 신봉하는 죄인들을 정당하게 징계한다고 여겼다. 유대민족이 일으킨 전쟁으로 몰락한 도시 중에는 차탈휘윅과 함께 가장 오래된 도시 유적으로 알려진 예리코(성서에는 여리고)도 있었다.

이처럼 이야기는 도시를 탄생시키는 원재료가 됐을 뿐만 아니라 도시를 운영하는 규범의 기초가 됐고, 또 때로는 다른 도시를 향해 전쟁을 일으키는 명분으로도 사용됐다. 당연히 근사한 이야기로 시민들을 단단하게 결속시킨 도시일수록 강한 위력을 발휘했고, 반대로 이야기가 수명을 다해 시민들의 외면을 받을 경우 그 도시는 모래알이 됐고, 안팎으로 닥치는 위기에 쉽게 무너졌다. 따라서 이야기가 도시 생존의 시작과 끝이라고 말해도 지나치지 않다. 아니, 이야기는 도시의 전부일지도 모른다.

성과 속

세계적인 비교종교학자 미르체아 알리아데^{Mircea Eliade}는 그의 책 〈성과 속〉(1957)에서 인간은 세상 속에서 '성^聖과 속^俗'이라는 두 가지 존재 양식을 가진다고 말했다. 이 양식은 별개로 있지 않고 한 사람과 공동체의 의식 속에서 함께 존재한다. 그래서 성스러움은 내면적이면서 동시에 사회적인 가치를 지닌다.

엘리아데가 말한 성스러움은 우리가 알고 있는 종교나 신에게만 국한된 것이 아니다. 엘리아데는 인류가 갖고 있는 모든 의례에 성스러운 가치가 내포돼 있다고 말한다. 세속적인 국가의 제도에도, 특정 집단에서 이어내려오는 관습에도 성스러움이 존재한다. 심지어 무신론자라 하더라도 자기만의 성스러움을 가지고 있다. 왜냐하면 성스러움이 바로 개인과 집단의 존엄성을 지켜주는 바탕이기 때문이다.

이 성스러운 가치를 표현한 것이 바로 이야기다. 흔히 신화와 설화라고 일컫는 이야기, 성경과 쿠란이라고 불리는 이야기, 이들 이야기가 바로 성스러움의 내용을 말해주기 때문이다. 물론 모든 이야기가 똑같은 가치를 가지고 있다고 말할 수는 없다. 이야기라는 단어가 다양한 상황 속에서 워낙 많은 의미로 사용되기 때문에 하나의 의미로 특정하기는 어렵다. 그러나 여기서는 개인이든 단체든, 동네든 도시든 이들의 성스러움, 즉 존엄을 설명해주는 이야기에 집중하고자 한다. 보다 완성된 의미로 서사^{Narrative}라고 불러도 좋다.

그렇다면 성스러움은 구체적으로 무엇을 가리킬까? 종교의 테두리를 벗어나는 성스러움은 어떤 모습일까? 엘리아데는 성스러움을 "속^俗된 것과 대조되는 것"이라고 정의한다. 여기서 속된 것이란 일상을 의미한다. 쉽게 말해 '먹고사는 활동'을 가리킨다. 따라서 성스러움은 이와 같은 일상에서 벗어난, 먹고사는 문제에서 자유로운 어떤 영역 속에 있다는 말이다.

뒤집어 얘기하면 먹고사는 것과 관계된 것은 성스러운 이야기의 소재가 될 수 없다. 흔히 '굶어죽는 한이 있어도'라는 말 뒤에 따라오는 그 무엇, '일자리에서 잘렸으면 잘렸지'라는 호기 뒤에 쫓아오는 그 무엇, 누군가의 자존심이고 누군가의 명예이기도 한 그 무엇, 바로 그것이 성스러운 이야기의 단서가 된다. 개인과 공동체가 추구하는 핵심 가치가 바로 여기에 담긴다.

예를 들어 우리나라 국민에게 '독도'는 엘리아데가 말한 성스러움의 하나라고 말할 수 있다. 독도 문제가 불거지면 다른 어떤 타협도 있을 수 없다. 설령 일본의 입장을 들어주는 경제적인 대가가 천문학적이라 하더라도 받아들일 가능성은 제로에 가깝다. 독도만큼은 우리나라의 일상, 우리나라가 먹고사는 문제에선 벗어난 영역에 자리 잡고 있기 때문이다. 때론 큰 희생을 감수하고서라도 지켜야 할 그 무엇, 그것이 바로 성스러운 이야기인 것이다.

그렇다고 성과 속이 이원론적으로 분리돼 있다고 보면 곤란하다. 성과 속은 각기 다른 차원에 존재하면서 서로에게 영향을 미친다. 성스러움은 일상에서 벗어난 초월적 가치를 바라보게 함으로써 일상을 살아갈 '이유'와 '방향'을 제공해준다. 일상은 '쳇바퀴 도는'이라는 수식어가 늘 앞서는 것처럼 대부분이 반복이다. 반복된 일상에서 생존 이외의 의미를 찾기란 쉽지 않다. 이때 성스러운 이야기는 우리가 왜 일해야 하는지, 왜 살아야 하는지, 왜 협동해야 하는지, 어떤 방향으로 나아가야 하는지를 알려주는 방향타 역할을 한다.

반대로 세속적인 삶도 성스러운 가치에 영향을 미친다. 한 공동체가 공유하는 성스러운 가치도 유효 기간이 있다. 세월이 흐르고 환경이 바뀌면 살아가야 할 일상의 법칙 또한 달라질 수밖에 없다. 이때 바뀐 일상을 담아내고 설명하지 못하는 성스러움은 폐기 수순을 밟을 수밖에 없다. 왜 사는지, 왜 협동해야 하는지, 어떻게 살아야 하는지를 현실 속에서 설명하지 못하는 수많은 성스러움이 이미 역사 속으로 사라졌다. 따라서 성과 속은 인간 공동체를 지탱하는 두 축이라고 할 수 있다. 두 축의 균형을 슬기롭게 잡아가는 활동이 공동체와 거기 속한 개인의 행복을 보장할 수 있기 때문이다.

도시 스토리텔링의 정의

이제 이 책의 주제인 도시 스토리텔링을 논해보자. 도시와 이야기는 한 몸이다. 이야기가 있어서 도시가 탄생했고, 이야기 때문에 도시가 운영되며, 이야기가 약해지면 도시 또한 위기에 빠진다. 도시의 이야기는 도시 공동체의 기원과 정체성을 규정한다. 구성원들이 지켜야 할 규범과 제도, 그리고 윤리의 기초가 된다. 도시 공동체는 끊임없이 그들의 이야기를 기억하고 확인하고 내면화하기 위해 정기적으로 의례Ritual를 개최한다. 또 도시에 위기가 닥쳤을 때 이야기는 구성원들을 결속시키고 힘을 모으는 구심점 역할을 한다.

그렇다면 도시 스토리텔링은 어떻게 정의해야 할까? 먼저 스토리텔링이라는 단어 속에 있는 이야기Story를 따져보자. 앞선 내용을 참고한다면 도시의 이야기란 단순히 도시에서 만들어지는 모든 이야기를 뜻하지는 않는다. 도시 스토리텔링이라고 할 때 논의해야 할 이야기의 범위를 그래서 좁힐 필요가 있다. 도시의 근간이 되는 이야기, 도시 공동체 모두가 공유하는 이야기, 도시 구성원이 자기 존재를 동일시할 수 있는 이야기, 바로 공통의 성스러운 이야기를 지칭한다고 봐야 한다.

고대 도시들은 도시의 수호신이 바로 그들의 이야기였다. 그 수호신을 모신 신전이 도시 중심을 차지하고 수호신에게 지내는 제사가 도시의 가장 큰 행사였다. 도시의 지배자는 수호신의 이야기를 주민들에게 교육시켰을 것이다, 수호신과 영웅들의 이야기가 교육과 의례를 통해 공유되고 내면화되면서 자연스럽게 소속감과 자긍심을 싹틔웠을 것이다.

그렇다면 '스토리텔링'을 어떻게 해석해야 할까? 단순히 도시의 이야기를 이야기하는 것을 스토리텔링이라 불러야 할까? 도시의 이야기가 성스러운 이야기를 가리킨다면, 스토리텔링이란 그 이야기를 확산하고 공유하고 내면화하는 모든 활동을 가리킨다고 봐야 하지 않을까? 앞서 말한 도시 전체로 행해진 교육과 의례 등의 활동들을 통틀어 '스토리텔링'이라고 정의해야 하지 않을까?

이와 같은 관점은 중세와 근현대 도시에도 동일하게 적용할 수 있다. 더 이상 수호신과 신전은 존재하지 않지만 각 도시를 지배하거나 규율하는 권위는 언제나 존재해 왔고, 그 바탕에는 권위의 정당성을 설명해주는 성스러운 이야기가 아래를 받치고 있다. 예를 들어 이탈리아의 피렌체에는 유럽의 중세를 끝내고 르네상스를 열어젖힌 메디치 가문의 이야기가 튼튼하게 자리잡고 있다. 오늘날에도 피렌체를 메디치 가문을 지우고 떠올릴 수 없을 정도다. 도시 전체가 세계문화유산으로 지정된 피렌체에는 메디치 가문이 사용했던 르네상스 건축과 예술품들이 도시 곳곳에 남아 있다. 연간 수백만 명에 이르는 관광객들도 이곳에서 피렌체 가문이 주도했던 놀라운 이야기를 도시 공간 속에서 구체적으로 체험한다.

그렇다고 도시의 성스러운 이야기가 반드시 도덕적이고 윤리적일 필요는 없다. 예를 들어 워렌 비티가 주연했던 영화 〈벅시〉는 라스베가스라는 도박과 유흥의 도시가 어떻게 탄생했는지, 그 근원을 밝혀주는 이야기다. 러시아계 유태인 마피아인 벅시가 총이 아니라 사막 한 가운데 플라밍고 호텔이라는 도박장을 세워 새로운 마피아 비즈니스를 펼친 이야기는 지금도 라스베가스라는 도시의 정체성을 잘 규정해주고 있다. 비록 벅시 이야기가 사회 통념상 도덕적이라고 보기는 어렵지만, 라스베가스와 그 도시를 즐기는 사람들에게는 도시의 정체성을 가장 잘 설명해주는 성스러운 이야기임에 틀림 없다.

한편 도시 스토리텔링에 늘 과거 이야기만 활용해야 한다는 법은 없다. 오늘날도 새로운 도시들이 속속 태어나고 있고, 오래된 도시라 하더라도 환경과 조건이 바뀌면서 새로운 영웅과 서사가 곧잘 등장하기 때문이다. 따라서 도시 스토리텔링은 과거의 현현顯現이면서 동시에 현재의 창조이기도 하다. 특히 도시의 주권이 시민에게 속한 공화주의 시대에는 시민의 의지와 공감대가 도시 스토리텔링에 막대한 영향을 미칠 수밖에 없다.

이상의 논의를 종합해 본다면 '도시 스토리텔링'을 다음과 같이 정의할 수 있다.

"도시 스토리텔링이란, 도시의 정체성을 확립하는 데 필요한 성스러운 이야기를 발견 또는 창조하고, 이를 도시 구성원을 결속하기 위해 다양한 방법으로 보급, 확산, 내면화하는 일체의 활동을 가리킨다."

고흐와 함께 후기 인상주의 화풍을 이끈 폴 고갱의 대표작 중 〈우리는 어디에서 와서, 무엇이며, 어디로 가는가?Where Do We Come From? What Are We? Where Are We Going?〉가 있다. 19세기 말 남태평양의 작은 섬 타히티에서 고독과 빈곤에 시달리던 고갱이 사랑하는 딸 알린느를 잃고 자살까지 결심했다가 포기하고 1897년에 남긴 작품으로 알려져 있다. 고갱은 폭 4미터 높이 1.4미터의 큰 캔버스에 사과를 따는 여인, 정체가 불분명한 아기, 그리고 죽음을 앞둔 노인 등을 그려넣으며 인생의 본질적인 질문을 던진다.

인간은 자기 존재에 대해 질문하는 유일한 동물이다. 우리의 뿌리가 어디에 있는지, 우리는 지금 왜 여기에 있는지, 앞으로 우리는 어디로 가

폴 고갱의 그림
'우리는 어디에서 와서 무엇이며 어디로 가는가?' ©위키피디아

야 하는지, 끊임 없이 질문하며 살아갈 운명을 짊어지고 있다. 인구 대다수가 몸담고 있는 도시에 대해서도 마찬가지다. 우리 도시의 뿌리는 무엇인지, 우리는 왜 이 도시에 살고 있는지, 이 도시의 미래는 어떤 모습일지, 시민이라면 끊임 없이 질문하면서 대답을 찾으려고 하지 않을까?

도시 스토리텔링은 이와 같은 시민들의 본질적인 질문에 대답하는 과정이라고 요약할 수 있다. 시민들에게 소속감과 자부심을 제공하고 도시와 함께 미래를 꿈꾸게 할 수 있게 하는 활동, 그것이 도시 스토리텔링의 본령이 아닐까? 그러나 현실 속의 도시 스토리텔링은 그 반대 방향으로 치닫는 경우가 많은 것 같다. 시민들을 분열시키고, 자기 도시를 부끄럽게 만드는 어처구니 없는 상황들이 스토리텔링이란 이름으로 버젓이 자행되고 있다. 어쩌다가 스토리텔링이 이 모양이 됐을까? 어쩌다 이야기가 갈등의 빌미가 됐을까?

2장

스토리텔링과 도시 마케팅

"스토리텔링은 뜻밖의 분야에서 전개되고 있다. 경영자들은 직원들의 의욕을 고취하기 위해 이야기를 하지 않을 수 없으며, 의사들은 환자들의 이야기를 듣도록 훈련되어 있다. 기자들은 내러티브 저널리즘으로, 심리학자들은 이야기 치료로 접근했다. 매년 수만 명 가량이 미국 스토리텔링네트워크에 가입하거나, 미국에서 열리는 200여 개 스토리텔링 페스티벌 중 하나에 참가한다. 그리고 어느 서점을 가더라도 스토리텔링 기법을 마치 구도의 길이나 장학금 지원 전략, 갈등 해소 방법 혹은 체중 감량 계획으로 여기고 쓴 책들이 실로 엄청나게 많다는 사실을 한눈에 알 수 있다."

미국의 사회학자인 프란체스카 폴레타Francesca Polletta가 2006년에 쓴 그의 책 〈그것은 열병과 같았다It Was Like a Fever: Storytelling in Protest and Politics〉의 서문에 쓴 글이다. 본래 스토리텔링은 단어처럼 간단한 의미였다. 모여서 이야기를 나누는 모습, 독서토론회를 가리키는 정도의 의미로 충분했다. 그런데 어느새 스토리텔링이란 단어에 특별한 의미가 덧붙여지기 시작했다. 이야기와 관련된 문학과 역사, 그리고 철학 같은 인문학적 개념으로 통용되더니 급기야 경영과 마케팅, 정치와 커뮤니케이션 등의 분야로 크게 확산됐다.

한국도 마찬가지로 스토리텔링 열병을 앓았고, 지금도 앓고 있다. 관청에서 발주하는 각종 사업 공고문에 '스토리텔링'을 조건으로 내건 문서가 부지기수다. 공원을 조성해도, 축제를 열어도, 디자인을 바꿔도 모두 스토리텔링을 해야 한다고 못 박는다. 대입 수험생들과 취업준비생들은 자기소개서를 '스토리텔링 기법'으로 작성해야 한다고 압박 받는다. 초등학생은 '스토리텔링 문제'라는 이름으로 특정 상황이 묘사된 지문을 읽고 이해한 뒤 수학문제를 풀어야 하는 고충이 더해졌다.

이제 스토리텔링은 우리나라 국민이라면 누구나 아는 단어가 된 것 같다. 스토리텔링이 가미되면 기존에 하던 것보다 뭔가 더 효과적이고, 더 세련될 것이라는 믿음까지 생겼다. 뭔가 막연했던 문제를 스토리텔링이라면 기막히게 풀어줄 것 같은 도깨비방망이 대접을 받기도 한다. 그래서 너도나도 스토리텔링을 논하고 스토리텔링이 잘 적용돼야 한다고 입을 모은다. 그러나 한편으로는 걱정스러운 부분도 있다. 과연 우리는 스토리텔링이란 단어의 개념을 제대로 합의하고 쓰고 있는 걸까? 스토리텔링이 과연 기대처럼 문제적인 상황에서 우리를 구원해줄 수 있을까?

조작주의적 스토리텔링

우리가 지금 사용하고 있는 스토리텔링이란 말이 무엇인지를 알기 위해서 잠시 시간을 거슬러 올라갈 필요가 있다. 이 단어가 상황을 설명하는 보통명사가 아니라 독자적인 의미를 갖는 고유명사가 된 시점이 따로 있기 때문이다. 크리스티앙 살몽의 〈스토리텔링〉을 번역한 류은영은 1995년 미국 콜로라도에서 열린 '디지털 스토리텔링 페스티벌'을 그 시작 시점으로 지목한다. 이 때를 계기로 스토리텔링은 문학적 서사의 울타리를 뛰어넘어 디지털화되어 가는 모든 세상과 맞딱뜨리게 되었다고 말한다.

'디지털'이라는 수식어가 붙으며 스토리텔링 담론이 날개를 단 것에서 알 수 있듯이 스토리텔링 담론의 대중화와 IT 환경변화는 정확하게 궤를 같이 한다. 특히 인터넷의 등장과 하이퍼텍스트에 대한 기대감이 고조되면서 세상은 온통 디지털의 문법으로 해체되고 재구성되는 격변을 겪게 된다. 디지털은 실제로 모든 시간과 공간에 혁명적인 변화를 이끌어냈다. 이메일은 실시간으로 편지 교류와 자료 공유가 가능하다는 걸 보여 줬고, 하이퍼텍스트는 특정 위계와 질서, 특히 전문 중개인의 개입 없이도 모든 정보가 수평적으로 연결될 수 있음을 보여줬다. 혁명을 통해 새롭게 창조된 세상이었기에 그만큼 혼돈 속에서 새로운 질서를 찾으려는 욕구가 강했고, 그 공간을 스토리텔링 담론이 일정 부분 메웠다고 할 수 있다. 스토리텔링은 이렇게 디지털 시대의 핵심 교리가 된 것이다.

하지만 스토리텔링은 디지털이란 수식어에 갇히기 보다는 그것을 발판으로 뜀박질을 시작했다. 디지털이 변화시킨 거의 모든 것에 스토리텔링 담론이 스며들기 시작했다. 특히 그 효과성에 큰 기대가 모아지면서 '조작주의Operationalism적 관점'이 기승을 부리기 시작했다. 대박을 이끌어내는 스토리텔링, 소비자를 설득하는 스토리텔링, 학습효과를 높이는 스토리텔링, 브랜드 가치를 높이는 스토리텔링, 기업경영의 문제를 해결하는 스토리텔링 등이 쏟아지기 시작했다.

여기서 스토리텔링 담론을 '조작주의'로 판단하는 배경을 소개할 필요가 있겠다. 이 개념은 네덜란드의 문화철학자 C.A. 반퍼슨의 생각을 빌어온 것이다. 반퍼슨은 그의 책 〈급변하는 흐름 속의 문화(1994·강연안 역)〉에서 인류의 문화 발전 모형을 세 가지로 제시했다. 첫번째는 신화적 사고, 두번째는 존재론적 사고, 세번째는 기능적 사고가 그것이다.

반퍼슨의 문화철학이 빛나는 부분은 이들 발전 모형 모두가 고정돼 있지 않고 시간과 환경의 변화와 함께 '변질'된다는 지적이다. 그는 이 변화를 '내재'와 '초월'로 개념화했는데, '내재'란 사고의 체계가 형해화되면서 인간성을 억누르는 부작용을 가리키고, '초월'이란 그 내재를 극복하기 위한 새로운 사고체계가 등장하면서 인간성을 해방하는 것을 뜻한다.

첫번째 문화모형인 '신화적인 사고'를 살펴보면, 신화가 공동체의 기원을 규명하고 공동체의 규범과 질서를 확정하는 순기능을 했다는 것이다. 즉 우리는 어디에서 왔고, 무엇이며, 어디로 가야 하는지를 설명하는 일종의 나침반 역할이었다. 신화라는 이야기가 어떻게 공동체의 범위를 넓혔고, 도시 탄생에 기여했는지는 앞 장에서 논했다.

하지만 이 같은 신화의 순기능은 영원히 지속되지 못하고 언젠가는 변질된다. 그 변질된 모습이 바로 인간을 억압하는 '주술'이라고 반 퍼슨은 지적한다. 주술은 인간의 존재를 설명해주기 보다는 오히려 암흑으로 몰아간다. 사람들은 신화에선 안정감을 느끼지만 주술에선 두려움에 휩싸인다. 제사장의 권위는 권력으로 둔갑하여 민중 위에 군림한다. 그 시스템 안에서 사람들은 굴종을 강요 받고 착취에 내몰린다. 이런 변질이 바로 반퍼슨이 말한 '내재화'인 것이다.

　두 번째 문화발전 모형으로 제시된 '존재론적 사고'는 신화적 사고 체계의 내재화를 '초월'하기 위한 인식론적 혁명이었다. 인간을 억압하는 추상적인 힘을 혁파하고 인간 존재 자체의 가치를 세우자는 도전이었다. 존재론적 인식혁명으로 이성과 합리가 신화와 주술을 대치했고, 다시금 인간이 스스로 주인되는 위치를 차지할 수 있었다. 하지만 '존재론적 사고'도 퇴행적인 변질을 피할 수 없었다. 그 결과는 고립과 소외로 귀결되는 '실체주의'라고 반퍼슨은 지적한다. 존재론적 사고의 내재화는 바로 실체주의인 셈이다.

　세 번째 문화발전 모형인 '기능적 사고'는 실체들이 분절, 고립되어 있다는 사고체계를 초월하기 위한 것으로 실제로는 기능적으로 '연결'되어 있다고 설파한다. 그 자체로 의미있는 것은 아무것도 없고, 의미는 다른 것과의 관계 속에서 비로소 발견된다고 보는 것이다. 하지만 이같은 기능적 사고도 내재화를 피할 수 없는데, 그 결과가 바로 '조작주의'라고 반퍼슨은 말한다. 관계를 통해 영향을 주고받는다는 차원을 넘어서 그것을 '조작'함으로써 다시금 인간을 통제하고 억압할 수 있다는 믿음이 생겨난다는 것이다.

　다시 스토리텔링으로 돌아와보자. 공동체 사회에서 스토리텔링의 목적은 분명했다. 우리가 어디에서 왔는지, 어떻게 살아야 하는지, 어떻게 살아서는 안 되는지, 바람직한 인간상은 어떤 모습인지에 대한 공동체의 공감대를 확산하고 각인시키기 위한 것이었다. 다시 말해 스토리의 주인은 공동체와 구성원 자신들이었고, 스토리텔러들은 오로지 공동체의 정체성을 세우는 데 봉사했다.

하지만 현재 통용되는 스토리텔링은 공동체의 울타리를 벗어나 갖가지 사적 목적에 복무하는 수단적, 도구적 개념으로 전락했다. 결과적으로 봤을 때 스토리텔링이 사람의 감성을 움직여 행동하게 만드는 것은 맞지만, 거두절미 그 부분만을 따와서 사람의 행동을 특정하게 유도하기 위해 감성을 조작하는 도구로 스토리텔링을 역이용하고 있는 것이다. 살몽의 표현을 빌리자면, 지금의 스토리텔링은 다분히 '행동지침'인 셈이다. 이는 반퍼슨이 지적한 '내재화'라고 볼 수 있고, 그 미래 또한 불투명해질 수밖에 없다.

한국의 스토리텔링 담론

우리나라에서 스토리텔링 담론이 본격적으로 시작된 시점은 1997년 IMF 구제금융 사태가 벌어진 뒤 1998년 2월 김대중 대통령이 이끄는 국민의 정부가 출범하면서부터였다. 당시 새 정부는 IMF를 극복하고 우리나라 경제를 다시 이끌어갈 핵심 동력으로 IT 중심의 벤처산업과 새로운 카테고리로 '문화산업'을 내세웠다.

이 즈음 문화산업에 대한 대중적인 여론을 확산시킨 영화가 한 편 있다. 김대중 정부가 출범하기 정확하게 닷새 전에 레오나르도 디카프리오가 주연한 영화 〈타이타닉〉이 국내 개봉했다. 이 영화는 우리나라뿐만

스토리텔링 담론에 방아쇠를 당긴 영화
<타이타닉>(1998)

아니라 전세계 흥행기록을 갈아치우며 세계적으로 주목을 받았다. 이때
누군가가 나서서 우리나라 산업계의 최대 히트상품이었던 현대자동차의
쏘나타를 이 영화와 견주었다. IMF 한 복판에 있었던 우리나라 국민에
게 이 영화의 거대한 성공이 남다르게 다가올 수밖에 없었다.

나는 문화의 경제적 효과를 설명하려고 자동차를 가져온 이런 논리를 '쏘나타 프레임'이라고 부르고 싶다. 사실 쏘나타 프레임이 이때 처음 만들어진 건 아니다. 1993년에도 전세계를 휩쓴 영화가 한편 있었다. 바로 스티븐 스필버그의 〈쥬라기 공원〉이다. 이때도 누군가가 "〈쥬라기공원〉 한 편이 벌어들인 돈이 쏘나타 150만 대를 수출한 효과와 맞먹는다"고 주장했다. 이 내용은 신문 칼럼으로 소개됐고, 당시 김영삼 대통령이 직접 인용했다는 이야기도 전해진다.

친근한 비유였던 탓인지 쏘나타 프레임은 순식간에 사회적인 반향을 일으켰다. 그 결과 그해(1993년) 정부조직(문화부)에 처음으로 '문화산업국'이 만들어졌다. 처음 만들어지는 조직이라 그런지 존재감이 그리 크지 않았다. 예산도 작았고 사업도 대부분 계획만 세우는 수준이었다. 4년 후 IMF 사태가 터지고 영화 〈타이타닉〉이 주목을 받으면서 뒤이은 김대중 정부는 쏘나타 프레임을 다시 작동시켰다. 김대중 정부는 문화산업을 IMF를 탈출할 수 있는 통로로 생각하고 적극적인 지원에 나섰다. 이를 계기로 문화계의 오랜 숙원이었던 '정부 예산의 문화부문 비중 1%'가 달성됐다.

쏘나타 프레임은 한동안 한국 문화계를 지배했다. 웬만한 문화상품은 쏘나타라는 매개를 통해 너무 쉽게 '돈'으로 환산됐다. 자금 규모가 큰 영화 부문이 특히 그랬다. 예를 들어 〈쉬리〉는 EF쏘나타 3,119대, 〈공동경비구역 JSA〉는 2,964대, 〈친구〉는 4,860대의 생산효과가 있다는 거였다. 처음에는 '수출효과'였다가 이후 '생산효과'로 바뀐 점이 달라지긴 했지만 여전히 그 기준은 쏘나타였다. 쥬라기공원이 상영된 1993년부터 따

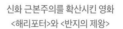

신화 근본주의를 확산시킨 영화
<해리포터>와 <반지의 제왕>

지면 20년 가까이를 쏘나타 프레임이 지배한 것이다.

다시 1998년 새 정부가 출범하던 시기로 돌아가보자. 당시 주무부처였던 문화관광부는 문화산업 육성을 위한 핵심 정책을 모색하기 위해 다양한 세미나를 진행했다. 그 과정에서 스토리텔링, 디지털 스토리텔링이란 용어가 본격적으로 언급되기 시작했다. 그 초점은 문화콘텐츠였다. 〈쥬라기 공원〉부터 〈타이타닉〉, 〈반지의 제왕〉이나 〈해리포터〉처럼 세계적으로 인기를 끌어 외화도 벌어들이고 국가 경제에 생기도 불어넣을 수 있는 문화콘텐츠를 만들어내려면 어떻게 스토리텔링해야 할 것인지가 큰 관심사였다.

당시 정부의 논리는 단순했다. 새로운 성장동력산업인 문화콘텐츠산업, 이를 견인할 글로벌 스타 콘텐츠(이를 발굴하기 위해 '스타프로젝트'가 수년간 진행된다), 그 콘텐츠의 DNA라 할 수 있는 훌륭한 스토리텔링이 유기적으로 연결되어야 한다는 것이었다. 다시 말해 스토리텔링이 새로운 국부창출을 위한 방아쇠로 받아들여졌다. 조금 노골적으로 표현한다면 '외화(돈)를 벌어들이기 위한 스토리텔링'이라고 요약할 수 있다.

한국의 스토리텔링 담론은 이렇게 경제적인 맥락 속에서 탄생했다. 따라서 스토리텔링의 이유와 목적이 경제적인 효과로 귀결되는 것은 어쩌면 당연했다. 이 관점은 중앙정부에만 머물러 있지 않았다. 고스란히 지방 정부로 이관돼 전국으로 퍼져나갔다. 전국 도시들이 추진하는 스토리텔링 사업의 목표가 하나같이 '지역경제 활성화'인 이유가 바로 여기에 있다.

IMF 사태로 인한 충격이 워낙 컸던 탓인지 몰라도 이와 같은 맥락은 정부가 '대박'을 쫓는 풍조도 만들어냈다. 특히 부처 사상 최초로 경제 관련 부처로 주목 받기 시작한 문화관광부는 기존 경제부처와 차별화되는 경제 효과성을 소구하고 싶어 했다. 다시 말해 '일반 제조업이나 서비스업보다 문화콘텐츠산업이 훨씬 부가가치가 높고 파급효과가 크다'는 걸 입증하고 싶어한 것이다.

이러한 욕심은 부득이하게 경제 효과나 수출 가능성이 높은 분야를 집중적으로 육성하는 '불균형 정책'을 양산했다. 박세리 덕분에 골프 붐이 일어나고, 김연아 덕분에 피겨스케이트 붐이 일어난 것처럼, 성공한 문화콘텐츠가 조기에 등장하면 문화산업 전반이 덩달아 발전할 거라고 믿었다. 스포츠 종목과 문화콘텐츠가 같을 수 없고, 튼튼한 기반 위에서 자연스럽게 스타가 탄생한 사례가 훨씬 많지만, 가시적인 성과가 빨리 나오기를 기대했던 정부 당국은 기반보다는 성과에 매달렸다.

'선택과 집중'이라는 슬로건이 이때 만들어졌다. 소액다건으로 나눠주기식 지원이 아니라 될 만한 프로젝트에 집중 지원해 스타를 만들겠다는 것이었다. 당시 대표적인 지원사업 이름도 '스타 프로젝트'였다. 여기서 말한 소액다건식이란 기존의 문화예술 지원정책을 가리킨다. 크지 않은 돈이라도 최대한 많은 사람과 기관에게 혜택을 나눠주는 방식이다. 이 방식으로는 의미 있는 성과를 내기보다는 각자가 연명하는 수준의 지원밖에 안 된다고 생각했고, 그래서 될 만한 프로젝트에 집중 지원해야 한다고 생각한 것이다.

덕분에 스토리텔링은 대박으로 가는 열차에 오르기 위한 승차권 대접을 받고 있다. 스토리텔링을 잘하면, 스토리텔링 기법을 적용하면 기대 이상의 성과가 나타날 것으로 다들 기대들을 한다. 반면 대박이 아닌 목적지는 열차 편수가 대폭 줄어들거나 아예 노선이 폐지된 사례가 속출했다. 스토리텔링 티켓을 써먹을 기회조차 없어진 것이다.

도시 마케팅의 등장

우리는 현재 신자유주의 질서가 지배하는 세상 속에서 살아가고 있다. 냉전이 최고조에 달했던 1980년대 미국의 레이건과 영국의 대처는 시카고대학의 통화주의 개념을 '신자유주의'라는 이름을 붙여 핵심 경제정책으로 채택했다. 정부의 참여와 경제의 공공성을 강조한 케인즈주의를 무력화시키고 '작은 정부'와 '자유무역체제'가 새로운 시대정신으로 확산되기 시작한 것이다.

신자유주의의 목표는 자본이 국경을 넘어 자유롭게 이동하는 환경을 조성하는 것이었다. 이른바 금융자본주의가 이때부터 등장했다. 자본의 흐름을 원활히 하기 위한 조치들이 전세계 차원에서 속속 이어지기 시작했다. 첫 번째 신호탄은 미국 중심의 관세와 무역에 관한 협정을 다룬 1986년의 우르과이라운드[UR]였다. 곧이어 1989년에는 미국, 캐나다, 멕시코가 참여하는 북미자유무역협정[NAFTA]이 채결됐고, 1993년에는 통화까지도 통일한 유럽연합[EU]이 등장했다. 그 사이 베를린 장벽이 무너지고 소련이 해체되면서 신자유주의는 날개를 달았다. 극소수의 국가를 제외한 대다수의 정부가 신자유주의를 경제정책의 핵심 교리로 채택했다.

이른바 '도시마케팅'이라는 개념도 이런 맥락 속에서 탄생했다. 국경이 갖는 의미가 약해지면서 글로벌 자본과 기업을 유치하기 위해 도시 정부가 전면에 나서기 시작했다. 이러한 변화를 세심하게 지켜본 학자가 바로 영국 출신의 지리학자 데이비드 하비David Harvey였다. 하비는 서구의 도시들이 1980년대부터 경쟁적으로 기업경영방식을 도입했다고 주장한다. 자원을 효과적으로 분배하고 관리해야 한다는 공공적인 관점이 그 시기에 빠른 속도로 무너졌다는 것이다.

도시마케팅의 핵심은 시민의 관점이 아니라 자본의 관점으로 도시를 바라본다는 것이다. 자본을 향한 유혹의 몸짓이 모든 것에 우선한다. 빈민가가 철거된 자리에 초고층 업무빌딩이 들어서는 것이나, 노점상이 쫓겨난 자리에 근사한 가로 조형물이 들어서는 이유가 여기에 있다. 살아가는 공간보다 보여지는 공간이 훨씬 중요하게 취급 받는다. 하비가 2012년에 쓴 〈반란의 도시Rebel Cities〉에 따르면 "도시권은 점차 사적 이익집단 혹은 준*사적 이익집단의 손아귀 안으로 들어가고 있다. 예를 들어, 뉴욕 시장인 억만장자 마이클 블룸버그는 개발업자와 월스트리트, 초국적 자본가계급에게 유리한 방향으로 뉴욕을 재편하고, 뉴욕을 고부가가치 산업이 들어설 최적의 입지, 최고의 관광 여행지로 포장하느라 여념이 없다. 억만장자 폴 앨런마이크로소프트 공동창업자은 시애틀을 좌지우지하고 있다. 멕시코시티에서는 세계 최고의 부자 카를로스 슬림이 관광객의 시선을 끌기 위해 도로를 자갈로 재포장했다."

하비가 지목한 바르셀로나는 오늘날 우리에게 시사하는 바가 크다. 바르셀로나는 도시마케팅의 대표적인 성공작이라 해도 과언이 아니다.

도시 정부는 카탈루니아의 역사와 전통을 발굴하고 가우디로 대표되는 독특한 건축물과 예술세계를 선보이는 데 공을 들였다. 특히 스페인 왕국에서 공화주의 정신을 잇는 카탈루니아만의 생활양식과 문화이벤트들이 줄을 이었다. 특히 1992년에 개최된 올림픽은 바르셀로나를 단번에 전세계에 알리는 데 기여했다.

그러나 하비는 바르셀로나가 성공하자마자 바로 깊은 모순에 빠졌다고 지적한다. 글로벌 자본이 유입되면서 바르셀로나만의 상품은 다국적 상품으로 상당부분 대체됐다. 글로벌 건설사가 주도한 워터프론트 개발은 다른 나라 도시와의 차별성을 돋보이게 하는 데 실패했다. 부의 양극화가 심화되면서 도시 중산층이 전통적인 주거지에서 쫓겨나고 역사적 건물이 철거되는 사례도 다반사로 일어났다. 하비는 오늘날의 바르셀로나가 "기존에 탁월했던 부분을 잃어버리고 있고, 천박한 디즈니화 징후마저 엿보인다"고 냉정하게 평가했다.

하비는 질문한다. 누구의 집단적 기억이 존중받아야 하는가? 카탈루니아 민족주의자인가? 프랑코와 격렬하게 투쟁한 공화주의자인가? 안달루시아 출신 이주민인가? 아니면 사마란치처럼 오랜 세월에 걸쳐 프랑코를 지지한 인물인가(사라만치는 올림픽 당시 바르셀로나에 상당한 부동산을 보유하고 있었다고 한다)? 누구의 미학이 정녕 평가받을 만한 것인가?

우리나라는 1993년에 출범한 김영삼 정부가 신자유주의 확산에 앞장섰다. 1994년 11월 오스트레일리아를 방문했던 김대통령은 이른바 시드니 구상이라는 이름으로 '세계화_{Globalization}'를 국가 핵심전략으로 발표했다. 세계화를 통해 우리나라의 새로운 성장동력을 발굴하고 선진국에 진입하겠다는 야심찬 비전이었다.

1996년 말에는 지구상의 부자나라 클럽인 OECD에도 가입했다. 선진국을 늘 선망했던 우리 국민들은 OECD 가입이 선진국 문턱을 마침내 넘는 이정표가 될 것으로 기대했다. 그 배경에 시장 개방으로 자기 지평을 넓히려는 자본의 탐욕이 도사리고 있다는 사실은 그리 중요하게 생각하지 않았다.

인천광역시를 필두로 CI^{City Identity}라는 이름의 도시 브랜드 이미지가 만들어지기 시작한 것도 그 즈음이었다. 기존에 사용되던 무채색의 투박한 이미지는 폐기되고 일반기업이나 상품에 붙임직한 원색의 날렵한 이미지들이 도시를 장식하기 시작했다. 도시행정^{Administration} 대신 도시경영 ^{Management}이란 단어가 세련된 인상을 얻었고, 도시의 매력도^{Amenity}와 도시 경관^{Landscape}을 관리해야 한다는 주장도 봇물 터지듯 쏟아지기 시작했다.

1995년 6월에 열린 1차 지방선거는 도시마케팅의 기폭제가 됐다. 시민의 투표로 당선되는 민선 자치단체장들은 자기를 유권자들에게 홍보할 수 있는 지역 축제를 경쟁적으로 만들기 시작했다. 도시 브랜드, 도시 마케팅이란 용어들도 빠른 속도로 지자체 보고서를 장악해 나갔다. 명분은 언제나 '지역경제 활성화'를 제일 앞자리에 내세웠다. 앞서 언급한 서구의 도시들과 다른 점이 있다면, 유혹의 대상이 글로벌 자본이 아니라 관광객과 중앙정부(국고)란 점일 뿐 큰 흐름은 대동소이하다.

1990년대말 드디어 스토리텔링이 도시마케팅과 결합한다. 스토리텔링은 도시마케팅의 구체적이면서 대표적인 방법론으로 당당하게 자리를 잡는다. 자본을 위한 도시, 권력을 위한 도시로 태어나기 위해 스토리텔링이 그럴싸한 명분을 제공하게 된 것이다. 우리는 지금도 이 흐름 위에 있는 도시를 살아가고 있다. 스토리텔링을 잘하면 관광객이나 기업이 우리 도시를 찾아올 것이고, 그들의 소비와 생산 덕분에 우리가 살아가는 도시의 삶의 질 또한 나아질 것이라고 여전히 믿고 있다. 하지만 이제는 질문을 던져야 한다. 하비가 지적한 바르셀로나처럼 오늘날 우리 도시도 과연 스토리텔링 덕분에 누구의 삶이 나아졌는지 물어봐야 한다. 시민인가 자본인가? 아니면 권력과 자본이 결합한 토호인가?

신화 근본주의

도시마케팅과 스토리텔링이 결합한 시점은 IMF가 시작된 1990년대 말이다. 중앙정부 차원의 프로그램과 조직이 갖춰진 건 2000년대초였다. 이 즈음 전세계를 강타한 영화는 〈반지의 제왕〉(2001)과 〈해리포터〉(2001)였다. 쏘나타 프레임을 〈쥬라기공원〉(1993)과 〈타이타닉〉(1998)이 완성했다면, 〈반지의 제왕〉과 〈해리포터〉는 우리나라에 '신화에 대한 집착'을 낳았다고 평가할 수 있다.

스토리텔링의 성공모델을 간절히 원하던 학자들과 정책입안자들은 이 두 영화에서 바로 '신화'라는 코드를 끄집어낸다. 근대화 과정을 거치며 우리 사회가 외면 또는 무시했던 신화와 설화에 대박 콘텐츠의 비밀이 숨겨져 있다고 생각하게 된 것이다('해리포터'와 '반지의 제왕' 둘 다 모두 북유럽의 신화와 설화가 배경이 된 건 사실이다). 그리고 우리 문화산업의 경쟁력을 키우기 위해선 우리도 우리 신화와 설화에 관심을 기울여야 하고, 이를 위한 지원사업을 대대적으로 펼쳐야 한다는 결론에 이르게 된다.

그렇게 탄생한 사업이 2002년부터 한국문화콘텐츠진흥원이 시작한 '우리문화원형의 디지털콘텐츠화 사업'이었다. 이 사업에 대해 진흥원 측은 이렇게 설명했다. "우리 문화원형을 소재로 디지털 기술을 활용, 테마별로 디지털 콘텐츠화하여 문화콘텐츠산업에 필요한 창작 소재를 제공하고자 하는 목적으로 2002년부터 2006년까지 시행되는 사업입니다." 좀 더 쉽게 설명하자면, 우리 문화에서 설화, 신화, 음악, 건축, 풍속 등 이른바 문화원형에 해당하는 콘텐츠들을 디지털로 재가공해서 문화콘텐츠산업계 전체가 쉽게 활용케 하고, 이를 통해 우리나라 문화콘텐츠의 경쟁력을 높이자는 취지라고 보면 된다.

그 당시 이 사업의 성과로 자주 언급된 콘텐츠는 영화 〈왕의남자〉와 케이블 드라마 〈별순검〉이었다. 전자는 영화 제작 과정에 '조선왕궁을 디지털로 재현한' 3D 콘텐츠가 세트 제작에 일부 활용됐고, 후자는 '조선시대 검안록'을 디지털 콘텐츠로 만들어 놓은 것이 실제 시나리오를 만드는 데 활용됐기 때문이다. 그러나 전체적으로는 사업 자체에 효과성에 의문을 표시하는 목소리가 많았다. 2010년 10월 국회 국정감사 때 최문순 의원은 이 사업을 두고 '속 빈 강정'이라는 냉혹한 평가를 내린 적이 있다. 사업의 목적이 산업적 가치를 창출하는 것인데, 실제로는 효과가 매우 미약했다는 게 최 의원의 평가였다. 이때 배포된 보도자료의 내용 일부를 인용해 보겠다.

"한국콘텐츠진흥원이 매년 역점 사업 가운데 하나로 꼽아온 '문화원형 디지털화 사업'이 '속 빈' 사업으로 전락하고 있다. 지난 2002년부터 올해까지 9년 동안 무려 635억 4,000만 원이 투입됐지만 이를 활용한 콘텐츠 매출액은 고작 7억 4,200만 원(온라인 구매 8,900만 원, 직접구매 6억 5,300만 원)에 불과한 것으로 집계 됐다.… 막대한 예산을 들여 개발했지만 활용 건수가 단 한 번도 없는 과제가 전체 181개 가운데 52개(29%)나 됐다.… 애초 복원된 문화원형을 게임, 애니메이션, 캐릭터 상품 등에 활용한다는 계획이었지만 이 또한 확인 결과 '용두사미'였다. 게임에 활용된 과제는 11개(6%), 애니메이션은 9개(5%), 캐릭터는 8개(4%)에 불과했다."

　9년간 635.4억 원이면 사실 엄청난 규모의 예산이다. 물론 토건 예산으로는 겨우 건물 하나, 다리 하나 지을 정도밖에 안 되겠지만, 문화부문 예산 단일 항목으로는 역대 최고 수준이다. 이 예산이 단일 항목 사업으로 김대중 정부 때부터 노무현 정부, 그리고 이명박 정부 초기까지 이어진 것은 2000년대 초반에 형성된 '신화에 대한 집착'이 그만큼 깊고 단단했기 때문이었다. 우리 민족의 신화와 설화를 누구나 쉽게 이용할 수 있도록 디지털콘텐츠로 만들어놓으면 머지 않아 우리들도 〈반지의 제왕〉이나 〈해리포터〉 같은 세계적인 대박 콘텐츠를 만들어낼 수 있으리라고 믿었다. 아니 믿고 싶어 했다.
　신화에 대한 집착은 중앙정부뿐만 아니라 전국의 지방자치단체로 두루 확산됐다. 전국 각지에서 펼쳐진 스토리텔링 공모전은 대부분 지역 신화나 설화, 또는 전설을 주제로 삼았다. 캐릭터가 개발되고 애니메이션이 만들어지고 심지어 뮤지컬까지 제작된 사례도 있다. 같은 인물의 설화를 두고 지자체 사이에 갈등이 벌어지기도 했다. 예를 들어 홍길동과 관련해서는 이야기를 지은 허균의 고향인 강릉시와 실제 홍길동전의 배경으로 알려진 전남 장성군 사이에 특허권 분쟁이 일어나기도 했다.

지역에서 전해 내려오는 신화나 설화가 다른 지역과의 차별점을 만들어주는 것은 사실이다. 신화 자체가 이야기라서 스토리텔링 사업으로 포장하기에 안성맞춤이다. 그러나 그 차별점이 실제 지역과 도시의 정체성으로 모두 이어지는 것은 아니다. 도시 규모가 급격하게 팽창하고 주민들간 이동이 많아지면서 구성원 자체가 크게 바뀌었고, 따라서 지역의 신화와 설화를 자기 것으로 받아들이는 시민의 숫자가 생각보다 크지 않기 때문이다.

20년 가까운 시간 동안 전국 방방곡곡에 숨어 있던 신화와 설화는 이런 분위기 속에서 대부분 발굴됐다 해도 과언이 아니다. 스토리텔링사업이란 타이틀을 갖고 진행된 이들 사업들은 책으로, 안내판으로, 축제 콘텐츠로 활용되고 있다. 그러나 한결같이 '옛날 이야기'라는 한계를 벗어나지 못했다. 이야기는 대부분 현실과 너무 동떨어져 있었고, 스토리텔링의 역동성은 현저하게 떨어졌다. 현지 주민부터 '자기 이야기'로 받아들이는 경우가 많지 않으니 외부인에게 전파되는 강도도 미약할 수밖에 없다.

스토리텔링 사업이 펼쳐진 도시에서 가장 흔하게 볼 수 있는 풍경은 벽화로 대표되는 포토존일 것이다. 그 중에서도 가장 각광 받는 소재는 '날개'다. 그 그림 앞에 서면 거대한 날개를 펼치며 금방이라도 하늘을 날아오를 것만 같은 기분 좋은 경험을 안겨준다. 사람들은 왜 그 날개 앞에 서려고 할까? 어느 지역, 어느 도시를 가도 만날 수 있는 그 흔한 날개를 관광객들은 왜 지루해 하지 않고 흔쾌히 반응하는 걸까? 혹시 스스로 하늘을 나는 꿈을 꾸고 싶은 것 아닐까? 고대 그리스의 이카로스가 돼 직접 신화의 주인공이 되고 싶은 욕망이 숨어 있는 것은 아닐까?

사람들은 자기와 상관 없는 이야기에는 거의 반응하지 않는다. 제아무리 훌륭한 신화라 해도, 제아무리 의미 있는 설화라 해도 자기와 상관 없다고 여기는 순간 외면한다. 반대로 사람들은 자기와 상관 있다고 여기는 이야기에는 귀를 기울인다. 내가 아는 사람이 무척 아끼는 이야기라면 한발짝 더 다가가려고 애쓴다. 훌륭한 신화이기 때문에 사람들이 관심을 보일 거라고 생각하는 것은 다분히 근본주의적인 태도다. 자기가 믿고 있는 종교가 훌륭하니 당연히 다른 사람도 믿어야 한다는 논리와 같은 것이다. 오래된 신화도 이야기 중에 하나일 뿐이다. 그 이야기를 선택할지 말지는 시민이 선택한다.

3장
도시 정치

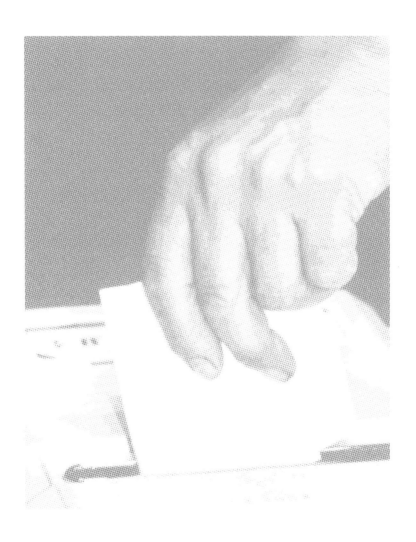

2014년 8월 18일 프란치스코 가톨릭 교황이 닷새간 한국을 방문하고 돌아가는 비행기 안에서 기자들과 인터뷰를 가졌다. 거기서 한 기자가 "세월호 추모 행동이 정치적으로 이용될 수 있다고 생각하지 않느냐"라는 질문에 이렇게 답했다.

"(세월호 추모) 리본을 유족에게서 받아 달았는데 반나절쯤 지나자 어떤 사람이 내게 와서 '중립을 지켜야 하니 그것을 떼는 것이 좋지 않겠느냐'고 물었다. 나는 그에게 '인간적 고통 앞에서 중립을 지킬 수는 없다'고 말해줬다."

스토리텔링에 중립은 없다

교황의 지적처럼 우리나라에는 이른바 중립지대가 많다. 스토리텔링 분야도 대부분 중립지대에 속한 것으로 여겨진다. 물론 여기 중립지대란 말에는 '정치적인'이라는 수식어가 생략돼 있다. 스토리텔링이 정치적 입장과는 무관한, 혹은 초월한 어떤 분야라고 생각하는 것이다. 이러한 경향은 스토리텔링을 마케팅이라는 울타리 안에 가둬두기 때문에 생긴 것이다. 우리 도시를 잘 포장해 널리 알리고 그 덕분에 함께 잘 살아보자는 정도이니 정치적으로 민감할 이슈가 아닌 것이 사실이다. 더구나 도시마케팅 관련 이슈들은 대부분 외부인, 즉 관광객을 향하고 있어서 시민들의 실생활과 직접적인 관련성도 적었다.

그러나 마케팅이라는 울타리를 걷어내면 스토리텔링만큼 민감한 주제도 없다. 우리가 이미 알고 있는 이야기들의 면면을 잠깐만 살펴봐도 이 점을 이해할 수 있다. 어릴 때부터 동화책과 동영상으로 접한 이야기의 상당수는 치열한 권력투쟁 과정을 그리는 것들이다. 한 민족과 도시를 상징하는 신화와 설화는 대부분 정복 또는 지배의 정당성을 변호하거나 지지하기 위해 고안된 것들이다. 특정 지역에서 전해 내려오는 이야기도 그 지역의 지배 질서를 옹호하는 쪽으로 설계되어 있다.

이야기가 작동하는 방식도 그렇다. 이야기에는 사람들의 행동을 규율하는 힘이 있다. 이야기에는 공동체에 지켜야 할 가치와 금지되어야 할 행동들이 명시된다. 모범으로 삼아야 할 캐릭터와 그가 한 행동들, 그리고 비난받아야 할 캐릭터와 그의 행동들이 등장한다. 경쟁과 투쟁, 위험과 기회 같은 구체적인 상황 속에서 어떻게 행동하는 것이 바람직한지도 알려준다. 스토리텔링은 중립이 아니라 뚜렷한 지향을 가지고 있는 활동이다.

니체는 '진리가 무엇인지 묻지 말고 진리를 말하는 자가 누군지를 물어'라고 말했다. 도시 스토리텔링 분야도 마찬가지의 질문이 필요하다. 어쩌다가 도시 스토리텔링이 마케팅 용어가 된 것일까? 바람직한 도시 이야기가 무엇일지 논하기에 앞서 누가 우리 도시의 스토리텔링을 주도하고 있는지를 살펴봐야 한다. 스토리텔링 담론에서 시민들의 목소리가 충분히 반영되고 있는지, 지나치게 일부 정치세력이나 사업자 위주로 전개되고 있지는 않은지, 스토리텔링이라는 명분을 앞세워 자기 이득을 탐하는 세력은 없는지 등을 살펴야 한다.

사실 스토리텔링은 정치 활동과 밀접하게 연관되어 있다. 도시의 주권이 어디에서 비롯됐는지, 누구에게 있는지 그 근원을 밝히고, 거기에서 시민들이 지켜야 할 제도와 가치를 결정할 뿐만 아니라 공간과 장소에 대한 질서까지도 부여하기 때문이다. 이를테면 스토리는 도시를 운영하는데 필요한 설계도면 혹은 청사진 같은 존재다. 그 스토리가 바로 시민들이 결속하고 또 협동해야 할 이유를 만들어주기 때문이다.

도시는 살아 있는 생명체다. 하나의 모양으로 고정되어 있지 않다. 그 안에서 다양한 힘들이 부딪히기도 하고 겨루기도 한다. 경쟁에서 이긴 힘은 자기에게 유리한 제도와 공간을 만들기 위해 애쓴다. 이기지 못한 힘은 이긴 힘이 도시를 전횡하지 못하도록 감시하고 견제하기도 한다. 힘들 사이에 갈등이 격화되는 때가 있는가 하면 그 사이에 조화가 꽃필 때도 있다. 당연히 도시의 정체성은 고정돼 있지 않고 움직인다. 사람이 바뀌고 힘의 구도가 바뀌면 도시의 성격도 바뀔 수밖에 없다.

따라서 스토리텔링은 도시 내 정치 활동의 핵심이라 해도 과언이 아니다. 도시 내에서 활동하는 다양한 정치세력은 그 자체로 스토리텔러라고 평가할 수 있다. 그들이 도시 안에서 힘의 균형을 만들어가는 과정에서 도시의 이야기도 변신하거나 성장한다. 권력이 송두리째 바뀌는 경우에는 새로운 이야기로 대체되기도 한다.

어느 상황이든 도시공동체는 현재의 주권이 갖는 정당성을 이야기하고 싶어한다. 도시 권력이 추구하는 이야기를 주권자인 시민들이 공감하고 받아들일 때 비로소 건강한 도시 정체성, 지속가능한 도시 정체성이 형성될 수 있다. 하지만 그 반대일 경우에는 불균형을 해소하기 위한 여정이 시작되고 새로운 버전의 스토리 또한 창조된다.

　도시의 스토리를 이제 마케팅이라는 허울에서 해방시켜야 한다. 관광지나 문화유적에 관한 이야기를 발굴해 몇 가지 홍보물을 만드는 수준에서 벗어나 우리 도시의 '진짜 이야기'를 시작해야 한다. 이야기는 한가하고 심심한 어떤 것이 아니다. 이야기는 시민들의 생존과 직결된 치열하고 뜨거운 것이다.

　시민들이 어떤 이야기를 품고 있느냐에 따라 도시 권력이 바뀐다. 경제활동과 정책의 우선순위도 결정된다. 이야기의 내용에 따라 제도와 풍습이 정착되고, 도시의 공간 또한 변화, 발전한다. 요컨대 도시 스토리텔링을 통해 시민들의 삶이 바뀐다. 스토리텔링은 시민들의 삶과 직결돼 있다. 따라서 정치적 중립이란 구호에 갇힌 박제화된 이야기를 버리고 구체적인 힘을 발휘하는 도시 이야기를 시작해야 한다.

중앙정치에 발목 잡힌 지방자치

　스토리텔링과 정치를 따로 생각할 수 없다고 전제할 때 도시 차원에서는 '자치' 여부가 중요한 조건이 될 수밖에 없다. 도시 공동체가 자기 운명과 주권을 스스로 결정짓는 과정이야말로 도시 스토리가 탄생 또는 명멸하는 중요한 시간들이기 때문이다. 따라서 중앙집권식 정치 체제는 도시 스토리텔링을 가로막는 장애물일 수밖에 없다. 지방자치 자체가 훌륭한 도시 스토리텔링을 약속하지는 않겠지만, 지방자치 없는 도시 스토리텔링은 공허할 수밖에 없다.

이 관점에서 보면 우리나라의 도시 스토리텔링 기반은 매우 취약하다. 강력한 중앙집권 체제를 유지했던 조선시대가 500년 가까이 이어졌고, 일제 시대 또한 지방은 물론 조선인의 자치 자체를 거의 허용하지 않는 폭압적인 시대였다. 해방 후 대한민국 정부가 수립되면서 비로소 지방자치가 제도적으로 보장됐지만 독재정치 세력이 또 발목을 잡았다.

대한민국에서 지방자치법이 만들어진 건 정부수립 직후인 1949년이었다. 일제에 패망한 대한'제'국 대신 민주공화국으로 출발한 대한'민'국 제헌헌법 제8장에 근거한 것이었다. 그러나 이듬해 전쟁이 일어나면서 대한민국 최초의 지방선거는 1955년 5월에야 비로소 실시됐다. 전쟁이 끝난 얼마 뒤였지만 자치에 대한 열망은 뜨거웠다. 당시 서울에서는 245명의 동장을 선출하는데 입후보한 사람만 816명(경쟁률 3.3 대 1)에 달했다. 시장도 아닌 동장에 이처럼 많은 숫자가 관심을 보인 것은 쌀배급권과 같은 실질적인 권한이 동장에게 있었기 때문이다.

그러나 이승만이 이끄는 자유당 정권은 시민주권에 제동을 건다. 1958년 12월 지방자치법 4차 개정안을 통해 선출직이었던 자치단체장을 임명직으로 바꾸고, 시의원의 임기도 4년에서 3년으로 줄였다. 1959년으로 예정됐던 제3차 지방자치선거는 자동 취소됐고, 야당 성향의 자치단체장은 일제히 해임됐다. 물론 1960년 3월 15일에 예정된 대통령 선거를 대비하기 위한 한 것이었다.

지방자치제가 부활한 건 3·15 부정선거에 격분한 국민이 4월 19일 혁명이 일으키고 자유당정권을 몰아낸 뒤였다. 혁명 이후 도지사 직선제를

4·19 혁명은 이승만 독재정권을 무너뜨리고 지방자치의 꿈을 다시 꾸게 했다.
마산의료원 앞 4·19 혁명 진원지 표지

골자로 한 제3차 지방자치법이 통과되고 그해 12월 특별시도의회 선거(12일), 시읍면의회 선거(19일), 시읍면장 선거(26일), 특별시장도지사 선거(29일)가 차례로 진행됐다.

하지만 자치의 꿈은 오래 가지 못하고 이듬해 5월 16일 박정희의 쿠데타로 다시 군화발에 짓밟힌다. 한 달 뒤인 6월 20일에 전국의 자치단체장들은 임기 6개월도 채우지 못한 채 일제히 해임됐고, 그 자리를 쿠데타에 참가한 군인들과 그에 동조하는 관료들이 차지했다. 그 후 30년간 시민이 자기 도시의 권력구조를 만드는 데 주권을 행사할 기회 자체가 차단됐다.

특히 박정희 정권이 대대적으로 추진한 새마을운동은 각 도시와 지역에서 움트던 자치 씨앗을 완전히 일소해버렸다. 지형을 따라 형성됐던 마을길이 반듯한 포장도로로 획일화됐고, 주변 경관과 재료 속에서 조화를 이루며 존재하던 가옥들도 슬레이트 지붕과 시멘트 블록으로 통일되면서 개성이 사라졌다. 더 심각한 것은 마을과 도시를 움직이던 전통적인 권력구조가 새마을운동 세력으로 전면 교체된 것이었다. 그들은 지역과 도시가 갖는 저마다의 특수성을 고려하지 않고 박정희 정권이 추구하는 정책을 획일적으로 이식하는 데 앞장섰다.

다시 자치의 희망이 싹튼 건 1987년 6월 항쟁 이후였다. 그해 야권은 양김씨의 분열로 대통령 선거에서 실패했지만, 이듬해 4월 총선에서 분발해 여소야대 국회를 만들어내는 데 성공했다. 당시 야3당이었던 평화민주당, 통일민주당, 신민주공화당은 지방자치제를 1989년 내에 온전한 형태(단체장과 의원을 함께 선출)로 조기에 실시한다는 데에 합의했다. 그러나 거기에도 암초가 있었다. 국회에서 통과된 지방자치법 개정안에 대해 노태우 대통령이 거부권을 행사한 것이다.

지방자치법개정안은 연말에 가서야 대통령과 야3당 총재의 합의로 가까스로 국회를 통과했다. 그러나 이 또한 한 달이 채 지나기도 전에 무력화되고 만다. 이듬해인 1990년 1월 22일 민주정의당, 통일민주당, 신민주공화당의 3당 합당으로 등장한 공룡 여당 민자당이 지방자치제와 관련한 모든 일정을 무기한 연기해버렸기 때문이다.

지금의 지방자치제도는 당시 평민당 총재였던 김대중에게 크게 빚지고 있다. 졸지에 소수 야당 당수로 전락한 김대중 총재는 의원직 사퇴라는 초강수를 내걸고도 지방자치제도 도입에 실패하자 그해 10월 8일부터 무기한 단식에 들어갔고, 13일간의 단식 끝에 정부와 여당으로부터 지방자치제를 실시하고 내각제를 추진하지 않겠다는 약속을 받아낸다.

1991년 3월 26일에 열린 기초 및 광역 지방의회 선거는 이같은 과정을 거쳐서 겨우 실시됐다. 하지만 이듬해에 열리기로 합의된 자치단체장 선거를 대통령이 직접 나서서 일방적으로 연기하는 일이 벌어진다. 노태우 대통령은 이 선거를 14대 총선 결과와 연계시키겠다고 주장한 것이다. 다행히(?) 이 선거에서 민자당은 38.5%라는 초라한 성적표를 받아들었고, 그 결과 1995년 6월 27일에야 비로소 단체장까지 함께 선출하는 제1회 동시지방선거가 열리게 됐다.

요약하자면 지금의 지방자치제도는 두 번의 독재정권과 한 번의 보수 정권을 견뎌내며 어렵게 어렵게 자리 잡은 것이라고 말할 수 있다. 어느덧 민선 6기 당선자들이 지방자치단체를 이끌고 있다. 햇수로는 강산이 두 번 바뀐다는 20년이 막 지났다. 많은 것이 변했다. 긍정적으로는 지역을 기반으로 한 정치인들이 중앙당 못지 않게 시민들의 눈치를 보는 풍토가 조성되었고, 지역 현안에 밀착한 정책들도 상당히 많아졌다. 그만큼 시민들에게 도시의 주권자라는 자각이 커지고 있다.

그러나 부정적 흐름도 그에 못지 않게 커지고 있다. 과거처럼 노골적인 독재정권이 다시 들어서지는 않았지만 지방정부에 대한 중앙정부의 통제욕구는 꾸준하게 강화되는 추세다. 2005년에 56.2%이던 지방자치단체의 전국평균 재정자립도는 10년 뒤인 2014년에는 44.8%로 무려 12%가까이 떨어졌다. 중앙정부 예산은 공짜가 아니다. 거기에는 예산 타가

동시지방선거로 시민이 도시 주권자의 지위를 회복했다.
제6회 전국동시지방선거 창원시 의창구선거관리위원회 개표소에서 개표가 진행되고 있다.

는 법에서부터 집행하고 결산하는 법에 이르기까지 세세한 '조건'이 걸려 있다. 예산 의존도가 커질수록 지방정부는 자치조직이 아닌 중앙정부의 대행기구로 전락할 가능성이 높다.

더구나 이명박 정부와 박근혜 정부에 들어서는 지방자치정책이 노골적으로 퇴행했다. 교육감선거와 기초의회를 폐지하고 광역시 이상 구청장은 임명직으로 전환하자는 주장이 여권 내부에서 거론되기도 했다. 권력을 잡자마자 시민들의 자치권부터 앗아갔던 독재정권의 행태를 쫓아갔던 것이다. 시민 입장에선 자기 도시의 이야기를 직접 만들어갈 수 있는 여건이 갈수록 척박해지고 있는 것이다.

지방자치와 도시 스토리텔링

2017년 현재 대한민국 도시들은 제6차 동시지방선거로 선출된 자치 단체장들이 이끌고 있다. 아직 30년에도 못 미치는, 즉 한 세대도 지나지 않은 짧은 역사를 가지고 있다. 그 사이 단체장들은 시민들의 마음 혹은 표를 얻기 위해 다양한 정책과 사업을 펼쳐냈다. 그 중에 대표적인 스토리텔링 사업 사례가 축제다.

1980년대에만 해도 축제라 이름 붙일 만한 행사는 우리나라에 50여 개에 불과했다. 그러나 1차 동시지방선거가 열린 1995년 이후부터 축제의 숫자는 가파르게 증가했다. 정점을 찍은 2008년에는 무려 926개에 이르렀지만, 이후 거품이 빠지면서 현재 600개 정도의 축제가 전국 각지에서 펼쳐지고 있다. 물론 이 숫자는 문화체육관광부의 기준을 통과한 것이고, 그밖에 것까지 합친다면 2,000개를 넘을 것으로 축제 전문가들은 추정하고 있다.

축제가 이처럼 한꺼번에 많이 만들어진 이유로 자치단체장의 선심성 정책 개발을 지목하는 목소리가 많다. 타당하고 개선되어야 할 대목이다. 그러나 공급자의 의지만으로 이런 현상이 만들어지지는 않는다. 수용자 입장에서 그만큼의 수요가 비슷한 크기로 존재했다고 보는 것이 더 타당하지 않을까? 다시 말해 중앙정부 위주의 획일적인 문화정책이 수십년간 이어져 오는 동안 지역과 도시 차원의 개별적인 정체성을 갈망하는 욕망 또한 꾸준하게 몸집을 불려온 것이라고 봐야 하지 않을까?

그렇다면 짧은 시간 동안 양산된 축제에 그만큼의 수요가 반영됐고,

도시 정치가 그것을 실현한 결과라고 볼 수도 있다. 물론 이 판단에는 축제의 내용과 질에 대한 평가는 빠져 있다. 축제 수요가 크다는 사실이 모든 축제를 정당화해주지는 않기 때문이다. 정치인의 공급의지와 시민들의 기대 수요가 만나면서 그동안 축제 갯수가 크게 늘어났지만, 내용적으로 적지 않은 문제가 노정된 것 또한 사실이다.

그 문제의 가장 큰 핵심은 도시 스토리텔링의 대표적인 사업으로 추진된 각종 축제들이 관광 마케팅 수단으로 자리 잡은 것이다. 대부분의 단체장과 정치인들은 지역 경제를 활성화시킬 중요한 지렛대로 축제를 앞세웠다. 스토리텔링의 목적이 돈벌이가 됐고, 그 시선은 외부에서 축제를 이유로 해당 도시를 찾아오는 불특정한 관광객의 호주머니였다.

축제를 통해 관광객을 유치하고 지역 경제를 활성화시키겠다는 목표 자체는 나쁘지 않다. 이 방법은 관광객과 시민 모두에게 좋은 해결책이 될 수도 있다. 그러나 지금까지 우리나라 도시들이 펼친 스토리텔링 사업의 가장 큰 문제점은 시민이 시야에서 사라진 것이다. 축제는 어느새 시민들의 자긍심을 높이는 데 초점을 맞추기 보다는 돈벌이의 수단으로 전락했다. 시민 대다수들은 그 돈벌이를 위해 일정 기간 불편을 감내해야 할 사람 취급을 당하기도 했다.

돈벌이 수단으로 기획한 각종 스토리텔링 사업들이 과연 목적을 이루고 있을까? 이른바 성공사례라고 불리는 유명 축제들은 성과를 숫자로 발표하기도 한다. 방문객 숫자가 몇 명이고, 그들이 지역사회에 미친 경제적 효과는 몇 백억 원 혹은 몇 천억 원에 이른다고. 그러나 그 열매가 과연 시민들에게 골고루 분배되고 있을까? 이해 관계가 얽히면서 축제가 오히려 지역 공동체의 내부 갈등을 조장하는 빌미가 되고 있지는 않을까? 이른바 성공적인 소수 축제를 제외하면 성과를 올리고 있다고 평가하기도 민망한 축제들 또한 허다하다.

사실 스토리텔링을 통해 경제적인 효과를 내기 위해서는 엄청난 규모의 투자가 지속적으로 이뤄져야 한다. 세계적인 역사 도시와 문화 도시의 사례들이 이를 웅변하고 있다. 관광객들의 발길을 유인할 만큼의 아우라를 만들고 유지하기 위해서는 그 가치를 입증할 만한 역사적인 근거와 학술적인 성과들이 끊임 없이 뒷받침되어야 한다. 조그마한 역사문화콘텐츠 하나만 하더라도 생산효과가 전혀 없는 유지보수에 엄청난 예산이 투입돼야 한다. 도시 차원으로 그 범위가 넓어지면 천문학적 비용이 투입되지 않으면 안 된다. 그 수준이 상당하지 않고 어설프다면 대외적인 인지도를 높이기는커녕 방문객의 조롱만 사는 역효과를 낼 수도 있기 때문이다.

이같은 규모의 투자를 자력으로 감당할 수 있는 곳은 우리나라에서 서울특별시 정도를 제외하면 없다고 봐야 한다. 엄청난 투입이 있어야 효과를 볼 수 있는 과제를 어설픈 투자로 이끌어내겠다는 발상부터가 억지스럽다. 대부분의 도시가 중앙정부 예산에 목을 매는 상황에서 어떻게 자발적인 스토리텔링 사업을 추진할 수 있을까?

이런 문제들은 도시 스토리텔링의 목표를 '경제적 효과로 잘못 설정했기 때문에 빚어진 것들이다. 첫 단추를 잘못 채운 것이다. 서두에서 밝혔듯이 도시 스토리텔링의 근본적인 목표는 돈벌이가 아니라 시민들의 결속과 협동이어야 한다. 따라서 도시 이야기의 대상을 외부 관광객이 아닌 내부 시민으로 과감하게 바꿔야 한다. 외부인에게 들려주기 위해 이야기를 가공할 것이 아니라, 내부인인 시민이 공감할 수 있는 '우리 이야기'에 관심을 가져야 한다. 그것이 스토리텔링의 본질에도 부합한다.

내가 사는 도시, 우리가 사는 도시는 어떤 곳인가? 우리 도시는 어떻게 만들어졌고, 현재 어떻게 굴러가고 있는가? 도시에 모여 사는 사람들은 누구이고 어디에서 왔는가? 이 도시에 사는 것이 희망적인가 비관적인가? 후손들도 이 도시에서 살게 할 것인가 아니면 떠나게 할 것인가? 이 같은 질문들에 대답하는 것으로부터 도시 이야기를 시작해야 한다.

이 질문과 해답을 찾는 과정은 오롯이 도시정치와 직결된다. 도시의 리더십을 형성해 현실을 진단하고 미래 좌표를 설정하며, 현실적인 장애를 극복해나가는 과정이 바로 정치활동이기 때문이다. 따라서 도시이야기의 골간이 도시정치라고 말해도 전혀 무리가 아니다. 우리가 기억하고 있는 상당수의 옛날 이야기들도 따지고 보면 그 당시의 정치 이야기 아니던가.

도시 주권을 창조하는 과정

여기서 도시이야기의 중요한 소재 하나가 등장한다. 바로 도시 운명을 결정할 주체인 '도시의 주권'을 만드는 과정이다. 왕정시대에는 왕족과 귀족간의 정치가 이야기의 핵심 소재였다. 우리가 일상으로 접하는 역사물이나 사극의 대부분이 새로운 권력이 만들어지는 과정을 그린 것이었다. 공화정도 마찬가지다. 절대 왕정에 반대하는 시민들이 혁명을 일으켜 절대왕정을 무너뜨리고 공화정을 세운 이야기가 지금 공화국들의 정체성을 만들어주고 있다.

그렇다면 현재 우리가 살아가는 도시는? 형식적으로는 선거라는 제도를 통해 도시 권력을 시민의 손으로 창출하게 되어 있다. 그러나 과연 시민들은 지금의 도시 권력을 자기 손으로 창출했다고 '느끼고' 있을까? 도시 권력의 주인이 시장이 아니라 시민이라고 충분히 '체감'하고 있을까? 물론 길 가던 시민 아무나 붙잡고 질문한다면 대부분 '도시의 주권자는 시민'이라는 정답을 말할 것이다. 그러나 그렇게 머리로 '생각하는 것'과 가슴으로 '느끼는 것'은 전혀 다른 문제다. 머릿속 생각만으로 할 수 있는 것은 거의 없다. 가슴으로 느낄 때 참여와 행동이 일어날 수 있다. 그 느낌을 불러일으키는 것이 바로 '이야기'다.

'도시의 주인은 시민'이다, '도시의 주권자는 시민'이라는 선언을 곧잘 하면서도 공허하게 느껴지는 이유는 도시 주권을 만들어가는 과정에서 실제 시민들의 역할 또는 이야기가 부족하기 때문이다. 그 이야기는 투표 한 번 했다고 만들어지지 않는다. 시민의 염원과 참여를 통해 새로운 권력체제를 만들고, 그것으로 도시의 변화가 실현되었을 때 비로소 시민의 가슴 속에 내면화된 이야기로 각인될 것이기 때문이다.

그러나 안타깝게도 우리나라는 도시 주권을 시민의 힘으로 만들어본 경험을 그렇게 많이 축적하지 못했다. 지금 우리들이 손에 쥐고 있는 권한도 따지고 보면 민주공화국으로 출발한 대한민국 초창기에 비해 여러모로 모자라다. 초창기 지방자치제에는 읍면동장과 읍면동의회까지도 주민 손으로 직접 뽑았지만, 지금은 그렇게 하지 않고 있기 때문이다.

지금 우리가 살아가는 도시는 과연 누가 만든 것일까? 시민들의 뜻과 힘으로 만든 도시인가, 아니면 정치 엘리트들의 일방적인 결정으로 조성된 곳인가? 도시의 공간과 경제 구조는 누가 결정했는가? 그 과정에 시민이 얼마나 참여하고 주권을 행사했을까? 이들 질문에 대한 답변을 충분하게 할 수 있는 대한민국의 도시가 과연 몇 개나 될까? 지금 살아가고 있는 도시들에 관한 이야기들이 워낙 부실하기에 지금의 대한민국 도시 대다수가 조선시대와 그 이전의 과거 이야기에 매달리는 것 아닐까.

도시 주권이라는 관점에서 볼 때 우리나라의 도시 이야기는 아직 백지에 가깝다. 우여곡절 끝에 시작된 지방자치제도도 여전히 빈틈 투성이인 데다가 이명박과 박근혜 정부를 지내며 거의 누더기가 됐다. 그러나 뒤집어 보면 그만큼 여지도 많이 생겼다고 볼 수도 있다. 시민들이 주권을 찾아가는 여정이야말로 공화주의를 채택한 도시의 가장 핵심적인 스토리가 될 것이기 때문이다. 유럽의 도시들처럼 훌륭한 과거 이야기는 많이 갖지 못했지만, 이야기의 주체로서 새로운 이야기를 쓸 기회가 오늘날 우리 시민들에게 주어졌다고 생각하자. 그리고 한 가지는 꼭 기억하자. 정치 없는 스토리텔링은 가짜다.

주권의 변화와 공간의 변화

도시는 저마다의 문제와 고민을 안고 있다. 따라서 해법도 제각각일 수밖에 없다. 그러나 도시의 스토리는 '변화'를 배경으로 삼는다. 이야기의 본질이 그렇다. 악랄하던 악당이 개과천선을 하든지, 연습생으로 들어와서 슈퍼스타가 되든지, 재벌이 하루 아침에 알거지가 되든지, 정의의 사도가 배반의 화신으로 추락하든지, 그 상황과 행동, 즉 플롯의 변화가 이야기를 만들어내는 힘이 된다.

도시 이야기도 마찬가지다. 도시 이야기는 이를테면 '변화의 기록'이다. 바다를 매립해 신도시를 세우든지, 산을 깎아 도로를 내든지, 논밭을 밀어 마천루를 세우든지, 장터를 밀어내고 유흥가를 만들든지, 아니면 디트로이트처럼 아예 몰락하든지, 크고 작은 다양한 변화들이 쌓이고 쌓여 지금 우리가 살아가는 도시의 이야기를 만들어낸다.

그러나 단순한 변화의 기록만은 아니다. 그 변화 뒤에는 모종의 '힘'이 작동한다. 도시 스토리텔링의 골간이 바로 도시정치인 이유가 바로 여기에 있다. 어떤 세력의 정치적인 힘이 어떻게 작용하느냐에 따라 도시 변화의 방향과 강도를 결정된다. 민주공화제 아래서는 시민들이 어떤 정치를 선택하느냐에 따라 도시의 운명이 결정된다 해도 과언이 아니다.

예를 들어 유럽에서는 18세기 계몽주의가 본격적으로 확대되면서 성당이 도시에서 갖는 위상이 빠르게 위축됐다. 대신 시민의 힘이 강해지면서 새로운 공간들이 부각됐다. 도시의 주권자가 바뀌면서 공간의 질서 또한 변화를 겪게 된 것이다. 시민의 지위가 올라가면서 새롭게 부상한 공간이 '공원公園'이다. 시민사회가 등장하기 전까지 사실 공원이란 개념 자체가 없었다. 정원은 언제나 신비한 공간이었고, 특권층만을 위해 존재했다. 이를테면 왕과 귀족들을 위한 정원과 사냥터 정도였다. 하지만 시민사회가 강해지자 이들 공간이 공원이라는 이름으로 대중에게 개방되기 시작했다.

대표적인 사례가 프랑스 오를레앙 가문의 왕족인 루이 필립 2세가 상속 받은 '팔레 로얄Palais Royal'이다. 계몽주의에 세례를 받은 루이 필립 2세는 이곳의 정원과 회랑들을 대중에게 개방했다. 곧이어 서점과 살롱, 그리고 카페들이 이 공간에 자리잡으면서 계몽주의 담론이 본격적으로 확대 재생산되는 거점이 됐다. 팔레 로얄이 특히 주목받은 것은 바로 프랑스대혁명이 모의되고 또 토론된 곳이기 때문이다. 이쯤 되면 인류 역사의 거대한 전환점이 된 프랑스대혁명의 대표적인 성지라고 평가할 수 있지 않을까?

세계의 수도라는 뉴욕에서 가장 사랑 받는 장소는 단연 중앙공원센트럴파크이다. 뉴욕 맨해튼 도심 한복판에 직사각형으로 자리잡은 이 공원은 100만 평이 넘는 면적으로 서울 여의도 전체89만 평보다 훨씬 큰 규모를 자랑한다. 금싸라기라는 표현도 모자랄 이 엄청난 땅에 건물을 세우고 세를 놓았으면 어마어마한 수익을 올릴 수 있었을 텐데, 뉴욕의 도시 공동체는 건물과 도로 대신 공원을 선택했다. 어떻게 그럴 수 있었을까?

센트럴파크가 문을 연 것은 1858년이다. 그보다 7년 전인 1851년에 뉴욕시는 공원법을 제정했고, 1853년 7월에는 시가 사유지였던 해당 토지를 취득할 수 있게 하는(우리 식으로 표현하자면 '토지 수용'을 가능하게 하는) 법안을 시의회가 통과시킨다. 여기까지는 인터넷 검색으로 쉽게 알 수 있는 센트럴파크에 관한 사실들이다. 그러나 이 과정에는 단순 검색으로는 알 수 없는 복잡한 사회문화적 맥락이 있고, 그 실타래를 푸는 정치활동이 있었다.

1800년대 중반 뉴욕은 세계 이민자들의 거대한 집합소였다. 특히 본토의 대기근을 피해 탈출하다시피 이주한 아일랜드인들이 하루에도 수천명이 뉴욕으로 쏟아져 들어올 때였다. 당시 뉴욕 인구는 순식간에 열배 이상 폭증했고, 그 결과 생활환경이 빠른 속도로 피폐해지고 있었다. 그 전에 정착한 뉴욕 시민들 입장에서는 견딜 수 없는 상황이었기에 이주민과의 극한적인 갈등도 불가피했다.

그 당시 뉴욕 상황을 그린 영화가 바로 마틴 스코세이지 감독 레오나르도 디카프리오 주연의 〈갱스 오브 뉴욕〉(2002)이다. 영화에서 그려진 대로 당시 뉴욕의 상당 지역이 이주민들로 인해 게토화되어 있었다. 정통 뉴요커들과 아일랜드 이주민들 사이에 주도권 다툼은 서로 피를 뿌리는 전쟁이었다. 그 즈음 대규모 도시공원이 필요하다고 주장한 언론인 윌리엄 브라이언트가 "지금 공원을 만들지 않으면 백년 후 뉴욕은 같은 넓이의 정신병원이 필요할 것"이라고 말한 것도 이같은 사회적 배경 때문이었다.

시민 주권의 상징인 뉴욕의 센트럴파크 ⓒ위키피디아

도심에 대공원을 만들어야 한다는 아이디어는 1850년대 초에 여러 신문에서 기사와 칼럼의 형식으로 자주 제안되었고 시민들도 이 의제를 광범위하게 공유하고 있었다. 공원에 대한 기대감은 지금과 비교할 수 없을 정도로 높았다. 사람들은 공원이 육체적인 건강은 물론 정신적인 건강까지도 개선하는 데 큰 도움이 될 거라고 믿었다.

이 같은 기대감은 영국의 경험에서 비롯되었다. 정원은 본래 왕족과 소수 귀족의 사냥터였지만 17세기 이후 시민의 힘이 강해지면서 차츰 일반인에게도 개방되기 시작했다. 특히 1842년에는 시민의 세금으로 만든 첫번째 공원인 버켄헤드파크가 영국 리버풀에서 문을 열었다. 특정 신분에 속하지 않아도 시민이라면 누구나 드나들 수 있는 세금을 재원으로 만들어진 것이다.

영국에서 시작된 새로운 시도가 바다 건너 뉴욕에도 전해졌다. 지옥 같은 뉴욕을 치유할 대안으로 대규모 공원이 필요하다는 의제가 뉴욕의 도시정치에 중요한 과제로 부상했다. 당장 시장 선거에서 핵심 공약으로 제시되었다. 열악한 주거환경에서 신음하던 시민들의 반응 또한 뜨거웠다. 시민의 염원이 정치체제를 선택하고, 그 체제가 제도와 재원을 만들

어 도시를 변화시킨 것이다.

　센트럴파크가 개장한 지 벌써 150여 년이 지났지만 설계자인 옴스테드가 처음 고안했던 기본 골격은 지금도 유지되고 있다. 공원을 통해 도시를 치유하고자 했던 믿음이 그대로 이어지고 있다는 증거 아닐까? 물론 센트럴파크도 위기가 있었다. 20세기 초중반 뉴욕시정부가 관료화와 도덕적 해이로 몸살을 앓았을 때 센트럴파크는 불법과 우범지대로 전락하면서 도시의 심각한 골칫덩어리가 되기도 했다. 그러나 뉴욕의 시민공동체는 공원을 끝내 포기하지 않고 마침내 오늘날의 명소로 성장시키는 데 성공했다. 뉴욕의 센트럴파크가 단순한 공원 그 이상의 가치를 갖는 이유가 여기에 있다.

권력자의 도시 서울

　한편 우리나라의 대표 도시인 서울은 그 반대의 사례를 잘 보여준다. 지금 서울의 골격은 대부분 박정희 시대에 불도저라는 별명으로 유명했던 김현옥 시장 때 만들어졌다. 박정희 쿠데타 세력은 집권하자마자 지방자치제도를 무력화시키고 모든 기관에 군출신 인사나 쿠데타 세력에 협조적인 관료를 '파견'했다. 1966년 4월에 서울시장이 된 김현옥도 물론 쿠데타에 참여한 군인 출신이었다.

　당시 서울도 19세기 말의 뉴욕과 크게 다르지 않은 문제를 안고 있었다. 사람들은 먹고 살기 위해 서울로 서울로 몰려들었다. 서울시 도시계획에 오랫동안 참여했던 손정목 서울시립대 명예교수에 따르면(이하 중앙일보 2003년 '서울만들기' 연재 인터뷰 참조) 서울 도시 개발의 하이라이트라 할 수 있는 1966년부터 1980년까지 15년간 인구가 489만여 명, 하루 평균 900명 가까이 늘어났다고 한다. 주택과 식수는 늘 모자랐고, 사람들이 배출하는 쓰레기는 거리 구석구석을 메웠다.

뉴요커들이 아일랜드 이주민을 싫어했던 것만큼 서울 토박이들도 시골 출신들을 무척 싫어했다. 전쟁 후 고향을 떠나 서울을 찾은 사람들에게는 예외 없이 '시굴띠기(시굴은 시골의 서울 사투리다)'라는 꼬리표가 붙었고 어느 곳에서나 놀림을 받았다. 1960년대 초에 서울시장을 맡았던 서울토박이 윤치영윤보선의 삼촌은 서울시 국정감사장에서 "좀 더 좋은 도시를 만들 수 없느냐"고 따지던 국회의원을 향해 "농촌 인구가 서울로 모여들지 않게 하려면 서울을 좋은 도시로 만들어서는 안됩니다. 내가 서울을 방치해 두는 것은 바로 서울 인구집중을 방지하는 한 방안입니다"라는 황당한 답변을 내놓기도 했다.

윤 시장은 1964년에 국회에 '지방민의 서울이주를 허가제로 하는 입법'을 요구했고, 이 내용이 라디오와 신문에 대대적으로 보도되면서 서울의 인구집중 문제가 사회적인 의제로 부상했다. 이 분위기 속에서 같은 해에 우리나라 최초의 '대도시 인구집중 방지책'이 만들어지면서 오늘날 수도권 규제정책과 지역균형발전 정책의 출발점이 되었다.

그러나 쿠데타 이후 가시적인 성과를 기대하고 있던 박정희에게 윤치영의 소극적인 도시정책이 마음에 들 리가 없었다. 박정희는 윤치영을 해임하고 자신의 부하이자 쿠데타 동지였던 김현옥 부산시장을 서울로 불러올렸다. 당시 갓 마흔 살을 넘겼던 김현옥은 서울시가 안고 있던 문제를 시민의 관점이 아니라 대통령의 관점에서 불도저처럼 추진해나갔다. 시장의 임명권이 시민의 손이 아니라 대통령의 손에 있었기 때문이다.

김현옥 시장이 추진한 대표적인 정책 중 하나는 주택 문제를 해결하기 위한 '시민아파트 건설'이었다. 1968년 6월에 첫삽을 뜬 최초의 시민아파트(훗날 금화아파트로 불림)는 시장의 직접 지시에 따라 서대문구 냉천동 해발 203미터 고지대에 터를 잡았다. 주민 입장에서도 불편한 곳이었지만 자재 운반이 어려워 공사에도 큰 어려움을 겪었다. 김 시장이 고지대를 부지로 고집한 이유는 다름 아닌 "높은 데 지어야 청와대에서 잘 보이기" 때문이었다.

냉천동 금화아파트가 좋은 평가를 받자 김 시장은 1969년부터 시민아파트 건설에 적극적으로 나서기 시작했다. 김 시장이 지어올린 아파트가 그 해에만 서른 두 곳에 406개 동 1만 5,000가구에 달했다. 물론 모든 시민아파트는 하나같이 청와대에서 잘 보이는 고지대에 들어섰다. 그중에 훗날 유명세를 탄 곳이 바로 마포구 와우산에 들어선 와우지구 시민아파트였다.

16개 동으로 구성된 와우지구 시민아파트는 1969년 12월에 준공돼 70년 3월부터 입주가 시작됐지만 이미 벽 곳곳에 금이 가 있었다. 급기야한 달이 채 되지 않은 4월 8일 새벽에 15동이 무너져서 당시 주민 73명중 33명이 죽고 40명이 부상하는 처참한 사고로 일어났고, 그 책임을 지고 4월 16일에 김현옥은 서울시장 자리에서 물러나게 됐다.

물론 김 시장이 최고 권력자의 눈에 들기 위해 무리수를 둔 것이 시

권력자 눈만 고려하다가 붕괴된 와우아파트 ⓒ위키피디아

민 아파트뿐만이 아니었다. 김현옥 시장 전에 지어지긴 했지만 워커힐 호텔을 박정희 대통령이 좋아한다는 이유 하나만으로 서울 동부권의 도로 개발에 도시 행정력을 집중했다. 서울 도심에서 워커힐 호텔까지 효과적으로 이어주기 위해 건설된 청계고가도로도 물론 그의 작품이다. 당시 다른 정부 부처들이 고가도로 건설에 강력하게 반대했지만, 대통령의 신임을 등에 업은 김현옥은 마침내 관철시켰다.

그 시절 김 시장은 서울에서 엄청난 양의 공사를 한꺼번에 추진해 전
국적으로 시멘트와 철근, 골재 등의 건축자재 파동을 불러 일으켰다. 경
제기획원장관까지 직접 나서서 건설공사를 중지하거나 속도를 조절하라
고 지시했지만, 오로지 청와대 바라기였던 김 시장은 그 지시를 듣지 않
았다. 동시다발로 공사를 벌이니 시재정 또한 바닥이 났다. 김 시장은 서
울 도심의 시유지를 팔아 부족한 재원을 메웠다. 그때 매각한 시유지 중
상당수는 '도심 녹지' 또는 '공원 후보지'였다.

1960년대 초반까지만 해도 서울 도시기본계획에서 명동 일대는 녹지
로 지정돼 있었다. 그 계획대로라면 서울의 도심 한복판에 대규모 공원
이 들어설 수도 있었다. 서울의 궁궐과 도심의 녹지가 어우러졌다면, 지
금의 서울은 매우 달라지지 않았을까? 그러나 김현옥은 박정희의 눈에
들기 위해 녹지를 다 팔아치웠고, 그 자리는 부동산 사업자들이 세운 마
천루가 빼곡하게 들어서 오늘날의 서울 스카이라인이 만들어졌다.

이보다 더 큰 문제는 김현옥이 만든 불도저식 도시개발 모델이 김현
옥 이후에도 그대로 이어졌고, 서울을 흉내내고 싶어하는 전국 도시들로
확산됐다는 사실이다. 부수고 길을 내고 높게 지어올려야 시장이 일 열
심히 한다, 도시가 발전하고 있다고 여기는 풍토가 이때부터 생겨났다.
전국에 수많은 김현옥들이 도시 권력을 거머쥐고 시민이 아닌 권력자를
위한 도시 건설에 매달렸다.

그 결말은 비참했다. 1970년 4월 와우아파트가 무너진지 1년만에 21
층짜리 대연각호텔에 큰 불이 나며 사망자 166명을 포함해 234명의 사
상자를 냈다. 특히 1970년대의 무리한 개발사업은 그 수명이 다한 1990

년대에 이르러 대형사고들로 이어졌다. 1991년 1월에는 청주 우암상가아 파트가 무너져 12명이 사망했고, 1993년 3월에는 부산 구포역 인근에서 무궁화호가 전복해 78명이 죽었다. 1994년 10월에는 서울 성수대교 상 판 50여 미터가 내려앉아 32명이, 두 달 뒤에는 서울 아현동 가스공급기 지가 폭발해 12명이 숨졌다. 1995년 4월에는 대구 지하철공사장에서 가 스가 폭발해 101명이, 6월에는 서초동 삼풍백화점이 무너져 502명이 사 망했다.

좋은 정치가 만드는 새로운 공간

20세기 말 콜롬비아의 수도 보고타는 그야말로 생지옥이라는 평가 를 받았다. 1960년대 중반부터 시작된 콜롬비아 정부와 혁명군^{FARC} 사이 의 내전이 수십년 간 이어지면서 수많은 난민들이 수도 보고타로 몰려들 었기 때문이다. 해마다 8만 명 가까이가 보고타로 이주하면서 시 외곽에 는 거대한 슬럼가가 형성되기 시작했고, 치안 상태도 엉망이었다.

1995년 한 해만 살인 범죄가 3,363건(인구 10만 명 당 살인사건 피해자 60명, 우리나라 2013년 평균은 1.9명), 교통사고 사망자수는 1,387명이었다. 납치와 암살이 빈번해 선거 운동을 할 때도 방탄차량을 이용하지 않으면 안 될 정도였다.

그러나 1997년에 엔리케 페냘로사^{Enrique Penalosa}가 삼수만에 시장에 취 임하면서 모든 것이 바뀌기 시작했다. 그는 취임하자마자 고가고속도로 건설계획을 방해하는 정책을 내놓았다. 그가 시장으로 당선되기 전 보고타시는 일본국제협력기구 Jica에 교통 문제 해결방안 용역을 발주했는데, 그 결론이 50억 달러를 들여 고가 고속도로망을 건설하라는 것이었다. 엔리케는 이 사업이 일본 자동차 기업과 보고타 엘리트에게만 이득이 된다고 비판하고 그 예산을 보행공간과 버스를 활용한 대중교통을 확대하고, 공공시설을 건설하는 데 투입했다.

예를 들면 빨간색의 섹시한 디자인으로 무장한 '트랜스밀레니오 버스 시스템'을 완성해 교외 슬럼가와 도심간의 이동을 편리하게 했고, 버스 이용자들이 자가용 이용자들에 비해 주눅들지 않도록 했다. 시내 곳곳에 600여 개의 공원을 조성하고 나무 10만그루를 심었으며 곳곳에 도서관을 세웠다.

엔리케 사례를 연구해 〈우리는 도시에서 행복한가〉라는 책을 펴낸 찰스 몽고메리는 이와 같은 일련의 시도들이 엔리케에겐 '사회 정의'를 바로 세우는 것이었다고 평가한다. 엔리케는 기회가 있을 때마다 "도시의 모든 부분은 인간이 신성한 존재라는 사실을 반영해야 한다"고 주장했다. 그 결과 시민들의 삶과 생각이 바뀌었다. 그가 임기를 마칠 때쯤엔 보고타 시민의 4분의 3이 보고타의 미래를 낙관했다. 세계 최악의 도시에서 살 만한 도시로 거듭난 것이다. 다음은 그가 시장 선거 때 연설한 내용 중 한 대목이다.

"우리가 더 행복해지기 위해 필요한 것은 무엇일까요? 새들이 날아다녀야 하듯, 인간은 걸어다녀야 합니다. 우리는 다른 사람들과 함께 있어야 합니다. 우리에겐 아름다움이 필요합니다. 우리는 자연과 접촉해야 합니다. 무엇보다도 우리는 소외 당해서는 안 됩니다. 다른 사람과 평등하다는 감각을 느끼는 것이 필요합니다."

도시는 물리적인 공간으로 이루어져 있다. 도시 정치는 그 물리적인 공간에 질서를 부여하고 세부 공간들을 유기적으로 조직하는 역할을 한다. 도시 정치가 지향하는 가치에 따라 공간의 내용은 크게 달라진다. 이때 경건한 공간은 도시공동체의 구심점 역할을 하며 공간적 질서에 기준이 된다. 우리 눈에 보이는 도시 공간은 이 모든 과정이 빚어낸 결과다. 다시 말해 도시 스토리텔링의 결과물이 바로 도시 공간인 셈이다.

4장

도시의 인물

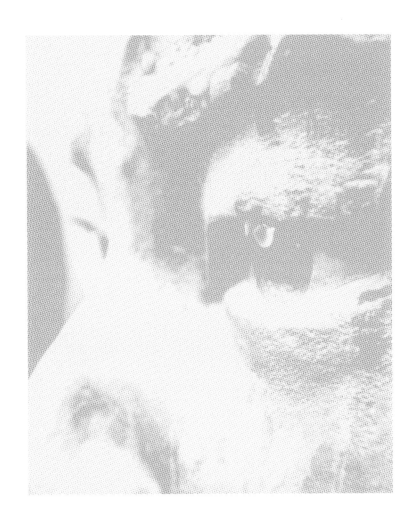

사람들이 하루에 나누는 이야기의 70%는 '사람 이야기'라는 통계가 있다. 일 이야기나 상품 이야기하는 것보다 사람 이야기하기를 우리는 가장 좋아한다. 문자로 남겨진 인류 최초의 이야기인 〈길가메시 서사시〉도 수메르 문명 우르크의 지도자인 길가메시에 관한 이야기다. 세계 여러 문명권의 기초가 됐던 신화들도 하나 같이 '출생의 비밀'을 다루고 있다. 우리 민족의 대표적인 신화인 '단군설화'도 역시 인물에 관한 이야기다. 스토리텔링의 원형이랄 수 있는 신화와 설화는 다른 말로 '인물 이야기'라고 정의해도 부족함이 없다.

모든 공동체는 근원을 가지고 있다. 근원이 모호하다 싶으면 종종 상상력을 동원해서라도 지어낸다. 그 근원에는 항상 위대한 인물이 존재한다. 시조라고도 불리는 인물은 공동체의 정체성을 확인해주고, 구성원모두가 지켜야 할 핵심적인 가치를 표상한다. 인물이 담아내는 면면, 그리고 캐릭터는 바로 공동체가 추구해야 할 바람직한 인간상이 된다. 그인간상을 기준으로 도덕이 만들어지고 윤리가 세워진다.

현대 도시들도 마찬가지다. 도시는 공동체를 대표하는 인물을 갖고싶어한다. 그 인물은 역사 속에서 자연스럽게 선택되기도 하고, 특정한 캠페인을 통해 발굴되기도 한다. 특히 도시를 지배하는 권력들도 마찬가지다. 도시를 대표하는 인물, 자랑스런 인물 등을 내세워 시민들의 정서를 하나로 묶고 싶어 하고, 또 그 인물을 통해 스스로 중요하게 생각하는 가치를 시민들과 소통하려고 한다.

시민들도 마찬가지다. 시민들이 선호하는 인물, 감정이입하는 인물이 자연스럽게 지도자상으로 투영된다. 시민들은 그 인간상을 기준으로 후보들에게 투표하고, 또 권력을 창출해낸다. 시민들이 중요하게 생각하는 가치가 권력으로 표출되는 것이다.

권위가 세운 인물, 최윤덕의 예

먼저 도시를 지배하는 권력이 인물을 내세워 진행하는 스토리텔링 사례를 하나 살펴보자. 경남 창원시청 옆에는 최윤덕 장상의 기마상이 늠름하게 서있다. 좌대 높이 6미터에 동상 높이 6.5미터까지 합치면 12미터가 넘는다. 기마상으로는 국내 최대 규모고, 예산만 8억 원이 들었다. 시청사 옆 도시 중앙에 세워진 동상이니 창원시를 대표하는 인물이라고 충분히 추정할 수 있다.

동상을 세운 창원시는 "600년 창원 역사의 정체성을 확립하고 창원이 낳은 위대한 인물의 재조명을 통해 후대에 귀감으로 삼도록 하고자" 했고, "동상 제작과정에서도 얼굴을 완성하자 동상이 갑자기 흔들리는 현상이 나타나 장상의 영험한 기운을 느꼈다"고 했다(창원시 보도자료 참조). 도시 탄생 600년과 마산, 진해 등과의 도시 통합을 기리는 인물로 최윤덕 장상이 선택된 것이다. 과연 어떤 인물이기에 창원시가 이렇게 공을 들인 걸까?

최윤덕은 조선시대 초기의 인물이다. 고려 말기 우왕 때 창원에서 태

최윤덕 장상 동상

어나 태조 3년 때 18세의 나이로 소과에 급제하면서 나라 일을 시작했다. 태종 때 무과에 급제해 동북면 방어에 나서면서 무관으로서 이름을 알렸고 세종초에는 삼군도절도사로서 동북면 방어와 대마도 정벌에 나서서 공을 세웠다. 세종 10년 병조판서로 임명돼 조선의 국방정책을 책임졌고, 세종 15년엔 우의정, 16년엔 맹사성 후임으로 좌의정 자리까지 오르기도 했다. 조선초기 역사에서 주목하고 평가 받을 만한 인물임은 틀림 없어 보인다.

그러나 최윤덕 장상과 창원시 사이에는 '태어난 곳'이라는 관계 외에는 특별한 의미를 찾기 어려워 보인다. 최윤덕이 창원과 합포 일대에서 자랐다는 기록은 남아 있지만, 소과에 급제하고 한양에서 벼슬을 지낸 뒤 고향 창원에 다시 돌아왔다는 기록은 없다. 주로 함경도 일대 동북면과 한양에서 군인과 정승으로 활동하다가 생을 마감한 것 같다. 창원이라는 도시가 성장하는 데 특별히 기여한 바가 없는 셈이다. 단지 창원에서 태어나서 유년 시절을 보냈다는 사실만으로, 조선왕조에 기록으로 남을 만큼 유명해졌다는 사실만으로 도시를 대표할 인물이라 칭하는 게 바람직할까?

아니나 다를까 최윤덕 장상을 대하는 창원시민들의 정서는 대체로 뜨악하다. 도시 한복판에 자리를 차지한지 십수년이 지나도 생뚱맞아 하는 정서가 쉽게 바뀔 것 같지 않다. 이유는 간단하다. 조선시대 초기에 활약한 장군에게서 21세기를 사는 창원시민들이 정서적인 공감대를 찾기가 어려워서다. 창원시민들은 단지 창원 지역에서 태어났다는 이유만으로 '우리 사람'으로 여기지는 않는 것 같다. 현대 도시 창원은 공단 도시로 개발됐기에 토박이의 도시라기 보다는 일자리를 찾아 모여든 이주민의 도시에 가깝기 때문일 것이다.

물론 창원시가 대표 인물을 선정하며 노력을 기울이지 않은 것은 아니다. 동상이 세워지기까지 창원시는 소정의 행정 절차를 밟았다. 창원 탄생 600주년을 준비하며 1992년에 개최된 한 학술세미나에서 처음 최윤덕 장상에 관한 이야기가 언급됐다고 하니, 2010년 11월 동상이 실제 세워지기까지는 18년 가까이 소요된 셈이다. 그 사이에 다양한 세미나와 공청회, 그리고 TV다큐멘터리까지 방영됐다.

동상이 세워진 뒤 최윤덕 장상 이름을 내걸고 치르는 각종 행사들도 100만 도시의 상징 치고는 초라하기 짝이 없었다. 그나마 성대하게 펼쳐지고 있다는 게 전국 궁도대회인데, 이 대회는 각 지역 궁도협회가 개최하는 대회와의 차이점을 찾기 어려운 그저 하나의 대회일 뿐이고, 2014년 4월에 열린 창원시 주최 '제1회 최윤덕장상배국제무술대회'는 '제151회 월드 K-1 킥복싱 무에타이 국제전 및 한국 타이틀매치 전초전'의 다른 이름이었다. 궁도협회와 격투단체에 이름 빌려주는 구실 이상은 못하고 있는 셈이다.

게다가 최윤덕 스토리텔링 사업은 갈등의 씨앗이 되기도 했다. 생가 터 진위에 대한 논란에서부터 동상 건립 과정이 졸속이었다는 지적이 뒤를 이었다. 특히 국가 표준 영정 지정절차를 밟지 않고 동상 건립을 주도했던 모 기관장의 아들이 임의로 그린 영정을 동상제작에 사용했다는 사실도 밝혀졌다. 600년을 이어온 도시 역사와 마산과 진해가 통합된 새로운 창원시의 정체성을 표상할 인물로 내세워졌지만, 졸지에 분란과 냉소의 아이콘으로 전락해버린 것이다.

　도시를 대표하는 인물을 선정하는 것은 스토리텔링 관점에서 매우 효과적인 사업이다. 특히 3개 도시 통합 후 공통의 상징을 만드는 일은 피할 수 없는 과제이기도 했다. 그러나 창원시민들은 최윤덕을 '우리 사람'으로 받아들이지 못했다. 우리나라의 대표적인 산업도시이자 경남의 행정 중심 도시 창원에서 살아가는 시민들에게 조선시대 초기 인물은 공감대를 찾기에 너무 멀리 있는 인물이었던 셈이다.

　최윤덕 사례는 권위적인 인물 스토리텔링의 전형을 보여준다. 도시를 지배하는 권력이 자기 정당성을 확보함과 동시에 자기가 원하는 가치를 중심으로 시민을 통합하려는 시도로 해석될 수 있다. 권위적 스토리텔링의 모든 과정은, 일부 여론 수렴 과정을 거치기는 하지만, 다분히 위에서 만들어 아래로 퍼트리는 방식으로 진행된다.

인물에 반영된 공동체의 가치

　인물에는 가치가 반영된다. 공동체의 상징 인물이 중요한 이유는 공동체가 추구하는 가치가 그에게 투영되기 때문이다. 인물과 가치의 상관관계를 가장 쉽게 확인할 수 있는 매체가 바로 화폐다. 세상의 거의 모든 나라가 화폐에 인물화를 담고 있는데, 그 인물을 이해하면 각국 정부가 추구하는 핵심 가치를 어렵지 않게 짚어낼 수 있다.

　먼저 미국의 달러를 살펴보자. 가장 큰 화폐 단위인 100달러는 벤자민 프랭클린^{Benjamin Franklin}이 주인공이다. 대통령을 지내지 않았지만, 미국의 독립선언서와 파리 조약, 미국 연방헌법 초안을 작성하는 데 참여해 미국이라는 나라를 세우는 데 결정적인 기여를 했다. 50달러는 남북전쟁을 종식시킨 전쟁영웅이자 18대 대통령 율리시스 그랜트^{Ulysses S. Grant}가, 20달러는 민주당 창당에 기여하며 지금의 양당정치의 기틀을 마련한 7대 대통령 앤드류 잭슨^{Andrew Jackson}이 주인공으로 자리잡았다.

100달러 지폐의 벤자민 프랭클린은
미국 독립선언서를 작성한 인물이다.

10달러는 초대 재무장관을 지내며 연방 경제체제를 확립해 달러의 아버지라고 불리는 알렉산더 해밀턴^{Alexander Hamilton}이, 5달러는 노예제를 폐지하고 남북 분단을 막은 16대 대통령 에이브러햄 링컨^{Abraham Lincoln}이 주인공이고, 2달러는 독립선언서와 종교자유법을 작성한 3대 대통령 토머스 제퍼슨^{Thomas Jefferson}이, 1달러는 미국 독립군 총사령관이자 초대 대통령인 조지 워싱턴^{George Washingon}이 화폐 중앙을 차지하고 있다.

이처럼 미국은 세계 최초의 제도적 공화국을 설립한 건국의 아버지와 오늘날의 미국이 있기까지 역사상 중요한 정책과 제도적인 기틀을 마련한 인물들을 화폐의 주인공으로 선정하고 있다. 이들 인물에 투영된 가치는 공화국 이념과 연방 경제, 그리고 노예 해방과 정당정치를 표방한다고 요약할 수 있다.

일본에서 가장 큰 돈인 1만엔에는 메이지 유신 시대의 계몽사상가인 후쿠자와 유키치가 그려져 있다. 게이오 대학의 설립자이기도 한 유키치는 일본인들에게 대스승으로 추앙 받는 인물이다. 우리나라와 중국인들에게는 제국주의를 정당화한 인물로 알려져 있기 때문에 인식이 좋지 않은 인물이기도 하다. 5,000엔의 주인공은 메이지 유신 시대의 대표적인 작가로 불과 25세에 요절한 여성 히구치 이치요다. 남녀차별이 심했던 시대를 살면서 불과 14개월의 작품활동 기간 동안 역사에 남을 작품들을 쏟아낸 인물이다. 1,000엔의 주인공 노구치 히데요도 메이지 유신 이후 일본의 지식인을 대표하는 세균학자로 일본의 파스퇴르로 칭송받는다.

일본은 화폐 속 인물을 통해 현대 일본이 메이지 유신에서 비롯됐다는 사실을 분명하게 천명한다. 미국, 영국, 러시아, 네덜란드, 프랑스 등의 서구 열강에 문호를 개방하면서 막부 체제를 폐지하고 근대 자본주의를 형성한 바로 그 시점이 오늘날 일본의 출발점이라는 것이다. 일본은 서구 문물을 받아들이며 '화혼양재和魂洋才'라는 슬로건을 내세웠다. 혼은 일본 것 그대로 지키되 구체적인 재주는 서양 것을 활용한다는 뜻이다. 근대 이후 일본이 추구하는 핵심 가치가 여기에 담겨 있다.

대만은 100달러에 쑨원이, 200달러에는 장제스가 주인공으로 그려져 있다. 쑨원은 신해혁명을 통해 아시아 최초로 황제정을 폐지하고 공화정을 설립한 주역이다. 쑨원은 대만뿐만 아니라 중국에서도 국부 같은 존재로 추앙 받는다. 장제스는 쑨원 사후 국민당을 이끌며 일본 제국주의와 중국 공산당과 전쟁을 벌였다. 마오저뚱이 이끄는 홍군에 쫓겨 대만으로 피신하면서 오늘날의 체제를 갖추는 출발점이 됐다.

한편 중국은 모든 위안화는 오직 한 사람 마오저뚱만을 새겨넣고 있다. 대장정을 통해 중화인민공화국을 수립하는 데 결정적인 공을 세운 마오저뚱은 오늘날 중국을 있게 한 독보적인 인물이기 때문일 것이다. 비록 대만과 중국이 서로 다른 체제를 유지하고 있지만, 두 곳 다 공통으로 추구하는 핵심 가치는 '공화국'의 이념이라는 사실이다. 청나라 때까지 수천년을 이어온 천자 개념은 더 이상 중국이 추구해야 할 가치가 아니라는 것이다.

베트남도 프랑스와 미국 등과 전쟁을 치르며 공화국을 세우는데 앞장선 인물인 호치민을 모든 화폐에 등장하는 인물로 채택하고 있고, 터키 또한 오스만 제국이 멸망할 때 영국 등과 싸워 지금의 터키 영토를 지키고 공화국을 수립하는 데 공을 세운 무스타파 케말 파샤를 모든 화폐에 그려넣었다. 두 나라 모두 현재의 공화국을 탄생시킨 국부에 해당하는 인물을 화폐의 주인공으로 삼았다. 위에 열거한 나라들뿐만 아니라 세계 거의 모든 나라들이 화폐 인물을 통해 국가 공동체가 추구하는 가치와 이념을 표출하고 있다.

그러나 안타깝게도 우리나라는 화폐 인물을 가지고 지금의 대한민국을 이야기할 만한 내용을 가지고 있지 못하다. 세계 화폐인물을 통해 각 나라의 역사와 문화를 탐구한 책 〈누구를 기억할 것인가〉(2016·헤이북스)를 쓴 터키인 알파고 시나씨는 우리나라 화폐 이야기를 책에 담지 못한 이유를 "세계 각국의 자유, 독립, 건국, 민주주의 등에의 투쟁 영웅들 위주로 이 책을 쓰려고 했는데, 한국 화폐는 공교롭게도 해당 인물이 없었기 때문"이라고 밝혔다. 화폐 주인공 모두가 민주공화국인 대한민국이 아니라 조선시대 사람들이기 때문이다.

상해임시정부 기준으로 100년 가까운 역사를 가진 대한민국이지만 왜 화폐에 올릴 만한 인물을 선택하지 못했을까? 물론 자유당 정부 초기 이승만 초대 대통령을 잠시 화폐 인물로 채택한 적이 있었다. 이승만은 지폐와 동전 인물로 1960년까지 등장하다가 4·19혁명과 함께 화폐에서 사라졌다. 이후 대한민국 화폐는 세종대왕을 비롯해 조선시대 인물들로 채워졌다. 2009년 5만 원권 화폐 인물을 선정할 때 3·1운동의 유관순 열사가 잠시 거론되긴 했지만 결국 조선시대 인물인 신사임당으로 결론이 났다.

조선시대 인물로 채워진 대한민국의 화폐는 민주공화국으로서의 정체성과 역사를 아직 완성하지 못한 복잡한 사정을 역설적으로 나타내는 상징이라고 볼 수 있다. 미군정과 전쟁을 겪으며 대한민국 헌법이 천명한 민주공화국의 역사는 왜곡과 좌절을 경험하고 친일잔재와 독재, 그리고 반공주의에 휘둘렸다. 민주공화국을 수립하는 데 기여한 인물과 역사에 대해 정파간 시각이 심각하게 충돌한 것이 화폐 인물을 조선시대로 거슬러올라가게 된 배경이 된 것 아닐까?

그 때문인지 우리는 민주공화국 대한민국을 살고 있지만 조선왕조의 관성을 상당히 끌어안고 살아가고 있다. 대통령을 왕에 비유한다든지 각료를 신하에 빗댄다든지 하는 시각이 그렇다. 지역 도시들도 마찬가지다. 화폐 속 인물들처럼 지역을 대표하는 인물들의 상당수가 조선시대 인물들로 채워져 있다. 경남 창원시와 경기 고양시처럼 도시 이름이 조선 시대 때부터 지어진 곳은 스스로 도시 탄생 600년을 주장한다. 기록상으로 틀리지는 않지만 과연 오늘날의 창원시와 고양시가 600년 동안 이어져온 도시라고 말할 수 있을까?

민중이 세운 영웅, 그라쿠스와 전봉준

우리가 알고 있는 역사적인 인물 상당수는 권위적인 지배 계층이 앞세운 경우들이다. 지배자가 자기 권력을 정당화시키기 위해 스스로나 특정 인물의 비범함을 강조한 것이다. 그러나 인류 역사 속에 지배자의 이야기만 있는 것은 아니다. 피지배자들이 수동적으로 당하지만 않고 저항한 사건 또한 적지 않다. 저항의 중심에도 역시 상징적인 '인물이 존재한다.

서양 역사에서 대표적인 저항의 아이콘은 고대 로마의 그라쿠스 형제다. 형제는 기원전 2세기 로마 공화정 시대에 평민의 이익을 대변하는 관직이었던 호민관을 지냈다. 형인 티베리우스 그라쿠스는 귀족의 땅을 몰수해 농민과 빈민, 무산자들에게 나눠주는 토지개혁법을 기원전 133년에 통과시켰다. 그러나 귀족들은 자객을 고용해 시민들 앞에서 그라쿠스를 죽여 테베레강에 시신을 버렸고, 지지자 300여 명도 함께 학살했다.

　그로부터 10년 뒤 민회는 티베리우스의 동생 가이우스를 호민관으로 선출했다. 동생은 형의 유지를 이어받아 다시 토지개혁법을 통과시켰고, 거기에 더해 곡물법 등의 개혁입법을 잇다라 추진하자 귀족들이 다시 가이우스를 습격해 3,000여 명이 죽고 가이우스는 자결하는 사태에 이른다. 가이우스의 시신도 귀족들 손에 들려 테베레강에 버려졌다. 이후 평민의 이익을 대변하는 관직인 호민관은 줄줄이 테러의 대상이 됐다. 그라쿠스 형제를 뒤이어 호민관에 오른 사투르니누스, 드루수스 등도 같은

과감한 개혁을 단행하다 귀족들의 저항으로 목숨을 잃은
호민관 가이우스 그라쿠스 ⓒ위키피디아

이유로 죽음을 맞이했다.

고대 로마가 왕정을 폐지하고 공화정을 채택한 때는 기원전 510년경이었다. 왕에게 집중된 권력을 분산시키고 견제와 균형을 이룬다는 목표를 가지고 있었다. 공화정의 모순은 역설적이게도 로마가 가장 풍요로울 때 노정됐다. 세 차례에 걸친 포에니 전쟁에서 승리해 지중해 전역을 장악한 로마는 엄청난 부를 축적하기 시작했다. 그러나 부는 골고루 분배되지 않고 귀족들에게 집중됐다. 100년 가까이 전쟁에 시달린 평민들의 불만과 분노가 극에 달했다. 그라쿠스 형제가 토지개혁을 주장한 이유가 바로 여기에 있다. 불만에 빠진 평민들이 전쟁에 적극적으로 나서지 않게 되면 로마의 미래 또한 위태로워진다고 본 것이다.

그라쿠스 형제는 카르타고의 명장 한니발을 무찌른 스키피오 아프리카누스의 외손자들이다. 먼저 호민관을 지낸 티베리우스는 카르타고 함락 작전에 직접 참전한 경험도 가지고 있다. 위기에 빠진 로마를 구해낸 명문가의 자손들이었고, 그만큼 로마 공화정의 미래를 진정으로 걱정한 인물들이었다. 그러나 그들의 열정과 꿈은 기득권 세력에게 가로막혀 좌절됐다. 지난 일이긴 하지만 그들의 개혁이 만약 성공했다면 로마의 미래는 어떻게 달라졌을까? 그라쿠스 사후 100년 뒤에 등장한 카이사르가 과연 공화정을 끝내고 황제정으로 정치 체제를 바꿀 수 있었을까?

역사적으로 그라쿠스 형제의 개혁은 좌절됐지만 형제의 이야기는 사라지지 않고 전해졌다. 특히 평등한 세상을 꿈꾸는 이들에게 깊은 영감을 불러 일으켰다. 그라쿠스의 이야기는 계몽주의가 확대되고 근대가 열릴 때 마침내 꽃을 피웠다. 그라쿠스 형제가 근대 유럽 사회에 미친 영향은 프랑수아노엘 바뵈프^{François-Noël Babeuf}라는 인물에게서 잘 드러난다. 프랑스 대혁명 시대에 대중 선동가이자 언론인이기도 했던 바뵈프는 스스로를 그라쿠스 바뵈프^{Gracchus Babeuf}로 불러달라고 요구했다. 그라쿠스라는 별명이 프랑스 혁명이 추구하는 가치를 잘 표현한다고 생각했기 때문이다. 그는 그라쿠스 형제처럼 혁명 뒤 프랑스를 장악한 나폴레옹 정부에 체포돼 단두대에서 처형됐다.

우리나라 역사에도 그라쿠스에 비교할 만한 인물이 존재한다. 동학농민전쟁을 이끌었던 녹두장군 전봉준이 바로 그런 인물이다. 동학에 뿌리내린 그의 꿈은 비록 청나라와 일본을 끌어들인 조선 조정에 의해 무참하게 짓밟혔지만 민중들은 '새야 새야 파랑새야'라는 노래로 그를 기억했고 못 다이룬 꿈을 이어갔다.

비록 동학농민전쟁은 패배했지만 부당한 권력에 민중이 들고 일어난 의거는 그 이후로도 계속됐다. 3·1운동으로, 4·19혁명으로, 5·18광주민주화운동으로, 87년 6월 항쟁으로, 2002년 효순미선이 추모 촛불집회로, 2008년 미국산쇠고기 촛불집회로, 2016년 박근혜최순실 탄핵 촉구 촛불집회로 이어졌다. 이웃나라 일본의 시민사회는 한국의 대중적이고 역동적인 시위문화를 부러워 한다고 한다. 후쿠시마 지진 때 원전이 폭발하는 대형사고를 당해도 제대로 된 시위를 보기 어려운 나라가 일본이기 때문이다.

일본의 역사학자들은 이와 같은 두 나라의 차이를 동학농민전쟁에서 찾는다고 한다. 부당한 권력에 집단적으로 저항한 스토리를 갖고 있는 사회와 그렇지 않은 사회의 차이라는 것이다. 2016년 11월 박근혜 대통령 탄핵집회가 한창일 때 전국의 농민운동단체들이 각 지역에서 트랙터를 직접 몰고 서울 광화문에 집결하는 상경투쟁을 벌인 적이 있다. 이때 대장정에 참여하는 시위대에게 붙여진 이름이 바로 '전봉준투쟁단'이었다. 그들은 선언문에서 "동학 농민군의 정신을 이어받아 청와대로 진격한다"고 밝혔다. 전봉준과 동학 농민군의 정신은 100년이 넘게 지난 이 시점에도 시퍼렇게 살아 있었다.

시민이 세운 영웅, 스포츠 스타

시민들이 직접 만든 영웅들도 있다. 축구의 나라 잉글랜드를 예로 들어보자. 팬 충성도가 높기로 유명한 리버풀FC 홈구장 안필드의 박물관 입구에 실물 크기의 동상 하나가 세워져 있다. 1959년부터 74년까지 리버풀팀을 맡아 지금의 명문팀으로 성장시킨 빌 샹클리 감독이다. 그가 FA컵에서 리버풀을 우승시킨 순간 두 손을 앞으로 쭉뻗어 환호하는 모습이 동상으로 표현돼 있다.

그가 처음 팀을 맡았을 때 리버풀은 2부리그를 전전하던 그저 그런 팀에 불과했다. 지휘봉을 잡은지 2년만에 2부 리그에서 우승해 1부 리그에 올랐고, 그 여세를 몰아 재임기간 중 세 번의 리그 우승과 두 번의 컵 우승을 팀에 안겼다. 그로 인해 리버풀FC는 지금처럼 리그를 대표하는 명문팀으로 도약할 수 있었다. 그의 동상 아래에는 "그는 사람들을 행복하게 만들었다He made the people happy"는 문구가 쓰여 있다. 홈구장 정문인 샹클리 게이트도 그의 이름을 땄다. 산업혁명 때 한창 주목 받았다가 핵심 연료가 석탄에서 석유로 바뀌면서 몰락해가던 공업도시 리버풀의 시민들은 샹클리 감독의 축구를 보며 자긍심을 되찾았고, 그래서 그를 시민들이 추앙하는 영웅으로 선택했다.

박지성 선수가 뛰어서 친근한 맨체스터 유나이티드의 홈구장 올드 트래포드에도 세 개의 동상이 서 있다. 가장 먼저 세워진 것은 1945년에 부임해 3년만에 팀을 FA컵 정상에 올려놓은 매트 버스비 감독의 동상이다. 그는 1969년까지 24년간 맨유 감독으로 활약하며 감독의 자율권을 확립하고 팀의 장기 비전을 위해 유소년 클럽을 선구적으로 창설한 것으로 유명하다. 버스비 감독 맞은 편에는 '버스비의 아이들'로 유명한 세 선수 보비 찰튼, 조지 베스트, 데니스 로의 동상이 서 있다. 이들은 1968년 맨체스터 유나이티드가 영국 축구 클럽 최초로 유로피언 컵에 우승하는데 공을 세운 선수들이다.

또 다른 한 편에는 '버스비의 재림'이라 불리며 가장 오랫동안 맨유의 감독으로 활약한 알렉스 퍼거슨 감독의 동상이 서있다. 퍼거슨은 버스비처럼 데이비드 베컴 같은 자기만의 '아이들'을 육성해 팀을 재건했고, 1999년 마침내 리그와 FA컵, 유럽축구연맹^{UEFA}컵을 휩쓰는 전대미문의 트레블을 달성했다. 맨유 구단과 팬들은 퍼거슨의 업적을 기념해 취임 26주년을 맞이하던 2012년 11월에 동상을 세운 것이다.

평범한 시민, 몰리와 애니

스포츠 영웅들만 동상으로 세워지는 것은 아니다. 아일랜드 수도 더블린의 트리니티 칼리지 부근에는 젖가슴을 거의 드러내고 수레를 밀고 있는 몰리 말론Molly Mallone의 동상이 서있다. 실존 인물인지는 확인되지 않았지만 더블린 시민들은 이 여인을 자기네를 대표하는 인물로 삼고 매년 6월 13일을 '몰리 말론의 날'로 지정해 기념한다.

고달팠던 더블린 시민의 삶을 상징하는 몰리 말론 동상 ⓒ위키피디아

이 여인은 아일랜드가 영국의 지배 아래 있던 17세기 어느 시기를 살았던 것으로 추정된다. 예쁘장한 얼굴을 한 몰리는 어릴 때 부모를 잃고 어린 나이에 부모에게서 물려 받은 수레를 끌고 어물 장사에 나섰다. 그러나 형편이 나아지지 않자 밤에는 몸을 팔아 생계를 유지했다. 밤낮으로 몸을 혹사한 몰리는 열병에 걸려 젊은 나이에 세상을 등졌다. 죽은 뒤에도 그녀의 한 맺힌 영혼이 더블린 시내를 배회했다고 한다. 그녀의 이야기를 담은 노래 가사는 다음과 같다.

<1절>

예쁜 소녀들이 많은 더블린 장터에서

아름다운 몰리 말론을 보고 첫 눈에 반했네.

바퀴 달린 수레를 끌며 좁고 넓은 거리를 누비며 외치네.

"새조개랑 홍합 있어요. 싱싱해요, 싱싱해!"

In Dublin's fair city, where the girls are so pretty

I first set my eyes on sweet Molly Malone

As she wheeled her wheelbarrow through streets broad and narrow

Crying cockles and mussels alive a-live O!

<2절>

그녀는 어물장수, 물론 놀랄 일이 아니지

그녀의 부모가 예전에 그 수레를 끌었던 것처럼

좁고 넓은 거리를 누비며 외치네.

"새조개랑 홍합 있어요. 싱싱해요, 싱싱해!"

She was a fishmonger and sure it was no wonder

For so were her father and mother before

And they both wheeled their barrows through streets broad and narrow

Crying cockles and mussels alive a-live O!

<3절>

그녀는 열병으로 죽었지. 아무도 구해줄 수 없었어.

그것이 아름다운 몰리말론의 마지막이었어.

지금은 그녀의 유령이 수레를 끌면서 좁고 넓은 거리를 누비며 외치네.

"새조개랑 홍합 있어요. 싱싱해요, 싱싱해!"

She died of a fever and no one could save her

And that was the end of sweet Molly Malone

Now her ghost wheels her barrow through streets broad and narrow

Crying cockles and mussels alive a-live O!

<후렴>

싱싱해요, 싱싱해! 싱싱해요, 싱싱해!

새조개랑 홍합 있어요. 싱싱해요, 싱싱해!

A-live a-live O! A-live a-live O!

Crying cockles and mussels alive a-live O!

몰리 말론은 실존 인물도, 대단한 업적을 세운 영웅도 아니지만 더블린을 대표하는 인물로 기억되고 있다. 그녀의 불쌍하고 한 많은 사연이 오랫동안 영국 지배를 받은 아일랜드 사람들의 정서를 대변한다고 여겼기 때문이다. 그녀를 기린 이 노래는 영국과의 전쟁이 한창일 때 아일랜드공화국군^{IRA}의 대표적인 군가로 사용됐고, 오늘날은 더블린시의 비공식 대표곡으로, 또 더블린에 연고를 둔 스포츠팀의 응원가로 널리 불리고 있다.

한편 아일랜드의 남쪽 해안에 있는 코브항에 가면 어린 남동생 두명을 이끌고 배를 기다리고 있는 애니무어^{Annie Moore}의 삼남매 동상이 있다. 애니무어의 또 다른 동상은 미국 뉴욕의 엘리스섬에도 있다. 애니무어는 실존했던 인물로 1892년 1월 1일 미국 뉴욕 엘리스섬에 세워진 이민자 관리소를 처음 통과한 열 다섯 살짜리 소녀였다.

19세기 말 수많은 아일랜드인들이 백만 명 가까이 굶어죽은 대기근을 피해 미국이라는 신대륙으로 목숨 건 이민을 떠나고 있었다. 아일랜드인뿐만 아니라 새로운 삶의 기회를 찾아서 유럽의 이민자들이 뉴욕항으로 몰려들고 있었다. 효과적인 관리가 필요하다고 느낀 미국정부는 뉴욕 초입에 있는 엘리스섬에 이민자 관리소를 세우고 이민자의 신분과 숫자를 통제하기 시작했다. 그 첫 번째 대상자가 먼저 미국으로 떠나 자리를 잡은 부모님을 찾아 두 명의 남동생을 이끌고 배를 탄 애니무어였던 것이다.

아일랜드 사람들은 소녀 애니무어를 기리며 〈희망의 섬, 눈물의 섬^{Isle of Hope Isle of Tears}〉이라는 노래를 지어 오늘날까지 부르고 있다. 여기서 희망의 섬은 물론 뉴욕의 엘리스섬이고, 눈물의 섬은 떠날 수밖에 없었던 고국 아일랜드를 가리킨다. 노래 후렴구는 이렇다.

희망의 섬, 눈물의 섬, 자유의 섬, 두려움의 섬.

그러나 거긴 당신이 떠나온 곳과 다릅니다.

그 굶주림의 섬, 고통의 섬, 다시는 당신이 보지 않을 섬.

하지만 고향의 섬은 항상 당신 마음 속에 있습니다.

Isle of hope, Isle of tears, Isle of freedom, Isle of fears,

But it's not the isle you left behind.

That isle of hunger, isle of pain, isle you'll never see again

But the isle of home is always on your mind.

애니무어는 무슨 대단한 업적을 쌓은 영웅은 아니다. 운좋게 엘리스 섬을 통과한 첫 번째 이민자가 됐지만, 이민 이후의 삶도 지극히 평범했다. 그러나 어린 남동생들 손을 붙잡고 사선을 넘던 열다섯 살 소녀는 당시 아일랜드인의 절박한 처지를 상징하기에 부족함이 없었다. 그들은 애니무어를 떠올리며 비슷한 고통을 겪어야 했던 조상들을 떠올리지 않았을까?

우리 도시의 대표 인물은?

다시 도시 이야기로 돌아와보자. 우리나라는 조선시대 이래로 강력한 중앙집권 체제를 유지해왔기 때문에 지역공동체가 자기만의 이야기를 축적하기가 쉽지 않았다. 특히 대한민국은 오랜 기간 동안 중앙집중을 강력하게 추구한 독재권력이 지배한 역사를 가지고 있다. 지역과 도시가 자기 인물을 내세우고 이야기를 만들어갈 기반이 그만큼 부실할 수밖에 없었다. 이는 봉건 사회를 오랫동안 겪은 유럽, 일본 등과 비교되는 부분이기도 하다.

하지만 오늘날 우리가 살아가는 대한민국은 헌법 제1조에서 밝혔듯이 민주공화국이다. 모든 권력은 지배 계층이 아니라 국민으로부터 나온다. 헌법 제8장에는 지방자치를 명시하고 있다. 제도적으로 부족한 부분이 아직 많지만 모든 도시는 시민의 힘으로 자치권력을 선택하게 되어 있다. 시민들이 투표를 통해 권력을 창출하는 시대를 살아가고 있는 것이다.

그렇다면 도시의 이야기도 마찬가지여야 한다. 시장이나 고위관료 혹은 특정 분야 전문가가 아니라 시민이 도시 이야기의 주인이 되어야 한다. 시민이 도시의 주권자라면 시민이 스토리 리스너Listener가 아닌 스토리텔러Teller가 되어야 한다. 대부분의 신화가 그렇듯이 주권을 가진 자가 자기 권력의 정당성을 밝히는 것이 바로 스토리텔링이다. 시민이 선택한 이야기가 구성원들에게 광범위하게 수용될 때 비로소 그 도시는 건강한 정체성을 갖게 된다.

앞서 예로 든 최윤덕 장상의 이야기가 창원시민에게 외면 받는 이유는 그 이야기가 주권자인 시민들이 자신들의 이야기라고 여기지 않기 때문이다. 비록 시민이 선출한 권력이지만 시 당국이 제시한 인물 스토리텔링은 다분히 하향식이었다. 여론을 수렴하는 과정도 형식적이었다. 이주민으로 구성된 창원시민들에게 토박이 내러티브가 공감을 불러일으키리라고 생각한 것 자체가 넌센스였다.

물론 이런 생각이 너무 이상적이라고 반론할 수도 있겠다. 전문가의 힘을 빌리지 않고 수십만에서 백만을 넘나드는 시민이 특정한 이야기를 만들어내는 게 가능할까? 다양한 배경과 이해관계를 가진 시민들이 과연 자발적인 합의를 이끌어낼 수 있을까? 그러나 현실 속에는 그와 같은 이야기들이 얼마든지 존재한다. 평범한 사람들의 건강한 연대가 전문가들의 지혜를 뛰어넘는다는 집단지성 개념은 이미 우리 가운데 실현되고 있다.

예를 들어 부산이라면 불세출의 투수 최동원이 어떨까? 한 시대를 풍미한 대한민국 대표 투수였고, 1984년 한국시리즈에서 다섯 경기에 출장해 혼자 4승을 도맡아 롯데자이언츠를 우승시켰으며, 선수로서 최정점에 있던 1988년 구단들의 집요한 견제를 무릅쓰고 선수협의회을 만들어 새로운 지평을 연 인물이다. 평생 소원이 고향팀인 롯데자이언츠 감독을 해보는 것이라고 말할 정도로 부산을 그 무엇보다 사랑했고, 부산시민 또한 그를 자기 식구처럼 아끼고 사랑했다. 그러나 롯데 구단은 선수협 창설을 주도했다는 이유로 삼성 구단과 트레이드했고, 그 이후 최동원은 제대로 된 활약 한 번 못해보고 쓸쓸하게 은퇴해야 했다.

다시 부산으로 돌아온 최동원은 정치에 도전했다. 박정희의 군사 쿠데타 이후 1991년에 처음 시작된 지방자치제도 광역의원 선거에서 부산 서구 후보로 출마했다. 그런데 그는 경남고 선배인 김영삼이 이끄는 민자당 대신 노무현이 속했던 '꼬마 민주당'을 선택했다. 그는 기회 있을 때마다 김영삼의 3당 합당을 '야합'이라고 비판했다. 그가 선거에서 내건 슬

부산의 최동원(위), 광주의 윤상원(아래)

로건은 "건강한 사회를 향한 새정치의 강속구"였다. 하지만 강고했던 지역주의를 넘어서지 못하고 결국 낙선했다.

최동원이 민자당이라는 꽃길을 버리고 꼬마민주당이라는 가시밭길을 선택한 것은 우연이 아니다. 그는 1988년에 있었던 부산일보 파업현장에 당당하게 유니폼을 입고 나타나 격려금 100만 원을 내고 간 인물이다. 대학생 시절에도 전국대학생대표자협의회에 참석할 정도로 사회정의에 관심이 많았다. 옳다고 여긴 길에 대해서는 변화구가 아닌 직구로 승부를 봤다. 과감하게 도전하고 장렬하게 패배했다.

이런 사연으로 최동원은 부산 시민들이 사랑하고 존경하는 인물, 부산 사람이라면 품고 살아갈 만한 덕목을 보여주고 실천한 인물로 평가받고 있다. 그 유산이 적지 않기에 그가 세상을 떠난 뒤 최동원기념사업회라는 단체가 만들어져 매년 여러 가지 기념사업을 펼치고 있다. 사직야구장에는 역동적인 투구 동작을 본뜬 최동원의 동상도 세워져 있다. 그러나 아직까지는 야구인으로서의 최동원, 야구인들이 기억하는 최동원이라는 테두리를 벗어나지 못하고 있는 듯하다.

광주라면 5·18광주민주화운동 당시 시민군의 대변인이었던 윤상원이 가장 먼저 떠오른다. 전남대 정치외교학과를 졸업한 그는 1979년에 들불야학 1기로 참여하며 사회 과목을 가르쳤다. 1980년 5월 18일 광주민주화운동이 일어났을 때 '민주투쟁위원회' 대변인으로 일하며 시민군으로 참여했다. 당시 미디어로부터 완전히 고립된 광주시민들과 소통하기 위해 〈투사회보〉라는 신문을 직접 출간하기도 했다.

시민군이 계엄군을 물리치고 잠시 광주 전체가 해방구가 된 적도 있었다. 그러나 고도로 훈련되고 중무장한 계엄군을 전투 아마추어인 시민군이 당해낼 재간은 없었다. 봉기가 일어나고 열흘이 지난 5월 27일 마지막 보루였던 전남도청에는 겨우 시민군 157명이 남아 있었다. 가족이 있거나 아직 어린 시민군은 돌려보내고 마지막 항전을 위해 남은 결사대였다. 하지만 2만 명이 넘는 계엄군에게 이미 포위된 광주에서 시민군이 승리할 방법은 없었다.

새벽 4시경 3공수여단 부대원들이 후문을 통해 진입하면서 총격전이 시작됐다. 시민군은 끝까지 저항했지만 공수부대원들이 도청을 접수하는 데 걸린 시간은 1시간 21분이었다. 이 과정에서 윤상원은 계엄군의 총탄에 맞아 사망했다. 광주시민의 항쟁도 거기서 멈췄다. 그러나 윤상원의 이야기는 사라지지 않았다. 특히 도청의 마지막 전투가 일어나기 전날 시민군이 마련한 외신기자회견장에 참가했던 미국 볼티모어 선지의 브래들리 마틴 기자는 당시의 윤상원을 떠올리며 "마치 십자가형을 앞두고 만찬을 베풀던 예수를 보는 느낌이었고 감당할 수 없는 부담감에 사로잡혔다"고 증언했다. 윤상원 이야기는 시간이 흐를수록 더 커지고 뚜렷해졌다.

이듬해인 1981년 소설과 황석영과 음악가 김종율이 함께 만든 노래극 〈넋풀이-빛의 결혼식〉이 탄생했다. 이 노래극은 시민군 대변인 윤상원과 1979년에 사망한 들불야학 동료 박기순 사이의 영혼결혼식에 헌정된 것이었다. 바로 이 노래극에 광주 항쟁의 상징 노래인 '임을 위한 행진곡'이 삽입돼 있었다. 이 노래는 광주민주화운동의 노래이면서 동시에 윤상원을 기리는 노래로 오늘날까지 불리고 있다.

이런 이유로 광주시민에게 윤상원이란 존재는 각별하다. 윤상원의 생가가 있는 광산구와 윤상원기념사업회는 2016년 6월 '2030 윤상원 열사 기념사업 기본계획'을 발표하기도 했다. 보고서에는 윤상원 기념관과 윤상원민주인권시립도서관 설립, 생가 정비, 광주시내 윤상원 기념시설 설치 등의 내용이 포함됐다.

부산의 최동원 광주의 윤상원이라면 현재의 도시를 대표하는 인물이라고 평가할 수 있지 않을까? 굳이 조선시대나 그 이전의 인물을 호출하지 않아도 이 정도의 인물을 보유하고 있다면 현재 이 도시에서 살아가고 있는 시민들의 마음에 동일한 울림을 줄 수 있지 않을까? 그들이 살았던 삶, 실천했던 행동들이라면 도시공동체가 함께 추구해야 할 핵심 가치를 뽑아낼 수 있지 않을까? 그 가치를 함께 기억하고 되새기며 같은 도시를 살아가는 자긍심을 북돋을 수 있지 않을까? 바로 이 과정이 인물을 통한 도시 스토리텔링의 요체가 되어야 하지 않을까?

기억을 붙잡는 도시

2015년 가을 아일랜드 더블린에 갔을 때 흥미로운 장면 하나를 목격했다. 일행들이 머물고 있는 템플바로 가기 위해 아일랜드 중앙은행 앞 건널목을 건너는데 신호등 기둥에 대충 걸어 놓은 듯한 광고판이 하나 눈에 들어왔다. 주요 내용은 이랬다.

'톰 클라크 세미나'

일시: 10월 31일(토) 오후 2~5시

장소: 더블린 시청

"톰 클라크는 부활절 선언문의 최초 서명자 중 한 사람이었지만,

더블린 시내에 그를 기리는 기념물이 하나도 없습니다.

이 세미나는 1916년 부활절 봉기 당시에

그의 역할을 널리 알리는 데 있습니다."

주관: 톰 클라크 기념 위원회

주최: 1916-1921클럽

광고판에 소개된 부활절 봉기는 1916년 부활절 주간 월요일에 일어난 무장 봉기를 일컫는다. 아일랜드에서 우리나라의 3·1절 정도의 비중을 갖는 역사적인 사건이다. 12세기 때부터 영국의 지배를 받아온 아일랜드는 18세기의 미국 독립과 프랑스 대혁명, 그리고 19세기 유럽 전역을 휩쓴 민족주의 열풍에 영향을 받아 800년에 가까운 지배를 벗어던지고 아일랜드 공화국을 건설하기 위해 이날 무장 봉기를 일으켰다. 이 세미나의 주최자인 '1916-1921클럽'은 1940년에 만들어진 조직으로 독립전쟁 당시에 발생한 아일랜드공화국군 부상자들을 돌보기 위해 만들어졌다.

광고판에 소개된 톰 클라크는 아일랜드의 공화파 정치인으로 부활절 봉기가 일어나기 전 15년 가까이를 영국 감옥에서 지낸 인물이다. 그를 기념하는 위원회가 그를 기리는 기념물이 더블린 시내에 하나도 없다는 사실을 안타깝게 여겨 시청에서 세미나를 개최한 것이다. 아마도 2016년

에 있을 부활절 봉기 100주년 기념 행사에 톰 클라크의 위상을 좀 더 높이기 위한 목적으로 위원회가 발빠르게 움직인 것이 아닐까 싶다.

우연찮게 더블린 시내 건널목에서 목격한 이 포스터는 우리나라 상황과 비교되면서 그 뒤로도 여러 가지 상념이 떠오르게 했다. 우리나라로 치면 3·1운동 유공자에 대한 발굴 및 재평가 작업 정도가 될 것 같았다. 상상해보면 서울 광화문의 세종문화회관 앞 건널목을 건너는데 기미독립선언문 최초 서명자 아무개에 대한 세미나가 서울 시민청에서 열린다는 광고가 붙어있는 셈이겠다.

두 가지가 인상적이었다. 하나는 100년 전 역사 인물에 대해 지금도 활발하게 토론하고 있다는 것이었고, 다른 하나는 그 이야기가 시내 한복판 사람들이 가장 많이 다니는 건널목에 아무렇지도 않게 내걸려 있다는 사실이었다. 모르긴 해도 우리 역사 속에서도 이런 인물들이 적지 않을 것이다. 우리 지역, 우리 도시에도 재평가하고 널리 알려야 할 인물들이 많이 있을 것이다. 이런 인물들을 잊지 않고 되새기고 현재 속으로 불러들이는 활동들이 활성화된다면 지역과 도시의 정체성을 세우는 데도 큰 도움이 되지 않을까?

2015년 봄 한 통의 전화가 걸려 왔다. 서울문화재단에서 '메모리인(人) 서울'이라는 프로젝트를 진행하고 있는 담당자가 1995년 6월 29일에 있었던 삼풍백화점 붕괴와 관련해 인터뷰에 응해 달라고 요청해온 것이다. 당시 나는 대학생 신분으로 삼풍백화점에서 가까운 서울교대 캠퍼스에서 자원봉사를 했다. 그때 어떤 문서에 내 이름이 대학생 자원봉사 조직 팀장으로 기록돼 있었다고 한다. 이를 발견한 담당자가 수소문 끝에 연락을 해온 것이다. 한 시간 가까이 인터뷰에 임한 뒤 역으로 내가 그쪽 직원들을 인터뷰하기 시작했다. '메모리인서울'이라는 프로젝트가 무엇인 지, 어떻게 기획돼서 어떤 방법으로 진행되고 있는지 묻기 시작했다. 프 로젝트의 취지가 신선하면서도 무척 흥미로웠기 때문이었다.

'메모리인서울' 프로젝트는 서울문화재단이 2012년 6월에 처음 아이디 어 회의를 가진 뒤 2013년 신규사업으로 채택한 프로젝트였다. 2013년 25명의 '기억수집가'를 선발했고 2016년 봄에는 제4기 기억수집가 모집이 이뤄졌다. 이 프로젝트 취지를 간단하게 압축하면 '서울시민의 생활사를 채록해 시민의 일상이 곧 역사가 되게 하자'는 것이다. 서울문화재단의 사업 소개문에 따르면 "기억으로의 역사를 목소리로 기록하고 이를 기 반으로 새로운 문화예술콘텐츠를 창출하여 서울에 문화예술적 가치를 부여하는 사업"이라고 한다.

선발된 기억수집가들은 약 두 달간에 걸친 소양 교육을 받고 1년간 활동에 들어간다. 미시사의 이해, 구술 채록의 기초, 인터뷰법, 서울의 근 현대사 등을 익힌 기억수집가들은 고성능 녹음기를 가지고 서울 시내를 누비며 다양한 사람들을 만나 다양한 이야기들을 녹음해 한 공간(http:// www.sfac.or.kr/memoryinseoul)에 축적해나간다. 내가 참여했던 2015년 봄까 지 서울시민 약 1,000여 명이 참여해 1,000여 건의 인터뷰를 축적한 상 태였다. 또 서울도서관 1층에 '메모리 스튜디오'라는 베이스캠프를 만들 어 시민들이 직접 찾아와 자기 사연과 추억을 녹음할 수 있게 만들었고, 이동하는 스튜디오인 '메모리버스'를 운영하기도 했다.

기억수집가와 자발적 기억 제공자들 외에 특정한 지역과 주제를 정해 집중적으로 기억을 수집하는 활동도 병행했다. 2013년 첫 해에는 우리나라 영상산업의 요람인 '충무로'에 대한 기억을 집중 축적했고, 이듬해에는 '서울을 기억하는 세 가지 방법'이란 기획 프로젝트로 '서울의 아픔: 삼풍백화점', '서울의 추억: 동대문운동장', '서울의 환희: 2002년 월드컵' 이렇게 세 가지를 진행했다. 나에게 연락이 왔던 전화는 바로 이 기획 프로젝트의 일환이었다.

'메모리인서울' 프로젝트의 목적은 '축적'인 동시에 '활용'이기도 하다. 주최측은 축적된 이야기를 토대로 다양한 2차 콘텐츠를 만들기 위해 여러 가지 노력을 기울이고 있다. 앞서 소개한 '충무로'를 비롯해서 수집된 기억 속의 '한강'을 주제로 별도의 전시와 기록물을 남기는 방법이다. 특히 2014년부터 2015년까지 기획 프로젝트로 수집된 삼풍백화점 관련 콘텐츠들은 특집 전시와 인쇄물, 그리고 영상물로 만들어져서 서울시민청에서 한 달간 특별전시가 이뤄졌다.

2015년은 삼풍백화점 붕괴 사고가 일어난지 20년이 되는 해였다. 502명의 사망자와 6명의 실종자, 937명의 부상자를 낸 삼풍백화점 붕괴 사건과 관련해서 105명의 시민이 증인으로 나섰다. 그 중에 유가족 중 한 분인 김문수씨는 다음 뉴스펀딩에도 소개돼 큰 반향을 일으키기도 했다 (주최측은 기억수집 활동과 다음의 뉴스펀딩을 연계했다). 이처럼 서울시의 메모리인서울 프로젝트는 서울시민이라면 함께 겪었을 슬픔과 여러 가지 기억들을 전문가가 아닌 시민들의 생생한 목소리로 불러냈을 뿐만 아니라 다른 시민공동체들과 함께 나누는 데도 성공했다. 특히 삼풍백화점 특별전은 2014년에 있었던 세월호 사건과 자연스럽게 중첩되면서 현재를 살아가는 서울시민들에게 깊은 울림을 남겼다.

1980년대의 민중, 21세기의 시민

서울시의 '메모리인서울'에서 역사를 써내려가는 저자는 시민이다. 훈련 받은 기억수집가들은 시민들이 자기 언어로 자기 역사를 구술할 수 있도록 도와주는 조력자이자 프로듀서 역할을 할 뿐이다. 역사는 시민이 써내려간다. 이 말은 도시 역사의 주체로, 도시 역사의 스토리텔러로 시민이 등장하기 시작했다고 평가할 수 있지 않을까?

역사의 주체 논쟁이라면 1980년대에 태동한 민중사학을 언급하지 않을 수 없다. 민중사학은 지배 엘리트나 자본 엘리트가 아니라 피지배 상황에 놓인 민중을 역사와 변혁의 주체로 보고 역사 다시 쓰기를 해나갔다. 지금은 이 관점이 상당 수준 당연히 받아들여지고 있지만 당시만 해도 독재정권이 북한과 연결된 체제 전복적인 개념이라고 단정하고 탄압을 일삼았다. 특히 전두환 정권 말기인 1987년 2월 12일 〈한국민중사〉를 발간한 풀빛출판사의 나병식 대표를 국가보안법 위반 혐의로 구속한 사건은 현대판 분서갱유로 비유되며 역사학계는 물론 사회적으로도 큰 논쟁을 이끌어냈다.

이와 같은 민중의 발견은 사실 기독교 신학에서 먼저 이뤄졌다. 1975년 3·1절 예배의 설교에서 안병무 목사가 '민중'이라는 용어를 사용했고, 바로 다음 달인 4월 서남동 목사가 '민중의 신학'이라는 용어를 처음 사용함으로써 이른바 '민중신학'이 돛을 올렸다. 민중신학이 그 시점에 싹을 틔운 결정적인 배경은 1970년 11월 전태인 열사의 분신 사건이었다. 박정희 정권의 폭압적인 개발 독재 아래서 자기 몸을 불살라 저항했던 평화시장 재단사 출신의 전태일은 당시 한국사회의 지식인들에게 엄청난 충격을 줬고 또 본질적인 반성의 계기를 제공했다.

이후 한국 지식인 사회는 동학농민전쟁과 3·1운동, 그리고 4·19혁명으로 이어져 내려오는 피지배 계층의 저항을 재평가하기 시작했고, 그 중심에 '민중'이라는 개념이 기초로 놓이기 시작했다. 이 개념은 특히 1980년 광주민주화운동을 계기로 사회 전 분야로 확산된다. 민중사학을 비롯해서 민중미술, 민중문학이 새로운 장르로 등장하면서 새로운 역동성을 만들어냈다. 시위 현장에 대형 걸개그림이 내걸리고, 노동자가 주인공으로 등장하는 영화가 선보였다.

그러나 1990년대 접어들면서 민중사관은 급격하게 퇴조했다. 1990년대에 접어들어 사회 전반이 빠르게 변화할 때 제대로 적응하지 못한 탓이 컸다. 민중사학자들은 여전히 변혁의 주체라는 이념화된 민중상에 머물러 있었던 반면 90년대의 민중은 대부분 변혁의 현장이 아니라 '일상'으로 돌아갔다. 그래서 80년대의 관성 속에 있었던 민중사학계는 그들의 삶을 제대로 포착할 수가 없었던 것이다.

그렇다고 민중사관이 완전히 사라진 건 아니었다. 1990년대 중후반부터 민중 없는 민중사관에 대한 반성이 일어났고, 그 결과 '역사의 주체는 민중'이라는 정신을 계승하면서도 실제 민중의 삶 속으로 천착해 들어가려는 노력이 여러 갈래로 시도되었다. 사람들의 기억을 수집해 역사를 구성해가는 구술사적 접근도 이때부터 활발하게 적용되기 시작했다. 그 성과로 민중의 생활사 혹은 미시사가 주목받기 시작했고, 기존 민중론에선 다뤄지지 않았던 이주노동자, 장애인, 성적 소수자 등 다양한 소수자에 대한 기록도 축적되기 시작했다.

앞서 소개한 서울시가 추진하고 있는 '메모리인서울' 프로젝트도 어떤 의미에서는 진보된 민중사적 접근이라고 볼 수 있다. 대신 이 프로젝트는 '서울'이라는 공간적 범위 안에서 시민들의 삶을 집중적으로 들여다보는 방법론을 택했다. 학자나 전문가가 기술하는 서울 역사가 아닌 시민의 기억을 조합하는 방식이었다. 아직은 초창기라 객관적으로 평가하기가 쉽지 않지만, 2013년부터 4년 연속 사업으로 진행되고 있는 것으로 봐서 안팎으로 평가는 나쁘지 않은 것 같다.

우리는 시민이 투표해서 시장과 의원을 뽑는 민주공화국에 살고 있다. 도시의 리더십이 100% 시민의 손에서 탄생하는 세상이다. 하지만 지금의 도시의 역사에서 과연 시민이 주체라고 말할 수 있을까? 이 질문에 선뜻 답이 나오지 않는다. 실제 우리가 접하는 대부분의 도시 역사책에서도 시민의 흔적을 찾기가 쉽지 않다. 그 책에는 시민 대신 행정 기관과 구역, 그리고 사회 및 산업 구조의 변화만 잔뜩 소개되는 경우가 많다. 현재 우리가 보유하고 있는 도시사 대부분이 행정사라 해도 과언이 아니다.

80년대의 우리가 역사의 주체인 민중을 발견한 것처럼 이 시대에는 도시 역사의 주인공으로 '시민'을 발견해야 할 때가 된 것 아닐까? 오늘날의 도시를 만들어낸 사람들, 그들이 누구이고, 어디에서 왔으며, 무슨 일을 했는지를 밝혀야 하지 않을까? 오늘날 도시에서 살아가는 시민들은 100%의 선거권을 가졌음에도 불구하고 행정기관이 정한 정책이나 주요 기업이 만들어놓은 일자리에 의존해서 살아가는 피동적인 존재에 불과할까? 아니면 스스로의 힘으로 권력과 시스템을 만들어낼 줄 아는 역사의 주체일까?

오늘날의 도시(정부)가 시민을 어떻게 생각하는지를 보여주는 또 다른 지표가 있다. 바로 시장이 수여하는 '명예시민증'이 그것이다. 명예시민은 도시 권력인 시장이 어떤 인물을 모범적인 시민으로 생각하는지를 잘 드러낸다. 도시 권력이 추구하는 핵심 가치와 철학이 반영된 결과물이라고 볼 수 있다.

창원시를 예로 들어보자. 2010년 마산과 진해, 창원시가 통합 창원시으로 합쳐진 뒤 2011년 7월 창원시 통합 1주년을 기념하며 박완수 전 창원시장은 제1호 명예시민을 중복 발표하는 웃지 못할 해프닝을 벌였다. 기념식 당시에는 창원시 통합의 결정권자였던 당시 행정자치부 맹형규 장관을 1호 수상자로 발표됐지만, 그보다 4개월 전인 3월에 스웨덴 기업인 노키아티엠시의 띠모 엘로넨 사장에게 이미 명예시민증을 발급한 사실이 밝혀졌기 때문이다.

박 전 시장은 왜 노키아티엠시 사장을 첫 번째 명예시민으로 선택했을까? 또 맹 장관에게 명예시민증을 주며 그것이 1호라고 발표했을까? 통합된 창원시의 명예시민증 명부를 분석한 이윤기 마산YMCA 사무총장에 따르면 당시까지 마산, 창원, 진해 등에서 명예시민증을 받은 36명 중 절반이 기업인(대표)이었고, 나머지 상당수는 행정가들이었다. 물론 실제 창원시민이 아닌 사람 중 창원의 발전에 기여한 사람을 선택해야 하니 명망가가 주로 물망에 오르는 것이 사실이지만, 거의 예외 없이 기업인과 행정가를 선택했다는 사실이 박 전시장이 추구하는 가치와 지향점을 잘 보여주고 있다고 말할 수 있다.

이제 역사도 시민 중심으로 재구성할 때가 됐다. 삼국시대부터 조선시대를 훑어내리는 향토사가 아니라 지금 이 시대, 이 도시를 만들고 구성하고 있는 시민들의 역사를 써내려가야 하지 않을까? 더블린에서 마주친 포스터처럼 오늘날 우리 도시를 만드는 데 공을 세우고 헌신한 사람들이 누구인지 끊임 없이 발견하고 토론하는 문화를 정착시켜야 하지 않을까? 서울시가 진행하고 있는 기억수집활동처럼 평범한 시민들이 품고 있는 우리 도시의 기억을 커다란 모자이크로 구성해가야 하지 않을까?

오늘날의 우리 도시는 수많은 시민들에게 빚을 지고서 굴러가고 있다. 으리으리한 행정가와 기업가뿐만 아니라 노동자와 상공인, 예체능인들과 맛집 주인, 교사와 학생, 청소부와 경비원 등이 유기적을 연결되고 협동할 때에야 도시는 제 기능을 발휘할 수 있다. 따라서 이 도시를 이끌어가는 주체로서의 시민이 누구인지를 구체적으로 밝히는 '시민사'를 이제 시작해야 하지 않을까?

5장

도시를 이야기하는 사람들

매년 6월 16일이면 아일랜드 수도 더블린 거리는 20세기 초 복장을 하고 무리지어 걸어다니는 사람들로 북적인다. 어떤 건널목 앞에 모여선 그들 앞에 가이드로 보이는 이가 서서 한 대사를 읊조리고 해설한다.

"그들은 소설에서 서로 간격을 두고 바로 이 길을 건너갔습니다. 스티븐이 지나가고 난 다음에 빨간불이 켜졌지요."

6월 16일은 아일랜드의 대문호이자 20세기 영문학의 혁명을 이끌었다고 평가 받는 제임스 조이스의 대표작 '율리시스'의 배경이 된 날짜다. '율리시스'는 주인공인 헝가리 출신 유대인 레오폴드 블룸이 1904년 6월 16일 오전 8시부터 이튿날 새벽 2시까지 더블린 시내 구석구석을 방황한 행적을 상세하게 그린 작품이다. 율리시스가 오딧세우스의 라틴어 발음인 것에서 알 수 있듯이 이 작품은 서양 문화의 뿌리라고 할 수 있는 호메로스의 '오딧세이아'를 패러디한 것이다. 등장 인물의 구색도 그렇고, 18장으로 구성된 형식에서도 그렇다.

조이스와 파묵

전세계의 조이스 애호가들은 바로 이 날을 기념해 더블린에 모여 들어 하루 종일 축제를 즐긴다. 이 날을 주인공의 이름을 따 '블룸스데이'라고 부른다. 축제는 작품의 내용과 같이 정확하게 오전 8시 더블린 시내 제임스 조이스 센터에서 시작된다. 작품 속 블룸이 그 시각에 아침 식사로 먹었던 돼지 콩팥 요리가 제공되고 조이스 애호가들은 돼지 오줌 지린내를 참아가며 마치 중요한 의식을 치르듯 꾸역꾸역 그 음식을 먹는다. 그렇게 사람들은 오감을 총동원해 조이스가 묘사한 더블린을 체험한다.

조이스에게 더블린이란 도시는 매우 각별했다. 그의 데뷔작인 〈더블린 사람들〉(1914)부터 뒤이은 작품 〈젊은 예술가의 초상〉(1916), 그리고 〈율리시스〉(1922)까지 세 작품을 흔히 '더블린 3부작'이라고 부를 정도로 더블린은 조이스에게 영감 그 자체였다고 말할 수 있다.

그렇다고 조이스가 더블린을 대단하게 찬양한 것은 아니었다. 그는 20세기 초 아일랜드에 팽배했던 민족주의 성향의 문예부흥운동을 국수주의적이고 시대착오적이라고 비판하며 1904년 아일랜드를 떠나 유럽을 떠돌았다. 더블린을 그린 그의 작품들도 고국 아일랜드는 물론이고 영어권 문학시장에서 철저하게 배격 당했다. 그의 데뷔작 〈더블린 사람들〉은 영어권이 아닌 프랑스에서 겨우 출판될 수 있었고, 〈율리시스〉는 영국과 미국에서 음란 출판물로 판정 받는 수모를 당하기도 했다. 그에게 더블린은 지긋지긋해서 떠났지만 결코 잊을 수 없는 고향 같은 존재였다.

조이스의 작품에 대한 영국, 아일랜드 문단의 무시와 냉대는 그가 비판하고 떠난 당사자여서이기도 했지만, 그가 그리는 더블린 사람들의 이야기가 매우 적나라하기 때문이기도 했다. 특히 열 다섯 편의 단편으로 이루어진 <더블린 사람들>에서는 더블린 중산층의 삶을 통해 더블린 전역에 퍼져 있는 정신적, 문화적, 사회적 병폐를 적나라하게 보여준다.(김경욱·'한국작가가 읽어주는 세계문학: 더블린 사람들')

더블린 시내의 제임스 조이스 동상

율리시스가 영국에서 정식으로 출판된 건 프랑스 파리에서 최초로 출간된지 14년만인 1936년이었고, 공공도서관에 비치된 건 그보다 34년이 더 흐른 1970년이었다. 그마저도 소설 내용이 자극적이라는 이유로 일반인 열람은 금지됐고 사서들만 볼 수 있었다.

격세지감이라고 할까. 1904년에 아일랜드를 떠나 1941년에 취리히에서 죽을 때까지 더블린을 다시는 찾지 않은 조이스였고, 아일랜드 문단 또한 조이스의 더블린 묘사를 불온하게 여겨 상당 기간 백안시했지만, 오늘날의 더블린은 조이스 없이는 설명이 안 될 정도로 도시 구석구석에 조이스의 흔적을 표시하고 있다. 조이스와 관련된 장소와 이벤트가 얼마나 많은지 '조이스산업'이란 말이 나올 정도다. 19세기말 20세기초의 더블린이 조이스의 작품을 빚어내는 토양이 됐다면, 오늘날의 더블린은 조이스의 작품 덕을 톡톡히 보고 있는 셈이다.

2006년 노벨문학상 수상자인 오르한 파묵은 터키 사람이다. 그러나 그는 터키 작가로 불리기보다는 '이스탄불' 작가로 더 자주 불린다. 작가 스스로도 "나는 이스탄불 소설가입니다"라고 소개한다. 제임스 조이스를 더블린 없이 떠올릴 수 없듯이 오르한 파묵 또한 이스탄불을 빼놓고는 생각할 수 없을 정도로 그의 작품들은 이스탄불에 깊이 천착하고 있다.

그는 이스탄불에서 태어나 자랐고, 지금도 거기에서 살고 있다. 그의 다섯 살 때부터 스물 두 살 때까지의 이야기를 에세이 형식으로 쓴 '이스탄불: 도시 그리고 추억'은 이스탄불이 왜 그의 문학적 자양분이 됐는지를 설명해주는 책이다. 우리나라에서 파묵의 책을 전문적으로 번역하고 있는 이난아 계명대 교수는 그래서 "오르한 파묵을 이해하고 싶다면 이 책을 먼저 읽어야 하다"고 강조한다. 파묵이 이스탄불에 집착하는 이유가 이 책에 고스란히 고백되어 있기 때문이다.

파묵에게 이스탄불은 침울하고 어중간한 경계 도시였다. 실크로드의 출발점이자 오스만 600년 제국의 수도로서 한때 세계를 호령했던 이스탄불이었지만 1차 세계대전 이후 제국이 패망하면서 "몰락의 정서와 가난, 그리고 도시를 뒤덮은 폐허가 부여한 슬픔"이 지배하는 도시가 되었다. 그는 종종 "몰락하여 붕괴된 제국의 잔재, 잿더미 아래서 무기력, 빈곤 그리고 우울과 함께 퇴색되며 낡아가는 이스탄불에 태어났기 때문에" 자신이 불행하다고 느꼈다(이난아·'낯선 문학 가깝게 보기: 터키문학').

그는 이스탄불의 수많은 뒷골목과 폐허 사이를 돌아다니기 좋아했다. 흔히들 말하는 인간적인 느낌이나 고유의 전통문화 때문이 아니었다. 어렸을 적 불행했던 가정환경(부유한 집안에서 태어났지만 아버지와 삼촌이 가산을 탕진하면서 가족간 불화와 방치된 환경 속에서 자랐다)과 몰락한 제국 수도의 풍경이 절묘하게 결합되었기 때문이었다. 그는 그 골목과 폐허를 걸으며 이스탄불을 치밀하게 탐구하고 동시에 자기 자신과 이스탄불 사람들의 정체성을 발견하려고 애썼다.

그가 바라본 이스탄불은 동양도 아니고, 서양도 아니고, 유럽도 아니고, 아시아도 아니었다. 터키 인구 98%가 이슬람을 믿는다지만, 그렇다고 이스탄불이 완전한 이슬람 도시라고 할 수도 없었다. 정체성이 모호한 도시, 이제는 세계의 변방으로 밀려난 그 도시와 씨름하며 자기 정체성을 찾으려고 애쓴 사람이 바로 파묵이었다. 파묵은 이스탄불이 "순수하기 때문이 아니라, 복잡하고, 불완전하며, 폐허가 된 건물과 이스탄불이기 때문에 좋아한다"고 말한다.

작가의 도시와 독자의 도시 사이

20세기에는 제임스 조이스 덕분에 더블린을 동경하는 사람들이 많이 생겼다면, 21세기에는 오르한 파묵 때문에 이스탄불을 찾는 사람들이 많아지고 있다. 이 두 사례의 공통적인 역설은 더블린과 이스탄불을 이야기한 두 작가 모두 자기 도시 자체를 그다지 긍정적인 공간으로 보지 않았다는 것이다. 조이스에게 더블린은 인간의 밑바닥이 드러나는 곳이었고, 파묵에게 이스탄불은 몰락의 슬픔에 빠진 도시였다.

흔히들 착각하는 부분이 있다. 도시를 스토리텔링한다면 무조건 좋고 훌륭한 부분을 홍보해야 한다는 강박이 있다. 다른 도시보다 뛰어난 경쟁력, 분홍빛 미래를 약속하는 도시 경제, 품위 있는 문화예술과 찬란한 역사유적, 화려한 볼거리와 짜릿한 즐길거리 등을 종합선물세트로 보여주고 싶어 한다. 그러나 이른바 대문호들이 하고 싶은 도시 이야기는 도시라는 맥락 안에서 살아가는 사람들의 적나라한 모습이었다.

물론 작품이라는 스크린을 통해 도시를 바라보게 되는 독자는 작가가 탐구했던 도시와는 다른 색깔의 도시를 발견하게 마련이다. 인간의 밑바닥이든 몰락의 슬픔이든 그 도시가 작가의 관점으로 '재구성'될 때 독자는 도시를 읽어내는 통찰의 즐거움을 갖게 된다. 그때 독자의 마음을 사로잡는 도시의 매력은 도시 자체가 아니라 작가가 재구성한 도시에서 비롯된다.

제임스 조이스와 오르한 파묵을 가진 더블린과 이스탄불은 분명 세계적으로 복받은 도시다. 도시를 스토리텔링하겠다고 도시 당국이 특별한 조치를 취한 것도 없지만, 두 작가는 치열하게 도시와 시민들을 탐구했고, 그 결과물이 세계적으로도 크게 인정을 받았다. 결과만 놓고 본다면 조이스나 파묵 같은 걸출한 스토리텔러를 우리 도시에 모실 수 있다면 도시 스토리텔링은 저절로 이뤄지지 않을까 싶다. 그러나 과연 그럴까?

사실 걸출한 스토리텔러를 우리 도시로 모시는 것은 어렵지 않다. 예술인의 작업실을 제공하는 레지던스 프로그램을 비롯해 다양한 방법이 있을 수 있다. 그러나 조이스와 파묵은 이처럼 '기획에 따라 움직이는' 작가가 아니었다. 그들은 자기들이 나고 자란 도시를 스스로 탐구했고, 완벽한 자율성에 발을 디디고 다양하고 힘 있는 이야기를 풀어냈다. 훌륭한 도시 이야기를 만들게 된 원인을 굳이 찾는다면 바로 그 '자율성'이다.

그렇다면 우리의 관점 또한 수정될 필요가 있다. 성급하게 도시 이야기를 만들겠다고 덤빌 게 아니라 잠재적인 도시 스토리텔러들이 자율적으로 도시를 탐구하고 이야기할 수 있게 하는 분위기와 환경을 조성하는 데 관심을 기울여야 한다. 이 관심이 도시 스토리텔링을 위해 도시

당국이 취할 수 있는 최선의 정책이 되어야 하지 않을까? 물론 조이스와 파묵은 아일랜드 당국의 냉대와 견제에도 불구하고 더블린 이야기를 했지만.

영감을 재촉하는 시간의 흔적

조이스가 율리시스를 쓰기 시작한 건 더블린을 떠난지 10년 후였다. 외국에서 쓰기 시작했고, 작품을 위해 따로 더블린을 취재하지도 않았다. 그렇지만 조이스는 율리시스가 더블린의 지도 대용으로 손색이 없다고 강조했다. 심지어 지구상에 더블린이 사라지더라도 율리시스를 보고 재건할 수 있을 거라고 호기를 부렸다. 실제 작품에서 더블린은 매우 상세하게 묘사되어 있다. 100년 가까이 지난 오늘날에도 충분히 사용할 수 있다. 시간이 많이 흘렀지만 도시의 골격과 세세한 공간들이 상당 부분 유지되고 있기 때문이다.

오르한 파묵의 창작욕구를 자극한 것은 오스만 제국의 빛바랜 유적과 폐허들이었다. 우리 기준으로 봤을 때 얼른 지우고 싶은 과거일 수도 있다. 특히 관광이 주요한 산업을 이루고 있는 이스탄불에서 도시 폐허는 은폐의 대상이지 홍보의 대상일 수는 없다. 그러나 그 폐허가 이스탄불 사람들의 혼동과 연결됐을 때 강력한 문학적 영감을 불러 일으켰다. 오스만 제국 멸망 이후 이어지고 있는 시간의 흔적이 작가의 감성을 움직인 것이다.

이처럼 하나의 도시가 품고 있는 시간의 흔적은, 그것이 도시 당국 입장에서 긍정적이든 부정적이든 상관 없이, 수많은 이야기 거리를 제공하고 스토리텔러의 상상력을 자극한다. 그 흔적이 많이 남아 있는 도시일수록 풍성한 이야기 생태계가 만들어지고, 그 결과 좋은 이야기꾼들이 모여들 가능성이 높다고 추정할 수 있다. 마치 건강한 습지가 형성되면 식물들이 번성하고, 그 열매를 먹으려는 동물과 그 동물을 먹이로 하는 포식자가 자연스럽게 찾아오는 것과 같은 이치다.

이제 시선을 우리 도시로 돌려보자. '시간의 흔적'과 관련해 가장 안타까운 사례로 나는 마산의 한일합섬을 꼽고 싶다. 2006년 4월 23일은 한일합섬 공장부지의 마지막 구조물인 굴뚝 네 개가 철거된 날이다. 표지석 하나만 달랑 남겨놓고 흔적도 없이 역사 속으로 사라졌다. 한일합섬은 1964년부터 2006년까지 42년간 우리나라를 대표하는 섬유기업으로 군림하며 지역경제는 물론 국가경제에도 크게 기여했던 기업이었다. 단일 공장으로는 가장 많은 2만여 명의 노동자를 보유한 아시아 최대 공장이기도 했다.

당시 노동자의 대부분은 전국 팔도에서 모여든 중졸 여성으로 이른바 '여공'으로 불리는 우리의 누이들이었다. 지난 42년간 한일합섬을 거쳐간 누이들 숫자를 모두 합치면 몇 명이나 될까? 모르긴 해도 최소 10만 명은 넘지 않을까? 이들이 공장 일을 그만두고 꾸린 가정도 수만 개에 이르지 않을까? 그 엄청난 숫자의 사람들과 관계들이 만들어 냈을 법한 이야기들을 한 번 상상해보자. 저마다의 사연을 안고 마산에 정착한 사람들의 사연 중에 과연 잊혀져도 좋을 가벼운 게 하나라도 있었을까?

(위) 2006년 한일합섬 굴뚝 철거 작업 모습 ©이윤기
(아래) 모든 철거 과정이 이루어지고 터만 남은 모습

모르긴 해도 구로공단 여공으로 잠시 일했던 소설가 신경숙에 못지 않은 극적인 이야기들이 수없이 만들어지지 않았을까?

안타깝게도 마산시는 한일합섬이라는 시간의 흔적을 도시에 남기는 데 실패했다. 이야기의 흐름은 단절됐고 수많은 이야기 씨앗들이 허공에 흩어져버렸다. 설사 전문 이야기꾼들이 관심을 가진다 해도 최소한의 영감을 자극할 기초 자료조차 찾기 어려운 상황이 돼버렸다.

이야기꾼들은 시간의 흔적을 쫓아 움직인다. 시간의 흔적을 중심으로 도시의 이야기가 축적되고 또 공유될 수 있기 때문이다. 시간의 흔적을 잘 간직한 도시는 그래서 좋은 이야기꾼들을 많이 불러 모을 수 있다. 따라서 스토리텔링을 잘하고 싶은 도시라면, 직접 나서서 이야기를 지어낼 게 아니라 도시에 남아 있는 시간의 흔적을 관리하는 데 에너지를 집중해야 한다. 반대로 그 흔적을 스스로 훼손하는 도시는 함께 있던 이야기꾼들마저도 내쫓는 결과를 낳을 것이다.

시민과 도시의 애착 관계

도시를 이야기하는 데 제임스 조이스나 오르한 파묵 같은 전문 작가의 힘이 꼭 필요한 것은 아니다. 시민이라면 누구나 자기 도시를 입에 올릴 수 있다. 특히 소셜미디어가 보편화되면서 평범한 사람들의 이야기가 갖는 힘이 몰라보게 커졌다. 그러나 모든 도시가 균등하게 시민의 입에 오르내리는 것 같지는 않다. 어떤 도시는 자주 다양한 주제로 입에 오르지만, 또 다른 도시는 가끔 뻔한 주제로만 언급되는듯하다.

사람 사는 데가 다 거기서 거기라는 말은 다른 도시를 모르는 사람들이 견문 없음을 합리화하려고 만든 일종의 자기 최면이다. 과년한 딸을 시집 보내고 싶은 부모가 세상 남자 다 거기서 거기라고 말해도 막상 아무 사내와 혼인시키지 않듯이 사람 사는 데가 다 똑같아 보여도 내가 사는 곳이 그렇지 않은 곳과 같을 수는 없다. 왜 사람들이 고향을 그리워하겠는가? 다르기 때문이다. 생각보다 많이 다르기 때문이다.

한 사람 개인을 독립적인 존재로 생각한 것은 서양의 계몽주의가 득세하면서부터였다. 그 이전이나 서양의 영향을 덜 받은 곳은 여전히 개인은 공동체와 그 관계 속에서 의미를 갖는 존재다. 아울러 공동체는 그것이 터잡은 도시에 긴밀하게 밀착된다. 공동체가 추구하는 가치와 선택에 따라 도시 구조가 결정되고, 또 그 구조에 공동체와 구성원은 강하게 영향 받는다. 도시와 공동체는 그래서 분리시켜 생각할 수 없고, 도시마다 그 내용이 제각각일 수밖에 없다.

시민이 자기 도시에 애착을 갖는 것이 바람직하다고 말해야 하는 이유가 여기에 있다. 자기 도시에 애착을 가질 수도 있고 아닐 수도 있는 단순 선택의 문제가 아니다. 시민 개인의 성향 탓으로 돌리는 것도 곤란하다. 시민이 자기 도시 안에서 풍성한 삶을 영위하는 데 있어서 자기 도시와의 애착이 매우 중요하고, 따라서 도시 경영의 중요한 정책 목표가 되어야 한다.

사람은 태어나서 6개월에서 12개월 사이에 자기를 돌보는 어른과 애착 관계를 형성한다. 이때 애착관계를 성공적으로 형성하느냐에 따라 아이의 사회성과 인지 능력에 차이가 난다고 전문가들은 말한다. 갓난 아기 때 형성된 애착 관계는 가정을 벗어나 어린이집과 유치원 같은 곳에서 교사와 또래 집단과의 원만한 관계를 만드는 데 영향을 미치고 자존감과 문제 해결 능력, 갈등 대처 능력에도 반영된다고 한다. 연령별 사회에서의 적응 능력이 이후 연령대에도 영향을 미치기 때문에 영유아기 애착관계는 한 사람의 일생에 영향을 미치는 중요한 변수 중에 하나다.

그렇다면 시민이 자기 도시에 느끼는 애착은 시민의 삶에 어떤 영향을 미칠까? 애착이 가져올 가장 큰 선물은 도시 공동체 활동에 대한 자발적인 참여Engagement일 것이다. 자기 도시에 대한 애착이 관심을 낳고 관심은 참여를 낳고 참여는 변화를 낳고 변화는 성장(양적인 성장뿐만 아니라 질적인 성장까지 포함)을 낳는 선순환 구조가 만들어질 가능성이 높다. 반면 애착 관계가 부실할 경우 무관심과 방관을 낳아 문제가 누적되거나 고착화되어 마침내 도시가 퇴행하는 악순환 구조가 만들어질 가능성이 높다.

시민과 도시와의 애착 관계를 잘 드러내주는 것이 바로 '이야기'다. 그 애착 관계가 높을수록 시민은 자기 도시를 다양한 방식으로 이야기하게 되고, 또 그 이야기가 풍성할수록 도시에 대한 시민의 애착 강도도 높아진다. 여기서 이야기란 '서술된 이야기'보다는 '회자되는 이야기'다. 관청에서 기획해 공급하는 이야기가 아니라 시민이 자기 입에 올리는 이야기를 가리킨다. 그런 이야기여야 시민과 도시와의 애착 관계를 나타낸다고 말할 수 있다.

2011년 6월 30일에 창원시는 통합 1주년 기념행사를 대규모로 열었다. 이때 당국은 1주년을 기념하는 노래로 시예산을 들여 '우리는'과 '알라뷰 창원'이라는 노래를 만들어 보급했다. '우리는'은 장경수 작사 임강현 작곡에 트로트 가수 박현빈이 노래를 불렀고, '알라뷰, 창원'은 김호식 작사 작곡에 역시 트로트 가수 현철이 노래를 불렀다.

당시 시청 홍보팀은 "통합창원 시민가요 '우리는'과 '알라뷰, 창원'을 축구, 농구, 야구 등에 응원가로 사용할 수 있도록 했다. 앞으로 창원시에 연고를 둔 스포츠 경기의 응원가로 널리 사용할 방침"이라고 밝혔지만, 관청의 희망사항일 뿐이었다. 대표곡으로 밀었던 '우리는'은 4년이 지난 2015년 6월 현재 유튜브 조회수 1600여회에 불과하고 '알라뷰, 창원'은 조회조차 되지 않고 있다. 물론 각종 스포츠 현장에서 응원가로 불렸다는 소식도 아직 듣지 못했다.

노래는 인류가 오랫동안 집단의 정체성을 유지하고 전파하기 위해 사용한 매우 효과적인 매체다. 노랫말 속에 이야기를 담고 거기에 곡조를 붙여 쉽게 외우고 전달되게 했다. 글을 몰라도 배움이 부족해도 노래는 누구나 따라 부를 수 있었다. 대를 이어 스토리를 전파하는 데에도 노래만큼 효과적인 도구가 없었다. 노래를 같이 부를 때 우리는 같이 연설 듣는 것보다 훨씬 큰 감정적인 연대를 느낀다. 당시 창원시의 노래 욕심은 충분히 일리가 있었다.

그러나 노래를 입에 올려 흥얼거리는 당사자는 시민이다. 옛말에 "이야기는 거짓일 수 있어도 노래는 항상 참"이라는 말이 있다. 마음이 동하지 않는데 취지가 좋다고 따라 부를 사람은 없다. 관청이 기획했다는 이유만으로 시민이 따라 부른다면 독재 국가가 아닌지 의심해봐야 한다.

과거 우리나라의 군사 독재 정부가 모든 가요 앨범에 '건전가요'를 삽입하게 했지만, 그 노래들을 흥얼거린 사람은 거의 없었다. 창원시의 시민가요 정책이 실패한 것도 같은 맥락에서 이해할 수 있다.

한편 창원을 연고지로 하는 프로야구단 NC다이노스가 2013년에 1군 리그에 오른 이후 노브레인의 'Come On Come On 마산스트리트여'가 응원가로 채택되어 크게 사랑받고 있다. 이 노래는 노브레인의 보컬이자 마산 출신인 이성우가 프로야구팀이 생기기 훨씬 전인 2007년에 만든 것으로 고향 마산에 대한 유쾌한 추억을 표현하고 있다. 야구팬들 중에 특히 옛날 마산에 살았던 사람들은 이 노래를 함께 부르며 남다른 감상에 빠진다. 야구도 야구지만 이제는 지명에서 사라져버린 마산을 떠올리게 하기 때문일 것이다.

사실 이 노래는 창원시 입장에서 불온한 구석이 많다. 공식적으로 야구단은 '창원'을 연고지로 하고 있지만, 팀의 대표 응원가는 '마산'을 노래하고 있기 때문이다. 예전 마산과 진해시민을 통합을 해야 하는 창원시 당국은 마산이란 명칭이 덜 노출되기를 원한다. 야구 경기를 중계하는 방송국들에게 마산야구장이라는 명칭 앞에 꼭 '창원'을 붙여 '창원 마산 야구장'이라고 불러달라고 요청했다. 그러나 오랫동안 마산이란 이름에 애착을 가지고 있던 시민들의 마음이 쉽게 지워지진 않는 것 같다.

도시 이야기? 사람 이야기!

도시 공간에 대한 대해서도 마찬가지다. 한 분이 내게 물었다. "마산 창동은 이야기 거리가 많은데 왜 창원 상남동은 이야기 거리가 별로 없는가?" 이를 다르게 표현하면 '마산 지역 사람들은 창동 이야기를 입에 많이 올리는데 창원 지역 사람들은 상남 이야기를 입에 별로 올리지 않는다'로 바꿀 수 있을 것이다.

시민들이 자기 도시 이야기를 입에 올리는 이유는 그만큼 '애착'이 있다는 뜻이다. 마산 야구장에서 '마산 스트리트'가 대표 응원가가 된 것도 이런 지역 분위기와 무관하지 않다. 그렇다면 어떤 점들이 이 같은 차이를 만들었을까? 역사로 치면 창원이 더 유서가 깊고 지역의 경제적인 여건도 훨씬 양호한데, 왜 사람들은 창원 지역보다 마산 지역을 입에 올리고 싶어할까?

두 지역간 차이점을 밝히기 전에 먼저 그 이야기의 내용들을 살펴볼 필요가 있다. 마산 지역을 이야기할 때 소위 마산 사람들은 주로 어떤 주제를 입에 올릴까? 흔히들 착각하는 부분이 있다. 사람들이 어떤 지역을 이야기한다고 할 때 실제 그 지역 자체를 이야기한다고. 과연 그럴까? 그 지역의 역사를 줄줄 외고, 주요 사건 사고를 기억하며, 그 지역이 배출한 인물들을 평가하는 이야기들을 나눌까?

대부분은 그렇지 않다. 한 통계에 따르면 사람이 하루에 말하는 내용 중 70%는 '사람 이야기'다. 또 그중에 절반은 대화하는 자리에 있지 않은 사람들 이야기다. 업무와 관련된 사무적인 이야기를 제외하면 거의 대부분이 사람 이야기라는 뜻이다.〈Grouped: 세상을 연결하는 관계의 비밀〉(폴 아담스) 우리가 특정 도시와 특정 지역을 이야기할 때도 예외가 아니다. 구체적으로 무슨 이야기를 하는지 들여다 보면 대개 도시와 지역은 '배경'과 '설정'이 되고 이야기의 핵심은 '사람'과 '관계'가 된다. 이야기라는 관점에서 보면 도시가 조연이고 사람이 주연이다.

우리나라 도시들이 추진하고 있는 대다수의 스토리텔링 사업들이 생각보다 성공적이지 못한 이유가 여기에 있다. 사람들은 도시를 배경 삼아 사람 이야기를 하고 싶은데, 정작 도시 정부가 제공하는 이야기에는 사람이 빠진 자랑거리들이기 때문이다. 사람은 대개 자기와 관계 없다고 여기는 것에는 영향을 받지 않고 관심도 갖지 않는다. 관계를 만들어줄 사람이 빠진 도시 자랑에 사람들의 마음이 움직이기가 쉽지 않은 것이다.

그렇다면 특정 지역의 이야기가 다른 지역보다 많다는 것은 무엇을 뜻할까? 그 지역에 '사람 이야기'가 많았다는 뜻이다. 사람 이야기가 많이 만들어질 수 있는 도시 구조를 갖고 있었다는 뜻이다. 그 이야기들이 지속적으로 재생되고 전파될 수 있는 요소들을 많이 보유하고 있다는 뜻이다. 도시 이야기는 도시 정부가 하는 것이 아니라 시민들이 하는 것이다. 시민의 입에 오르내리기 위해서는 도시가 시민들에게 이야깃 거리들을 많이 제공할 수 있어야 한다.

마산과 창원을 좀 더 상세히 살펴보기 위해 마산의 창동과 창원의 상남동을 비교해보자. 스토리텔링 관점에서 마산 창동이 창원 상남동에 비해 월등한 점은 바로 강점은 '축적된 문화'를 갖고 있다는 것이다. 문화는 단번에 구매할 수 있는 상품이 아니다. 시간이 지나 축적됐을 때 비로소 빛을 발하고 위력을 발휘한다. 창동은 골목길 구조를 250년 넘게 유지하고 있다. 고려당, 복희집, 학문당서점, 황금당, 태양카메라, 해거름, 만초집 같은 수십 년 된 상호들이 여전히 살아 있다. 이들 골목과 가게들이 차곡차곡 이야기를 축적하고 있다. 이처럼 이야기가 끊기지 않고 이어지고 확산될 수 있는 거점들이 도시 공간에 건재하다.

반면 창원 상남동은 오랜 역사를 가진 곳이지만 예전 흔적이 깨끗이 지워졌다. 특히 새로 난 길을 중심으로 도시 구조가 완전히 바뀌었다. 대단지 아파트와 대규모 상가가 들어섰고, 21세기 들어서는 전국적인 유흥가로 주목을 받고 있다. 문화의 축적 대신에 단절이 일어나 이제 겨우 20년 짜리 새 이야기를 만들어가고 있는 중이다.

마산 창동의 두 번째 강점은 다양성이었다. 현재 이 다양성은 제한적으로만 유지되고 있긴 하지만 한창 잘 나갈 때 창동은 도시 다양성의 표본이라 할 만했다. 전국에서 인구 대비 영화관이 가장 많은 곳이었고 화랑과 소극장 같은 문화인프라가 풍성했다. 바로 옆에 대규모 도매시장인 부림시장과 마산어시장, 전국 최고 수준의 브랜드숍 거리와 길건너의 오동동 유흥가도 연결되어 있었다.

다양한 공간이 다양한 사람들을 불러들였고, 그 안에서 다양한 관계와 다양한 활동들이 자연스럽게 만들어졌다. 생태계로 비유하자면 다양한 니치Niche·틈새들이 생기며 저마다의 이야기 거점들이 생겨났다. 청소년들에겐 영화 관람과 일탈의 공간으로, 노동자들에게는 소비와 오락의 공간으로, 선남선녀들에게는 혼수와 예물을 장만하는 공간으로, 사업가들

마산 창동

창원 상남동

과 정치인들에게는 거래과 유흥을 꾀하는 공간으로 자리잡았다. 온갖 정보와 이야기가 모여들고 전파되는 공간이었다. 반면 상남동은 개발 이후 도시 기능이 다양해지기보다는 거대한 유흥가로 획일화되고 있다. 거기서 일어나는 사람들의 활동은 차이가 나기 보다는 유사하다. 다양한 이야기가 생산되기 어려운 구조다.

창동의 세 번째 강점은 '사람이 지키는 공간'이라는 점이다. 과거 창동의 도시 구조는 요즘 상권에 비유하면 대형 몰^{Mall}에 가까웠다. 문화와 서비스, 각종 쇼핑을 한 공간에서 해결할 수 있는 구조라 사람들이 많이 찾았다. 그러나 창동이 현대식 몰과 다른 점은 종업원이 아니라 '주인'이 직접 공간들을 지킨다는 것이다. 가게는 주인이었고, 주인이 곧 가게였다. 인격적인 소통이 어느 정도 가능했다. 반면 상남동은 주인이 운영하는 가게보다 프랜차이즈 브랜드들이 압도적으로 많다. 책임 지는 주인보다는 고용된 종업원이 대다수다. 아무래도 인격적인 소통이 이뤄지기 어려운 조건이다.

미디어 학자 마샬 맥루한은 '미디어는 인간의 확장'이라고 주장했다. 이 명제는 도시에도 적용할 수 있다. 시민이 자기 도시를 이야기하고 싶게 만들려면 도시가 시민의 삶을 확장하는 효과적인 미디어가 되어야 한다. 예전 마산 창동이 그러했다. 시민극장에서 영화를 감상하고, 맞은편 학문당서점에서 시집을 구입하고, 명곡사에 들러 새 음반을 사고, 복희집에서 허기를 채우고, 황금당에 들러 예물을 구입하고, 신화주단에서 혼수를 장만했다. 해거름에서 애창곡을 청해 듣고, 통술집에서 친구들과 술잔을 기울이고, 복요리집에 들러 해장을 했다. 창동은 감성을 충전하고 필요를 채우며, 갈등을 해소하고, 미래를 준비하는 곳이었다. 나와 우리가 확장되고 연결되고 조직되고 커지고 공간이었다.

　도시 스토리텔링은 어떤 면에서는 '결과물'이다. 도시가 시민의 삶을 유기적으로 조직하고 확장하는 데 만족스러우면 시민은 흔쾌히 도시를 입에 올릴 수밖에 없다. 세상에서 '내 이야기'만큼 신나는 이야기가 없는데, 거기에 도시가 자연스럽게 배경으로 등장하기 때문이다.

6장

성스러운 공간과 랜드마크

건축가 승효상은 도시가 발전하기 위해서 세 가지 공간이 필요하다고 말했다. 첫 번째는 번잡한 공간이고, 두 번째는 휴식의 공간이며, 마지막 세 번째는 경건한 공간이다. 첫번째 번잡한 공간은 도시라고 하면 누구나 떠올릴 수 있는 번화가를 가리킨다. 사람이 모여 살면서 상품과 서비스, 그리고 재화가 활발하게 교환되는 곳이다. 흔히 도시경제가 살았냐 죽었냐를 따질 때 그 기준이 되는 곳이기도 하다.

두번째 휴식의 공간은 주거지와 녹지 정도를 떠올리면 되겠다. 숨가쁜 도시의 일상에서 벗어나 잠시 휴식을 취할 수 있는 곳이다. 19세기말에 뉴욕 한복판에 조성된 센트럴 파크는 도시의 생존을 위해 휴식의 공간이 얼마나 중요한지를 웅변적으로 보여준다.

세번째 경건한 공간은 바로 도시의 정체성을 규정하는 장소다. 도시 공동체가 추구하는 가치와 신념을 상징적으로 보여주는 공간이다. 대표적으로는 종교시설과 묘지 등을 꼽을 수 있다. 번화가나 주거지처럼 시민의 일상생활과 직접 관련돼 있지는 않지만, 도시공동체가 추구하는 가치를 직관적으로 보여주는 공간이다. 도시의 이야기, 즉 스토리텔링과 직결되는 공간이다.

경건한 공간이 도시의 중심

도시와 이야기는 한 몸이나 마찬가지다. 이야기가 있어서 도시가 탄생했고, 이야기 때문에 도시가 운영되며, 이야기가 약해지면 도시 또한 위기에 빠진다. 도시의 이야기는 도시 공동체의 기원과 정체성을 규정한다. 그 특별한 이야기, 성스러운 이야기를 상징적으로 보관하는 곳이 바로 경건한 공간이다. 인류 초기의 도시 문명인 메소포타미아에서도 도시의 중심이 신을 모시고 제사 지내는 지구라트였다.

고대인들은 신전의 크기가 높고 클수록 자기 도시를 지키는 신의 힘이 강하다고 여겼다. 아시리아를 멸망시킨 신바빌로니아의 네부카드네자르 왕은 수도 바빌론에 하늘에 닿을 것처럼 높았던(대략 90미터 높이로 추정된다) 신전을 세웠다. 성경에 나오는 바벨탑이 바로 그것이다. 바빌론의 모든 시민은 언제 어디서든 일상 속에서 그곳을 바라볼 수 있었다. 뒤집어 말하면 경건한 공간인 바벨탑이 도시의 모든 공간과 시민의 일상을 장악한 셈이었다. 인류 문명 초기에는 이처럼 성스러운 공간이 도시의 정체성을 부여하고 도시의 생명을 유지하는 데 절대적인 역할을 했다.

그리스 문명의 대표도시인 아테네도 경건한 공간이 중심이 되기는 마찬가지였다. 다양한 신들에게서 보호받고자 했던 아테네인들은 아크로폴리스 언덕 위에 신전을 세웠다. 비슷한 시기의 메소포타미아 도시들과 다른 점은 신전 가까이에 인간을 위한 공간도 함께 배치했다는 것이다. 메소포타미아 도시들의 경건한 공간이 오로지 신을 향한 것과는 달랐다.

민주주의의 탄생지라고 불리는 프닉스 언덕이 바로 그런 공간이었다. 아테네 시민이라면(물론 노예가 아닌 성인 남자만 해당됐다) 그 누구라도 언덕 연단에 서서 도시 정책에 관해 발언하고 토론할 수 있었다. 연단 앞에는 2만 명의 시민이 모일 수 있는 넓은 공간이 있었고, 거기에서 민회가 열렸다. 가게와 관청, 법정과 재단, 그리고 영웅들의 조각상이 빼곡하게 들어선 광장인 아고라 또한 도시의 전형적인 번잡한 공간이면서 동시에 민회와 재판 등이 일어나는 권위 있는 공간이었다.

로마는 카이사르 이후 공화정에서 황제정으로 바뀌면서 권력자인 황제를 기념하는 건축물들이 경건한 공간을 차지하기 시작했다. 특히 로마 시민들의 대표적인 공공 공간인 마르스 광장이 이들 건축물들로 채워졌다. 후대 황제들은 전임 황제들의 건물보다 더 크고 화려한 기념물을 남기려고 욕심을 냈다. 막대한 건축비용이 황제를 위한 건축물에 투입되는 만큼 시민들을 위한 건축은 소홀해질 수밖에 없었다. 로마의 서민들이 모여사는 아파트형 주택인 도무스는 골목에 쓰레기가 쌓이고 소음에 시달렸다. 관리가 소홀해지면서 건물 자체가 무너지는 일도 흔했다. 뒤이은 황제들은 서민들의 주거환경을 개선하는 대신 목욕탕과 극장 등 구경거리를 잔뜩 만들어 시민들의 시선을 돌렸다.

로마 제국 말기에 공인된 기독교는 로마가 멸망한 후 게르만족이 지배하게 된 유럽 도시들의 정체성을 결정지었다. 도시의 중심에는 기독교의 상징인 성당이 자리잡았다. 제국의 치안을 기대하기 어려웠던 도시들은 각자도생을 위해 길을 넓히는 대신 성벽을 높이 쌓아올렸다. 특히 중세 시대에는 천국에 이르려는 열망을 담아 고딕양식의 하늘로 치솟는 성당을 건축했다. 도시공동체는 성당이 주는 메시지, 즉 지금 당장의 평화보다는 죽은 뒤에 천국에 간다는 위로에 의지하며 생활했다. 메소포타미아 시대 도시들이 지구라트만 바라보며 생활한 것처럼 중세 유럽의 시민들도 성당만을 바라보며 도시 생활을 이어갔다.

메소포타미아 도시의 경건한 공간인 지구라트 ⓒ위키피디아

비슷한 시기에 최고의 문명을 구가했던 이슬람 도시들은 예배 장소인 모스크가 중심에 자리 잡았다. 기도 시간을 알리는 아잔 소리와 함께 하루 다섯 번 시민들은 메카를 향해 기도했다. 신성한 모스크는 또 생활의 중심이기도 했다. 바자르라는 이름의 시장과 교육기관이 모두 모스크를 중심으로 배치됐다. 무슬림들의 일상은 모스크를 중심으로 정교하게 조직됐다. 이때 형성된 이슬람 도시의 일상은 오늘날까지 대체로 유지되고 있다. 무슬림 시민들의 삶을 꾸란 스토리가 거의 완벽하게 지배하고 있는 것이다.

우리나라 도시들도 저마다 경건한 공간을 지정하고 정성껏 가꿨다. 성리학을 신봉했던 조선시대에는 사당이 그 역할을 했다. 수도 한양에서는 역대 왕들과 왕비들의 신주를 모신 종묘가 조선왕조의 정체성을 담보하는 가장 경건한 공간이었다. 각각의 가문에서도 저마다 조상의 신주를 모시고 제를 올리는 사당을 두고 각별하게 관리했다. 물론 경건한 공간이 꼭 사대부만의 것도 아니었다. 이른바 민초들도 나름의 경건한 공간을 간직하며 살았다. 마을마다 있었던 서낭당과 정자나무 등이 대표적이다. 마을 공동체는 이들 경건한 공간에 모여 마을의 정체성을 확인하는 제를 정기적으로 올렸다.

경건한 공간을 둘러싼 갈등

도시의 스토리텔링은 다양한 주체에 의해 다양한 방식으로 진행될 수 있지만, 도시 전체로 봤을 때는 바로 이 '경건한 공간'이 도시 이야기의 출발점이자 토대가 된다. 각각의 도시가 가꾸고 있는 경건한 공간을 잘 들여다 보면 그 도시와 도시공동체가 추구하는 핵심 가치와 정체성을 상당 부분 확인할 수 있기 때문이다.

과거에는 신전과 성당, 모스크 같은 종교적인 공간이 도시의 정체성을 규명하는 경건한 공간 역할을 했다. 하지만 종교성이 크게 약화된 현대 도시에서 경건한 공간은 과연 어디일까? 특히 세계적으로도 사례를 찾기 어려운 다종교 사회인 우리나라 도시에서는 시민공동체가 한꺼번에 동의할 만한 경건한 공간을 찾기가 결코 쉽지 않다. 그래서 우리는 오늘날의 도시가 만들어지는 데 큰 영향을 끼친 사건이 일어난 곳이나 그 사건과 관련된 희생자를 모신 묘지 등을 주목할 필요가 있다.

우리나라 정치인들이 신분에 변화가 생기거나 중요한 결정을 앞두고 현충원을 찾는 것도 같은 맥락이다. 오늘날 대한민국 체제를 있게 한 가장 경건한 공간으로 여기는 것이다. 민주주의 가치를 더 소중하게 생각하는 사람은 남양주시 마석에 자리한 모란공원 민주열사 묘역이나 서울 수유리에 있는 국립 4·19 민주묘지를 참배한다. 성스러운 이야기가 바로 그곳에 있다고 믿는 것이다.

도시 차원에서도 경건한 공간들을 어렵잖게 찾을 수 있다. 광주를 예로 든다면 망월동에 위치한 국립 5·18 민주묘지와 금남로, 그리고 옛 전남도청과 광장을 꼽을 수 있다. 1980년 5월 광주에서 일어난 저항과 희생이야말로 오늘날의 광주를 설명해주는 성스러운 이야기가 아닐까? 경남 마산에도 유사한 공간이 있다. 국립 3·15 민주 묘지와 김주열 열사

김주열 열사 시신 인양지

시신 인양 지점이 바로 그곳이다. 이승만 독재 정권을 몰아낸 4·19혁명의 시발점이 바로 마산이었고, 그곳의 저항과 희생이 일어났던 장소들이기 때문이다.

전라북도와 충청남도 지역에는 동학농민전쟁의 유적지들이 곳곳에 자리잡고 있다. 최초의 봉기가 일어난 고부 [정읍] 지역, 최초로 농민군이 관군을 물리친 황토현과 이윽고 접수한 전주성, 일본군에 맞서 싸우다가 장렬하게 패배한 우금치 등이 오늘날도 많은 이들의 가슴을 설레게 만든다. 경남 진주라면 어디를 꼽을까? 조선시대 정유재란 때 왜군과 끝까지 싸우며 크나큰 희생을 감내했던 진주성과 논개가 왜장을 끌어안고 남강물에 뛰어들었던 의암이 그런 장소가 되지 않을까?

이들 경건한 공간은 시민들이 공통으로 추구해야 할 핵심 가치와 정체성을 규정하는 동시에 자긍심의 원천이 된다. 내가 이 도시에서 살아가는 이유, 내가 이 도시를 사랑하는 이유를 만들어주는 핵심 소재랄까? 경건한 공간에서 비롯되는 스토리텔링이 중요한 이유는 이처럼 도시 공동체의 '태도와 행동'에 영향을 미치기 때문이다. 이 공간을 중심으로 시민들은 비로소 협동할 이유를 찾고 도시가 나아가야 할 미래에 대해서도 합의 한다. 특히 위기 상황이 닥쳤을 때 시민들이 하나로 뭉쳐서 위기를 극복할 힘을 얻는다. 공통의 이야기를 가진 도시가 그렇지 못한 도시보다 더 건강하고 오래 유지되는 이유이기도 하다.

경건한 공간이 이처럼 시민들의 삶에 민감하게 영향을 미치기 때문에 도시의 주권이 바뀔 때마다 자주 갈등의 현장으로 부각된다. 특히 성격이 전혀 다른 세력이 도시의 주권을 차지하게 될 때 기존 세력이 소중하게 여겼던 경건한 공간은 심각하게 훼손되거나 새로운 세력이 추구하는 다른 경건한 공간으로 대체되기도 한다.

몇년 전 국제뉴스를 통해 테러집단인 ISIL이 점령지인 이라크 모술 박물관에 소장된 고대 아시리아의 유적과 유물들을 파괴하는 장면이 전세계에 방송된 적이 있다. 기존의 경건한 공간을 파괴함으로써 자기 세력의 정체성을 선명하게 드러내고자 한 행동이다. 2001년 당시 아프가니스탄을 점령한 탈레반이 유네스코 지정 세계문화유산이었던 바미얀 석불을 폭파시켰던 것도 물론 같은 맥락이었다.

우리나라 도시들도 유사한 경험을 가지고 있다. 일제가 조선을 지배했을 때 가장 먼저 훼손한 것이 도시 혹은 마을공동체가 경건하게 여기는 공간들이었다. 궁궐과 종묘를 훼손하고 서낭당을 허물고 무속을 미신으로 격하시키는 대신 일제의 경건한 공간인 신사를 곳곳에 세워 강제로 참배토록 했다. 특히 조선 개국에 큰 역할을 한 무학대사를 모신 남산 꼭대기 국사당을 헐고 그 능선에 대규모 신사인 조선신궁을 세움으로써 일제는 조선 점령의 마침표를 찍었다. 조선의 경건한 공간을 일본의 경건한 공간으로 대체함으로써 조선인의 자긍심을 짓밟은 것이다.

해방이 되자 일제가 설치한 경건한 공간들도 시차를 두고 철거 또는 대체됐다. 대한민국이라는 새로운 정치 체제는 그 곳을 예전처럼 복원하거나, 새로운 상징물을 세우거나, 아니면 다른 형태의 공공시설들을 세웠다. 남산의 조선신궁 자리에는 도서관이 들어섰고, 진해의 신사 자리에는 남산초등학교가, 마산의 신사 자리에는 제일여자고등학교가 들어섰다. 일제가 동물원으로 격하한 창경궁은 1980년대 중반에 서울대공원 계획이 세워지면서 비로소 궁궐로서의 지위를 되찾았다. 일제가 경복궁 입구에 세웠던 조선총독부청사^{일명 중앙청}는 1995년 김영삼 정부 때에 이르러서야 철거됐고, 경복궁 복원 작업도 뒤따랐다.

1995년 8월 15일 구 중앙청 광장에서 열린 광복절 기념식장에서는 총독부청사 철거를 상징하는 중앙돔 첨탑 분리식이 열렸다. 이 행사에 앞서 당시 주돈식 문화부 장관은 호국영령들에게 고하는 고유문을 낭독했는데, 그 내용이 이랬다.

"우리 민족의 언어와 역사를 말살하고 겨레의 생존까지 박탈했던 식민정책의 본산 조선총독부 건물을 철거하여 암울했던 과거를 청산하고 민족

의 정기를 바로 세워 통일과 밝은 미래를 지향하는 정궁 복원작업과 새
문화거리 건설을 오늘부터 시작함을 엄숙히 고합니다."

조선총독부 청사 철거는 당시 정부가 추구하던 핵심 가치를 상징하
는 중요한 이벤트였다. 철거와 보존을 두고 사회적인 논란이 없지 않았지
만, 한 시대를 상징하던 경건한 공간이 눈앞에서 사라지는 모습은 새로
운 시대가 열리고 있음을 상징하기에 부족함이 없었다.

경건한 공간에 대한 생각과 태도는 국가나 종교의 차원에서뿐만 아니
라 국내 정치세력간에도 첨예하게 대립됐다. 우리나라 현대사에서는 효
창원이 그 대표적인 공간이라고 말할 수 있다. 효창원은 김구 선생이 이
봉창, 윤봉길, 백정기, 이동녕 등 다수의 독립운동가와 임시정부 요인들
의 유해를 모시면서 성역화됐고, 김구 선생도 이곳에 묻히면서 해방된
국민들의 마음을 움직이는 대표적인 경건한 공간이 되었다.

그러나 친일 세력과 손잡으며 정권을 차지하는 데 성공한 이승만 대
통령은 김구 선생의 잔상이 짙게 남아 있는 효창원이 매우 불편할 수밖
에 없었다. 경건한 공간은 그곳의 이야기를 늘 상기시키기 때문이다. 효
창원의 존재를 더는 두고 보기 어려웠는지 이승만 정부는 1959년 6월 아
시아 축구 선수권대회를 유치했다는 사실을 핑계로 바로 이곳에 국제 규
격의 운동장을 짓는다. 이후 이곳은 본래 이름인 효창원 대신 효창운동
장으로 불리며 김구 선생의 흔적이 퇴색되고 말았다.

도시 차원에서도 경건한 공간에 대한 갈등은 계속되고 있다. 광주에
서는 5·18 최후 항쟁지인 옛 전남도청을 보존하기 위한 범시민운동이 오

효창원을 가리고 있는 효창운동장

랫동안 지속됐다. 갈등은 이 공간을 아시아문화전당이라는 국가기관이 관장하게 되면서 시작됐다. 특히 5·18 정신과는 거리가 먼 박근혜 정부가 들어서면서 옛 전남도청에 회의 및 공연시설을 설치하는 등 항쟁의 흔적을 지우려는 움직임이 노골적으로 진행됐다. 광주시민의 경건한 공간을 중앙정부가 나서서 훼손하려 한 것이다. 이에 반발한 시민들은 도청 앞에 농성장을 만들어 저항에 나섰다.

경남 마산에서도 비슷한 사례가 있었다. 지난 2013년 내내 마산역 앞은 이은상 시비 건립 문제로 시끄러웠다. 갈등은 당시 마산역장이 제안하고 로터리클럽이 자금을 대 '가고파 노산 이은상 시비'를 세우면서 시작됐다. 시비를 세우려는 쪽은 "마산의 관문에 시비를 세워 시민의 자긍심과 정체성을 드높이고, 문화적 역량을 알려야 한다"고 주장했다. 그러나 이은상 시비의 설치를 반대한 시민단체는 "이은상이 이승만 자유당 정권의 부정선거에 항거한 '3·15의거'를 폄하하고 평생 친독재 반민주 행적을 일삼은 인물"이라며 철거를 요구했고, 받아들여지지 않자 페인트를 퍼붓고 검은 천으로 시비를 뒤덮는 등의 시위가 이어졌다. 마산역사 앞에는 현재 복구된 이은상 시비와 나란히 시민단체들이 세운 '민주성지 마산 수호비'가 세워져 있다. 경건한 공간을 둘러싼 마산시민의 갈등은 아직 진행형이다.

이처럼 갈등이 있다는 것은 역으로 경건한 공간에 대한 도시 공동체의 열망이 그만큼 강하게 남아 있기 때문이라고 좋게 해석할 수도 있겠다. 그래서 갈등 상황보다 더 나쁜 것은 경건한 공간을 도시가 갖고 있더라도 시민들이 무관심한 경우일 것이다. 마치 중세시대 도시의 중심을 차지했던 성당이 오늘날은 한낱 관광객의 사진 배경으로 전락한 것처럼 말이다.

경건한 공간에 대한 시민의 공감대가 높은 도시와 그렇지 못한 도시는 같을 수가 없다. 경건한 공간에 대한 공감대는 시민들이 자기 도시에 대해 느끼는 자부심과 직결되기 때문이다. 자기 도시에 대한 자부심을 다수가 갖고 있는 도시와 그렇지 못한 도시는 특히 공통의 도시 문제를 해결하는 능력에서 차이가 난다. 공통으로 추구하는 가치를 구현하기 위해 집합적으로 행동할 수 있을 때 도시의 미래와 운명은 크게 달라질 수 있기 때문이다.

경건한 공간을 만드는 사람들

세월호가 침몰한지 1년이 다가오던 2015년 4월 9일에 세계적인 영화배우 오드리 헵번의 아들 션과 손녀 엠마가 서울에서 기자회견을 가졌다. 전남 진도의 팽목항에서 가까운 곳에 '세월호 기억의 숲'을 조성하겠다는 내용이었다. 기자회견장에 들어선 션과 엠마, 그리고 헵번 가족들은 노란 리본과 넥타이, 그리고 스카프를 하고 있었다.

션은 70년대 말 한국에서 영화를 제작한 인연으로 한국 사정에 늘 관심을 가져 왔고, 세월호가 침몰했을 때도 큰 충격을 받았다고 한다. 어머니의 뜻을 잇기 위해 세운 '오드리헵번어린이재단'의 이름으로 무엇인가를 해야겠다고 생각하던 중 '트리플래닛'이라는 한국의 사회적기업이 눈에 들어왔다. 트리플래닛은 전세계 나무가 필요한 곳에 숲을 조성하자는 사회혁신기업으로 유명인과 기업의 기부를 받아 그들의 이름을 딴 숲을 조성하고 있다.

션이 트리플래닛에 먼저 연락해온 건 2014년 5월이었다고 한다. 그때부터 세월호 기억의 숲에 대한 아이디어가 오갔고, 1주년이 되는 시점에 숲 조성에 첫 발을 내디딜 수 있게 됐다. 관계자들은 기자회견 이튿날인 10일 진도 팽목항에서 4.16km 떨어진 진도군 임회면 백동리 무궁화 동산에서 착공식을 가졌다.

이 소식을 접한 사람들의 마음은 여러 가지로 복잡했다. 세계적으로 이름 난 사람들이 먼저 손을 내밀어주니 한편으론 고마웠으나, 정작 사건의 당사자이기도 한 우리 정부의 무관심과 태만이 비교돼 화가 났기 때문일 것이다. 선이 조성하고 싶어 하는 기억의 숲은 도시 스토리텔링이 시작되는 곳이라고 정의했던 바로 그 '경건한 공간'이다. 세월호 사건에 대한 메시지를 명확하게 전달하고, 나아가 더 강하게 더 많이 이야기하고 싶은 열망이 경건한 공간을 만들게 한 것이다.

경건한 공간이 갖는 파급효과는 매우 크다. 그 공간에 사람들이 모여들고, 일정한 시기마다 의식과 관련 프로그램이 거행되면 그 이야기는 더 이상 과거에 묻히지 않고 일상 속에서 살아날 수 있기 때문이다. 경건한 공간에 대한 이 같은 열망은 그래서 인간의 본능에 가깝다. 사람들은 무리를 지어 현재를 살아갈 때 가능한 한 살아가는 '의미'와 '방향'을 찾고 싶어 한다.

경건한 공간은 역사적으로 도시의 지배 권력이 자기 체제를 정당화하기 위해 조성해온 측면이 강하다. 그래서 새로운 권력은 이전 권력이 조성한 경건한 공간에 대해 대체로 무자비했다. 그러나 지배 권력이 민주화되면서 도시의 경건한 공간은 다양한 모습으로 나타나고 있다. 진도 팽목항 근처에 조성되고 있는 '세월호 기억의 숲'도 지배 권력이 아닌 민간이 주도하는 경건한 공간이다.

우리가 지금 살고 있는 지역에도 도시의 지배 권력뿐만 아니라 민간이 주도하는 경건한 공간들이 제법 많이 만들어졌거나 현재도 만들어지고 있다. 그 공간을 누가 만들고 있는지, 그 공간이 만들어지는 과정이 어떠한지를 살펴보면 그 도시의 속살과 고갱이를 간파할 수 있다. 우리는 우리 지역에서 어떤 경건한 공간을 열망하고 있을까?

경남 창원시 사례를 본다면 김주열 열사 시신 인양지를 언급하지 않을 수 없다. 김주열은 1960년 3월 15일 1차 의거 때 행방불명됐다가 27일 뒤인 4월 11일 마산 앞바다에서 최루탄이 눈에 박힌 채 시신으로 떠올랐다. 이 장면에 분노한 마산시민은 곧바로 2차 의거를 일으켰고, 이 소식이 전국에 알려지면서 마침내 4·19혁명으로 이어졌다.

바로 이 장소, 김주열이 떠올라 대한민국을 바꾼 자산동 앞바다는 더 이상 기억되지 못하고 매립돼 고층 건물이 들어서 있다. 김주열을 기억하는 사람들^{김주열열사추모사업회}이 힘을 모아 마산중앙부두에 처음 표지판을 세운 게 2002년 4월이었다. 이들은 2001년부터 줄기차게 김주열로, 김주열거리를 제정하고, 인양지에 표지석을 세워줄 것을 마산시의회에 청원했지만, 당시 도시 권력은 3·15의거 때 죽은 다른 사람들과의 형평성이 맞지 않다는 평계를 내세워 이 제안을 거절했다.

김주열 열사 기념사업에 대한 지역 여론이 잠시 일어난 건 2006년 3월이었다. 그 시기에 김주열의 고향 전북 남원시 금지면 옹정리에 있는 김주열 묘소에서 남원시장과 시의회의장, 지역 국회의원 등 지역의 권력 엘리트들이 모두 참여하는 추모행사가 열렸다. 그들은 이 자리에서 국비와 도비, 그리고 시비를 합쳐 10억 원에 달하는 기념 사업 예산을 확보하고 묘소 성역화와 생가복원 사업을 펼치겠다는 계획을 발표했는데, 이 소식이 마산에 알려졌지만 더 이상 여론은 확산되지 못했고, 시당국의 무관심도 그대로였다.

인양지의 성역화 사업에 다시 힘이 실리기 시작한 건 2010년 9월이었다. 그 해 7월 경상남도의 정치권력이 김두관으로 대표되는 민주 세력으로 교체됐다. 추모사업회는 9월 30일에 경남도청 프레스센터에서 인양지를 국가지정문화재로 지정해야 한다는 주장을 담은 기자회견을 열었고, 10월에는 창원시청 앞에서 문화재 지정을 촉구하는 1인 시위를 펼쳐 "향후 문화재로 지정 보존, 관리함이 타당하다고 사료된다"는 의견을 받아낸다. 11월에는 이 의견서를 가지고 경남도를 압박했다. 인양지가 마산해양신도시 건설사업에 포함돼 훼손될 우려가 있으니 도지정 문화재로 임시 지정을 해달라는 내용이었다.

김두관이 도지사로 있던 경상남도는 기념사업회의 요구를 받아들여 그해 12월 8일에 인양지 일대를 경상남도문화재(기념물)로 가지정했다. 현대사에 해당하는 역사 현장을 지자체가 문화재로 지정한 것은 전국에서 처음 있는 일이었다. 그리고 이듬해인 2011년 7월 21일에 인양지는 경상남도 기념물로 지정문화재가 됐다. 이 규정에 따라 시신이 떠오른 바다 앞 부두면을 기준으로 가로 100m, 세로 20m(육지 5m, 공유수면 15m)가 기념물 면적으로 지정됐다. 추모사업회를 중심으로 뜻을 가진 시민들의 열망이 마침내 열매를 거둔 순간이었다.

창원시가 챙겨야 할 또다른 경건한 공간은 장복산 마진터널의 진해쪽에 외롭게 서 있는 추모비다. 이곳은 관청은 물론 시민들이 함께 챙겨야 할 의미 있는 공간이지만 대다수 시민들에게는 거의 알려지지 않고 거의 방치되다시피 하고 있다. 이 공간의 내력은 이렇다.

때는 1979년 8월 25일, 태풍 쥬디호가 경남지역을 덮쳤다. 불과 1주일 전에 비슷한 규모의 어빙호가 휩쓸고 간 뒤라 피해 규모가 엄청났다. 특히 진해 지역은 130여 군데서 산사태가 일어났고, 그 사이 무려 38명이 목숨을 잃었다. 피해가 집중된 건 25일 저녁 8시부터 10시까지 두 시간

동안이었다. 이때 내린 강우량이 140밀리미터로 언론의 표현을 빌리자면 '동이로 물을 쏟아붓는 듯'했다. 저녁 8시반경에 송학동 쪽 제황산 자락이 무너지면서 바로 아래에 있던 다섯 채의 판잣집이 흙더미에 깔려 모두 18명이 목숨을 잃었다. 밤 9시반에는 장복산에서 쏟아져내린 흙더미에 근무 중이던 헌병들이 숨졌고, 같은 시각 경화동 쪽 장복산에 있는 장복산에도 바위와 흙더미가 덮쳐 여승 5명이 목숨을 잃었다.

당시 진해 지역 피해가 워낙 커서 전국적인 주목을 받았다. 연일 방송과 신문에서 피해 지역을 보여주며 늑장 대응을 질타하고 있었다. 그러나 이 와중에 언론과 방송이 놓친 이야기가 하나 있었다. 수많은 목숨을 구한 숭고한 희생이 있었는데, 이를 제대로 알리지 못한 것이다.

마산과 진해를 잇는 유일한 도로였던 2번 국도는 그야말로 아비규환이었다. 장복산 정상에서부터 12개 소에 산사태가 발생해 도로 일곱 군데를 동강 내며 교통이 단절됐기 때문이다. 마산에서 일을 마치고 진해 집으로 퇴근하던 직장인들은 버스나 자동차로는 이동이 불가능했기에 걸어서 고개를 넘고 있었다. 그때 추산으로 차량 200여대와 보행자 3,000여 명이 고립된 상태였다.

오후 2시부터 비상 근무에 돌입한 헌병들은 보행자들을 안전한 곳으로 대피시키는 데 최선을 다하고 있었다. 저녁 7시에는 통신이 두절되고 전기까지 끊겨 터널 주변은 빠르게 어두워졌다. 입구에 낙석이 떨어지자 터널 입구를 봉쇄했고, 손전등을 이용해 나머지 사람들을 한창 대피시키던 중 밤 아홉시반 쯤 초소와 터널을 바쁘게 오가던 병사들은 무너져 내리는 흙더미를 피하지 못했다.

통신이 끊기고 사고가 나기까지 대략 두 시간 반의 시간이 있었지만, 그들은 마진터널을 떠나지 않았다. 3,000명에 달하는 보행자를 안전하게 대피시키는 임무에 충실했기 때문이다. 덕분에 2번 국도와 마진 터널에서 민간인 피해는 없었다. 만약 그들이 끝까지 현장을 지키지 않았다면 무슨 일이 벌어졌을까? 통신과 전기 모두 끊긴 암흑의 상황에서 철수했다면 어떤 결과가 만들어졌을까?

이듬해 4월 마진터널 입구에는 이들 여덟 장병을 기리는 순직비가 세워졌고 한 달 뒤에는 산사태가 발생한 자리에 공원이 조성돼 진해시장 명의의 기념비가 세웠겼다. 거기에는 "이곳 수마가 할퀴고 간 극심한 산사태 지역에 우리 시민의 슬기와 지혜를 모아 휴식할 수 있는 새로운 공원을 조성하였다"고 밝히고 있다. 시민의 생명을 지키기 위해 순직한 장병들과 태풍으로 피해를 입은 진해시민을 위로하는 나름 '경건한 공간'을 만든 것이다.

마진터널 순직비 ©이종은

그러나 삼십오년이 지난 지금 장병들의 순직비를 기억하는 사람은 거의 없다. 태풍이 몰아치고 산이 무너지는 상황에서 시민 수천명의 목숨을 지켜낸 영웅들이지만, 지금은 군부대와 유족들의 기억 속에만 살아 있다. 경건한 공간이라고 만들기는 했지만 시민들의 현재 속에 살아 있지 못하고 화석화되고 있는 것이다. 이 정도의 숭고한 희생이라면 시민들의 삶 속으로 다시 불러들여야 하지 않을까?

살아 있는 경건한 공간

경건한 공간은 만드는 것으로 끝나서는 안 된다. 경건한 공간은 오늘을 사는 시민의 삶 속에 살아 있어야 한다. 살아 있지 못한 경건한 공간은 화석이거나 문화재일 뿐이다. 경건한 공간은 마치 일본대사관 앞에 앉아 있는 소녀상처럼 사람들을 모으고, 의식을 거행하고, 마음을 움직이고, 마침내 행동을 이끌어낼 수 있어야 한다. 행사를 통해서든, 이미지를 통해서든, 모임을 통해서든, 소셜미디어를 통해서든 다양한 시간과 공간에서 화제가 되어야 한다.

경건한 공간에 대한 시민들의 공감대를 높이기 위해서는 유기적인 스토리텔링이 뒷받침되어야 한다. 그 공간을 시민들이 다양한 각도에서 입체적으로 경험할 수 있도록 다양한 프로그램들을 제공해야 한다. 이를테면 우리 조상들은 마을의 경건한 공간에 모여 정기적으로 '제사'를 올리고 '축제'를 열었다. 예법과 격식을 갖춘 의식과 해원상생의 축제에 공동체를 참여시킴으로써 경건한 공간의 영향력을 현실 속에 새기고 또 확장했다. 이와 같은 일련의 활동들이 바로 '유기적인 스토리텔링'이었던 것이다.

이 부분에 현대 도시를 살아가는 우리의 고민과 숙제가 있다. 한국 사회는 더 이상 종교성이 압도적으로 지배하지 못한다. 사람들의 생각과 태도도 빠른 속도로 바뀌고 있다. 사람들의 이동도 잦고 예전 같은 소속 감을 기대하기도 어렵다. 이런 변화 가운데서 과연 도시의 경건한 공간이 예전처럼 영향력을 행사할 수 있을까? 영향력 있게 하려면 어떻게 해야 할까? 아니면 경건한 공간을 새로 만들어야 할까?

따라서 도시를 제대로 스토리텔링하기 원한다면 도시 안에 존재하는 다양한 형태의 경건한 공간들을 면밀히 점검해야 한다. 살아 있는 곳과 잊혀져 가는 곳에 대한 역사적인 평가를 하고, 오늘날의 도시 공동체가 어떤 이야기에 주목할 것인지에 대한 심도 깊은 토론과 합의가 있어야 한다. 새롭게 만들어지고 있는 경건한 공간들에 대해서도 세심한 관심을 기울여야 한다. 이 과정을 통해 도시 공동체가 지향하는 가치와 정체성을 만들어갈 수 있기 때문이다.

2016년말 한국 정부와 일본 정부가 졸속으로 맺은 위안부 합의 소식이 알려진 후 전국 각지에서 세워지고 있는 위안부 기림 소녀상은 시민들이 자기 존엄을 지키기 위해 자발적으로 만들어가는 도시 내 경건한 공간이라고 평가할 수 있다. 특히 관청이 철거했다가 시민의 항의로 다시 세워진 부산 동구의 소녀상은 도시의 주권이 누구에게 있고, 그 주권자가 소중하게 여기는 가치가 무엇인지를 웅변적으로 보여주기에 부족함이 없었다.

이들 소녀상은 각 지역과 도시별로 건립추진위원회가 만들어져 자발적인 모금이 이뤄지고, 또 지역민이 선택한 다양한 모습으로 소녀상들이 세워지고 있다. 경남 마산과 진주에 세워진 소녀상은 둘 다 일어선 모습이다. 마산의 소녀는 강인한 정신력을 소유한 비장한 모습을 하고 있다. 단호한 표정과 야무지게 쥔 주목은 다시는 이런 수모를 겪지 않겠다는 다짐이 읽힌다. 진주 소녀상은 단발머리에 고개를 살짝 돌리고 오른손 주먹을 꼭 쥐어 굳은 의지를 표현했다.

도시가 살아 있는 한 이처럼 시민들은 끊임 없이 경건한 공간을 만들 것이다. 그 중에는 김주열 열사 인양지처럼 오랫동안 도시 권력의 견제를 받는 곳도 있을 것이고, 마진터널 순직비처럼 역사적인 평가가 부족해 시민들의 기억 저편으로 사라져가는 것들도 있을 것이며, 전국에서 세워지고 있는 소녀상처럼 거센 흐름을 형성하는 사례도 있을 것이다. 이들 공간을 기억하고 뜻을 모으는 사람들이 있는 한 경건한 공간은 언제든 살아날 수 있고, 또 새롭게 탄생할 수도 있다.

물론 특정한 공간이 시민 전체의 공감과 지지를 받아 도시를 대표하는 경건한 공간으로 지위를 얻기까지는 적지 않은 시간과 간단치 않은 과정이 노정될 수 있다. 하지만 그렇게 얻어낸 경건한 공간은 도시의 현재는 물론 미래에도 영향을 미칠 결정적인 문화적 사회적 자산이 될 것이다. 시민들은 그 공간을 중심으로 통합할 수 있고, 또 공통의 미래상을 위해 협동할 수 있기 때문이다.

한 가지 경계해야 할 점은 도시의 경건한 공간을 '관광지'의 하나로 생각하는 태도다. 관광지로 본다는 것은 돈벌이 수단으로 본다는 것과 같은 개념이다. 앞서 스토리텔링의 정의에서 언급했듯이 스토리텔링은 본질적으로 세속적인 영역이 아니라 성스러운 영역에 속한 것이다. 돈벌이 수준을 초월해 공동체의 자존심을 지키는 상징적인 곳으로 경건한 공간을 가꿔야 한다. 흔히들 말하는 '성역화'와 비슷한 개념이라고 할까?

물론 성역화와 관광자원이 완전히 배타적인 개념은 아니다. 실제로 경건한 공간이 제대로 경건하게 관리될 때 관광의 가치 또한 올라가기 때문이다. 따라서 도시공동체가 집중해야 할 것은 돈 벌 궁리가 아니라 경건한 공간의 가치를 제대로 높이는 것이어야 한다. 왜 이역만리 떨어진 대한민국의 필부필녀들이 편의 시설 하나 제대로 마련돼 있지 않은 스페인의 산티아고 순례길을 걷고 싶어하는지 생각해볼 필요가 있다.

도시의 상징 랜드마크

비행기가 없던 시절 유럽인들이 희망의 땅이라고 여겼던 미국에 가려면 예외 없이 배를 타야 했다. 정치나 종교적인 박해 때문이든, 대기근을 피하기 위해서든 졸지에 난민이 된 그들은 수개월에 걸친 목숨 건 항해를 견뎌내며 대서양을 건너야 했다. 출입국관리소가 마련된 뉴욕항 앞 엘리스섬에 도착하기 직전 그들은 바다 위에서 난민들을 향해 횃불을 들고 서 있는 거대한 동상 하나를 마주하게 된다. 바로 '자유의 여신상'이다.

길면 6개월이나 걸렸던 지옥 같은 항해를 끝낼 즈음 마주친 자유의 여신상에서 난민들은 어떤 감정을 느꼈을까? 억압과 착취, 질병과 가난의 땅을 벗어나 마침내 새로운 자유의 땅에 도착했다는 희열을 온몸으로 만끽하지 않았을까? 낯선 땅에 정착해야 한다는 두려움도 컸겠지만, 동상이 주는 희망의 메시지가 큰 격려가 되지 않았을까?

부질 없는 궁금증이 문득 생겼다. 여신상이 세워지기 전 뉴욕항에 도착한 이민자들도 희열과 공포를 동시에 느꼈을 텐데 그 정도가 여신상 이후의 이민자들과 과연 같았을까 달랐을까? 달랐다면 어느 정도 차이가 났을까? 자유의 여신상이 버티고 선 뉴욕과 그렇지 않은 뉴욕은 과연 얼마나 달랐을까?

사람들이 특정 도시나 지역을 직관적으로 식별할 수 있게 만드는 상징적인 지형지물이나 구조물을 흔히 랜드마크Landmark라고 부른다. 파리의 에펠탑, 샌프란시스코의 금문교, 이집트의 피라미드, 이스탄불의 성소피아 성당, 리우데자네이루의 구세주 예수상, 시드니의 오페라하우스 등이 세계적으로도 널리 알려진 랜드마크들이다. 랜드마크의 종류는 다양하다. 하늘을 찌를 듯한 거대 건축물일 수도 있고, 고색창연한 문화유적일 수도 있으며, 기기묘묘한 자연환경일 수도 있고, 깊은 인상을 남기는 예술품일 수도 있다.

앞에 언급한 자유의 여신상도 세계적인 랜드마크 중 하나다. 이제는 뉴욕을 찾는 사람 대부분이 비행기를 이용하기 때문에 관광 코스에 넣어 일부러 찾아가지 않으면 보기 어렵게 됐지만, 비행기 이전 시대에는 미국에서 새 삶을 찾으려는 이주민 누구나 처음으로 마주쳐야 했던 뉴욕, 아니 미국의 상징이었다. 스스로 기회의 땅, 약속의 땅이라고 자부했던 미국인들이 외부인을 맞이할 때 던진 첫 번째 메시지가 바로 '자유'였던 셈이다.

잘 알려져 있다시피 자유의 여신상은 프랑스가 미국의 독립 100주년을 축하하기 위해 제공한 선물이다. 제막식이 열린 날이 1886년 10월 28일인데, 최초 발의된 날부터 계산하면 꼬박 21년이 걸린 작품이다. 여신상 아이디어가 처음 언급된 것은 1865년 여름에 열린 한 외교 모임에서였다. 법학자이자 정치학자였던 라불레Édouard Lefebvre de Laboulaye가 미국이 건국 이래로 모범적인 국가상을 보여줬기 때문에 독립 100주년을 기념해 우정의 선물을 제공하자는 제안을 했고, 이에 호응한 사람들이 수차례 모금운동을 펼쳐 50만 달러에 달하는 예산을 확보하는 데 성공했다.

여기서 궁금증이 생겼다. 100년이나 지난 미국의 독립을 '왜' 프랑스가 축하했을까? 그것도 정부 대 정부 차원이 아니라 민간 외교 차원에서 자발적인 모금 활동만으로 그 엄청난 예산을 확보할 수 있었을까? 프랑스 지식인들은 왜 그토록 미국을 동경했을까? 이런 의문들을 풀어야 자유의 여신상이 어떤 의미를 갖는지 알 수 있을 것 같았다.

자유여신상이 품고 있는 이야기

역사의 뿌리를 찾아보니 프랑스와 미국은 18세기 중반부터 밀착되기 시작했다. 당시 프랑스는 영국과 패권 다툼을 하며 사사건건 부딪히고 있었다. '7년 전쟁'^{1756~1763}에서 영국에게 패한 루이 15세는 다시 북아메리카로 전선을 확대해 영국과 맞붙었다. 그러나 전쟁에서 얻은 병으로 루이 15세가 죽고 루이 16세가 즉위할 즈음 북아메리카에서는 영국에 대한 독립전쟁이 시작됐다. 여러모로 통치 능력이 모자란 루이 16세는 취임하자마자 할아버지의 죽음을 복수하겠다는 일념으로 미국 독립군에게 거액을 원조했다. 원조액이 금화 20억 리브르였는데, 당시 프랑스 국민 700만 명의 식량과 주택을 해결할 수 있을 만큼의 돈이었다.

루이 16세의 전폭적인 지지를 받은 미국은 마침내 전쟁에서 승리하고 1783년 9월 3일 파리 조약을 기점으로 독립국의 지위를 얻었다. 하지만 프랑스는 과도한 전쟁지출로 국가 부도 위기에 내몰렸고, 국민들은 빈곤에 허덕이게 됐다. 이 문제를 해결한답시고 내놓은 새로운 조세 제도도 서민은 증세하고 부자는 감세하는 내용이라 성난 민심에 기름을 끼얹는 결과를 낳았다. 우리가 잘 아는 프랑스 대혁명의 기운이 바로 이 토양 위에서 솟아나기 시작했다.

한편 당시 프랑스 지식인들은 때마침 독립한 미국이 계몽주의의 이상이라고 여겼던 공화주의를 채택한 소식을 듣고 한껏 고무됐다. 국가 권력이 왕족과 귀족이 아닌 인민에게서 나와야 한다는 공화제가 관념이나 책 뿐만 아니라 현실에서 실현됐다는 사실에 열광했다. 프랑스 지식인들에게 미국은 왕정과 교회의 절대 권위에 맞서 계몽사상을 실천하고 있는 역사의 현장이었다. 루이 16세는 영국에 대한 복수심 때문에 미국을 도왔지만, 지식인들은 그 미국에게서 혁명의 가능성을 가늠하고 있었다.

미국 독립이 완성되고 6년 뒤인 1789년 6월 프랑스 파리에서는 테니

스코트 선서와 함께 국민회의Assemblée nationale가 조직됐고 한 달 뒤인 7월
에는 파리 시민들이 바스티유 감옥을 습격함으로써 프랑스대혁명이 시
작된다. 1791년 6월 루이 16세 가족이 오스트리아로 탈출하다가 실패한
사건을 계기로 프랑스에서도 공화제 도입이 본격적으로 논의되기 시작
한다. 1782년 8월 국민회의는 드디어 공화제 도입을 선포하고 1783년 1월
21일 루이 16세를 처형한 뒤 공화국 헌법을 발효시켰다.

그러나 프랑스의 공화제는 도입되자마자 역풍을 맞았다. 혁명정부를
지킨다는 명분으로 극단적인 공포정치를 펼쳤던 로베스피에르는 이듬해
내부 반란으로 처형됐고, 그 공백은 젊고 유능한 군인 나폴레옹 보나파
르트가 차지했다. 그는 공화국을 탄생시킨 국민회의를 해산시키고 종신
통령에 취임하더니 1804년 12월에 마침내 스스로 황제의 자리에 올랐다.

이후 프랑스 정치체제는 그야말로 엎치락 뒤치락이었다. 나폴레옹의
러시아 원정이 실패한 뒤 동맹군이 프랑스를 공격해 1814년에 파리를 함
락시켰고 부르봉 왕가의 루이 18세는 화려하게 복귀할 수 있었다. 1830년
에는 7월 혁명이 일어나 입헌군주제를 주창한 루이 필리프 1세가 왕위에
올랐고, 1848년에는 2월 혁명이 일어나 다시 공화정이 시작됐지만 같은
해 12월 대통령에 당선된 루이 나폴레옹 보나파르트(익히 알려진 나폴레옹과
무관한 사람이다)가 친위쿠데타를 일으켜 1852년 '나폴레옹 3세'라는 이름으
로 프랑스의 두 번째 황제가 됐다. 1870년부터 시작된 프랑스의 세 번째
공화국은 나폴레옹 3세가 프로이센-프랑스 전쟁(일명 보불전쟁)에서 패한 것
이 계기가 됐다. 이렇게 성립된 공화국체제는 2차 세계대전 때 독일에게
패하면서 잠시 끊겼다가 다시 부활해 오늘날에 이르고 있다.

미국으로 공수되기 전 프랑스에서 완성된
자유의 여신상 삽화 ⓒ위키피디아

다시 앞의 이야기로 돌아가 보자. 혁명과 반동이 반복되는 좌충우돌의 역사를 가진 프랑스 공화주의자들 눈에 프랑스의 도움으로 공화국을 세운 뒤 100년 동안이나 흔들림 없이 공화정 체제를 유지하고 있는 미국이 얼마나 대단하게 보였을까? 라불레가 최초로 아이디어를 냈던 1865년 당시 상황을 살펴보자. 그때는 나폴레옹 3세 황제가 지배하던 프랑스의 두 번째 제국 시대로 전제 정권이 시퍼렇게 살아있었지만, 대서양 건너 미국에서는 남북전쟁이 북부의 승리로 이제 막 끝났을 때였다. 이처럼 미국이 내전을 끝내며 굳건한 공화국으로 자리잡는 모습이 프랑스 공화주의자들에게는 크나큰 자극과 격려가 되었을 테고, 그 희망이 자유의 여신상이라는 구체적인 선물로 표현되었던 것이다.

21년에 걸친 자유의 여신상 프로젝트는 선물을 받을 미국뿐만 아니라 선물을 하는 프랑스에게도 적지 않은 자극이 되었던 것 같다. 1870년에 시작된 프로이센과 프랑스간 전쟁에서 나폴레옹 3세가 패한 후 승자 프로이센은 독일 제국을 건설했지만 패자 프랑스는 세 번째 공화국을 선택했다. 자유의 여신상 프로젝트 때문에 공화정이 성립됐다고 볼 수는 없겠지만, 이 프로젝트를 추진하고 또 모금에 응했던 수많은 사람들의 열망이 프랑스 공화국의 밑거름이 된 것은 사실일 것이다. 앞서 말했듯이 이후 프랑스는 다시는 왕정이나 제정으로 돌아가지 않았다.

자유의 여신상이 뉴욕 앞바다에 선보인 1886년은 프랑스와 미국 모두 자신감과 자부심에 가득 차 있던 시기였다. 그들은 동상 받침대에 새겨진 엠마 라자루스의 시처럼 세상의 모든 "지치고 가난하고 좌절하는 사람들"에게 "여기 와서 자유롭게 호흡하라"고 자신 있게 외쳤다. 두 나라가 지난 백여 년간 흘린 피와 땀, 시행착오에 대한 이야기와 세상을 향한 메시지가 이 동상에 압축돼 있는 것이다.

랜드마크에 응축된 이야기

아일랜드 수도 더블린의 상징적인 공간은 오코넬 거리O'Connell Street다. 18세기에 형성된 이 거리는 1916년 4월 부활절 봉기Easter Rising가 일어나면서 영국에 대한 아일랜드 독립운동의 중심지가 됐다. 이 거리의 중앙에는 거리 이름을 딴 아이리시 민족주의자 다니엘 오코넬부터 시작해 아일랜드 독립과 교육의 영웅들이 동상으로 만들어져 줄지어 서있다. 500미터 남짓한 이 거리를 꼼꼼하게 들여다만 봐도 아일랜드 역사를 일별할 수 있게 되어 있다.

그런데 2003년 1월에 이 동상들 사이로 120미터 높이의 뾰족한 첨탑 하나가 새로운 랜드마크로 들어섰다. 이 '더블린 첨탑Spire of Dublin'을 세우기로 한 2002년은 아일랜드가 자신들을 무려 800여 년간 지배한 영국의 1인당 국민소득을 처음으로 앞지른 해였다. 그 기쁨과 자부심이 하늘을 찌를 듯한 첨탑으로 절묘하게 표현된 것이다.

더구나 이 첨탑이 세워진 곳은 옛날 영국의 전쟁 영웅인 넬슨 제독을 기리는 동상이 높이 서있던 자리였다. 1809년에 세워진 넬슨 동상은 약 35미터 높이의 도리아식 기둥 위에 올려져 더블린 시내를 내려다 보고 있었다. 아일랜드 사람들 눈에 이 동상이 곱게 보일 리가 없었다. 아

아일랜드 경제 부흥의 상징인 더블린 첨탑 ©위키피디아

일랜드의 대표 시인 예이츠도 "이 동상은 전혀 아름답지 못하다"며 불편한 심경을 드러내기도 했다. 이 동상과 기둥은 결국 1966년 부활절 봉기 50주년 때 아일랜드공화국군[IRA]의 공격으로 산산조각이 났다. 이후 공터로 유지되다가 더블린 첨탑이 들어서게 된 것이다.

　흥미로운 것은 이 자리를 놓고 1990년대 말 국제 공모가 진행됐는데, 최종 당선작인 더블린 첨탑을 제안한 작가가 영국의 건축가 이안 리치[Ian

Ritchie Architect였다는 사실이다. 영국의 지배를 상징하던 동상과 기둥은 아일랜드공화국군이 허물었지만, 같은 자리에서 아일랜드의 발전을 상징할 첨탑은 영국 건축가가 세운 셈이다. 게다가 아일랜드공화국군IRA과 건축가 이안 리치IRA는 약자까지 동일해 세간에 화제가 됐다. 당시 더블린 정부가 이런 세부적인 상황까지 고려한 것인지는 알려져 있지 않지만, 사람들은 이런저런 에피소드들을 입에 올리며 더블린 첨탑 이야기하기를 즐겼다.

'자유의 여신상'과 '더블린 첨탑'은 이른바 도시의 랜드마크에 그 도시의 역사와 스토리를 상당히 응축할 수 있다는 사실을 보여준다. 잘 고안된 랜드마크는 그 도시가 겪었던 과거와 그 도시공동체가 지향하는 비전을 직관적이면서도 효과적으로 공감할 수 있게 도와준다. 물론 랜드마크가 항상 도시의 이야기를 담아내야 하는 것은 아니다. 단순히 크다는 이유로, 아름답다는 이유로, 신기하다는 이유로 랜드마크 역할을 훌륭하게 소화하는 구조물들도 많다. 다른 도시에는 없는, 그 도시만이 가지는 특징이 될 수 있다면 그 랜드마크는 나름대로 역할을 하고 있다고 평가해야 할 것이다.

그런데 도시 정부가 랜드마크와 관련해 가장 쉽게 빠지는 유혹 중에 하나는 바로 '크기 경쟁'이다. 특히 마땅히 내세울 만한 스토리가 없는 도시들이 이 경쟁에 집착하는 경향이 강하다. 세계적으로는 사막 위에 도시를 세운 아랍 국가 도시들이 유명하다. 현재 세계에서 가장 높은 빌딩은 아랍에미레이트의 두바이에 있는 부르즈 할리파할리파 타워다. 2010년초에 문을 연 이 빌딩은 지상만 163층에 높이가 830미터에 이른다. 이에 질세라 사우디아라비아의 관문 도시 제다에서는 2019년 완공을 목표로 현재 168층에 1007미터 높이의 부르즈 알 마물리카^{킹덤 타워}를 건축하고 있다. 넘치는 석유 달러로 가장 손쉽게 자기 존재감을 드러내는 방법을 택한 것 같다.

우리나라도 물론 예외가 아니다. 대부분의 지자체들이 새로운 지도자를 맞이하면 세계 최대(혹은 최초)나 아시아 최대(혹은 최초), 그것도 벅차면 국내 최대(최초)라도 만들어내기 위해 정말 많은 노력을 기울인다. 대부분이 크기 경쟁이다. 창원시의 새로운 랜드마크로 2014년에 개장한 진해 솔라타워를 소개하는 첫 번째 문장에도 "단일 건물로는 국내 최대 규모(600kW), 최대 높이(136m)의 태양광 발전시설을 갖추고 있다"는 홍보문구가 등장한다.

크기 말고 예술과 디자인으로 승부하는 랜드마크들도 많다. 역시 자기 스토리가 취약한 도시들이 그나마 부드럽고 세련된 방법을 모색했다고 평가할 만하다. 시드니의 오페라하우스가 대표적이고 스페인 빌바오의 구겐하임박물관은 쇠퇴하던 도시를 되살린 구세주 대접을 받고 있다. 이런 랜드마크에는 과거의 응축은 없지만 미래의 비전을 제시함으로써 새로운 도시 이야기를 만들어갈 가능성이 많다.

우리나라에도 빌바오의 구겐하임 모델을 본따 도심 한복판에 낯선 디자인의 건물을 지은 사례가 있다. 바로 이라크 출신의 영국 건축가 자하 하디드가 설계한 동대문디자인플라자^{DDP}가 그것이다. 초창기에 많은 비판과 걱정을 산 건물이지만, 워낙 입지가 좋아 방문객 수나 프로그램 유치 면에서 목표치를 이미 달성했다고 한다. 하지만 이 건물에 대한 아쉬움은 여전히 남는다. DDP가 들어선 동대문 운동장 부지는 쇠퇴하던 빌바오가 아니었기 때문이다. 이미 그 공간에 조선시대부터 내려오는 역사는 물론이고 대한민국 스포츠의 핵심적인 역사가 축적돼 있었다. 그 엄청난 스토리를 깡그리 무시하고 느닷없으면서도 낯선 디자인센터가 랜드마크로 들어서는 게 과연 타당했는지에 대한 논란은 여전히 진행되고 있다.

우리나라 도시들은 중동 산유국의 도시들처럼 척박한 사막 위에 어느 날 갑자기 세운 것들이 아니다. 도시마다 세워진 역사 박물관들을 찾아보면 예외 없이 선사 시대부터 지금까지의 역사를 다룬다. 한반도 구석구석은 수천년 동안 단 한 번도 사람이 살지 않았던 곳이 없을 정도로 인문의 역사가 축적되어 있다. 짧게 대한민국 시대의 역사만 살피더라도 역동적인 스토리를 갖고 있지 않은 도시가 없을 정도다. 일제에서 벗어나자마자 열강의 지배를 받으며 분단을 경험했고, 동족상잔의 한국 전쟁을 거쳐 산업화와 민주화를 거쳐온 압축된 스토리를 가지고 있는 도시 아니던가?

이런 관점들을 받아들인다면 우리나라 도시들이 추구해야 할 랜드마크 정책도 이제는 바뀌어야 하지 않을까? 오일머니로 중무장한 사우디 제다의 킹덤 타워와 높이 경쟁을 계속 하기 보다는, 스페인 빌바오처럼 낯설고 새로운 디자인으로 사람들의 이목을 집중시키는 데만 집중하기 보다는, 자유의 여신상이나 더블린의 첨탑처럼 공동체가 간직한 이야기들을 응축하는 새로운 상징물을 만들어내는 것이 우리나라 도시들에게 더 바람직하지 않을까?

7장

성스러운 시간과 특별한 사건

영화 〈국제시장〉에서 논란이 된 한 장면이 있다. 해외 파견 문제로 주인공 부부가 언쟁을 벌이고 있는데 마침 애국가가 울려퍼지며 국기하강식이 시작된다. 남편이 먼저 몸을 돌려 국기에 대한 예를 표하자 부인도 마지 못해 일어서는 모습이다. 대통령이 이 장면을 국무회의에서 언급하면서 논란이 시작됐다. 제4공화국과 제5공화국 때처럼 국기게양식과 하강식을 부활해야 한다는 주장이 곧이어 나왔고, 이런 분위기를 어이 없어 하는 사람들은 영화의 그 장면이 오히려 국가주의를 풍자하는 것이었다고 비판했다.

여기서 영화감독의 의중을 따지자는 것은 아니다. 국기하강식은 우리 현대사의 한 장면이었다. 국가권력이 정한 의식Ritual을 시민의 일상 속에 강제한 사례였다. 매일 오후 6시(동절기엔 5시) 전국 방방곡곡에 애국가가 울려 퍼지면 한 사람도 예외 없이 멈춰서서 태극기가 내려오는 장면을 가슴에 손을 얹고 지켜봐야 했다. 정통성이 부족했던 권위주의 정권은 그 의식을 통해 정권 친화적인 '애국'을 선전하고 그것을 국민들의 삶속에 내면화시키려고 애썼다.

공식석상에서 이 장면을 언급한 당시 박근혜 대통령은 "그렇게 해야 나라라는 소중한 '공동체'가 건전하게 어떤 역경 속에서도 발전해나갈 수 있는 것이 아니겠느냐"라고 말했다. 이런 의식이 나라라는 공동체를 만드는 데 효과적이라고 본 것이다. 물론 그 공동체는 일반적인 개념의 나라 공동체가 아니라 '권위주의 정부가 원하는' 공동체일 것이다. 애국가와 태극기에 예를 표하는 대신 정권에 불평하지 않고 순응하는 공동체일 것이다.

국기하강식이라는 예가 썩 바람직한 것은 아니지만, 이처럼 '특별한 시간(혹은 성스러운 시간)'을 만들어 일상 속에 개입하는 것은 공동체를 조직하고 형성하는 데 매우 효과적인 전략이다. 특히 매일 반복되는 특별한 시간은 특정한 정체성을 만들어내는 강력한 지렛대 역할을 한다. 그래서 이 같은 '시간 전략'은 일반적인 국가보다는 종교성을 강하게 띠는 전체주의적인 국가에서 자주 발견된다. 물론 종교 부문에서 가장 잘 드러나는 것 또한 사실이다.

특별한 시간 전략과 공동체의 정체성

현존하는 고등종교 중에 특별한 시간 전략으로 공동체의 정체성을 견고하게 만들어내는 데 성공하고 있는 종교는 단연 이슬람이다. 이슬람을 믿는 무슬림의 5대 의무를 '다섯 기둥'이라고 표현하는데, 그 중에 두 번째인 기도^{쌀라·Salah}는 매일 다섯 번의 기도를 하게 되어 있다. 새벽기도, 낮

이슬람의 5대 의무 중 하나인 매일 다섯 차례 기도 'Salah' ©플리커

기도, 오후기도, 석양기도, 그리고 밤기도가 그것들이다.

새벽기도는 검은실과 흰실 중에 흰실이 눈에 띄는 미명에 시작하고, 낮기도는 태양이 천정에 이르러 그림자가 제일 짧은 시점에, 오후기도는 그림자 길이가 정오 때보다 자기 키만큼 더 길어졌을 때, 석양기도는 해가 지평선에 걸릴 때, 밤기도는 잠자리에 들기 전에 한다. 이슬람 국가를 여행하면 새벽부터 저녁까지 기도 시간을 알리는 아잔 소리를 들을 수 있다.

무슬림들은 하루 다섯 번 이 시간에 성지 메카를 향해 절을 하며 쿠란의 개경장을 암송한다. 신앙심 깊은 무슬림들은 여행 중이라도 기도 시간을 맞춰 자리를 깔고 메카 방향을 찾아 기도한다. 무슬림들의 스마트폰에는 그래서 기도 시간과 메카 방향을 알려주는 어플리케이션이 대부분 깔려 있다.

매일 반복하는 이 기도는 신과 인간 사이의 일대일 관계 속에서 하는 것이기도 하지만 동시에 무슬림 공동체를 확인하고 결속하는 강력한 장치가 되기도 한다. 이렇게 기도하는 전통은 이슬람이 창설된 이래 1500년 가까이 이어져 내려오면서 단 한 차례도 수정, 보완되지 않고 인종과 지역, 언어를 뛰어넘어 지켜지고 있다.

무슬림의 네 번째 의무인 단식사음·Sawm도 마찬가지다. 흔히 라마단금식성월이라고 부르는 이 단식 기간이 되면 무슬림들은 해가 뜨는 순간부터 질 때까지 일체의 음식과 물을 섭취하지 않는다. 1년 중 한 달간 낮시간 동안 금식을 규정함으로써 절대자의 존재를 생각하고 이웃의 고통에 동참하는 의식을 함께 하는 것이다. 이 의식도 개인의 영성뿐만 아니라 무슬림 공동체의 결속을 다지는 중요한 장치로 작동한다.

이슬람은 창시자 무함마드부터 '움마'라고 하는 신앙공동체를 매우 중요하게 여겼다. 유일신의 존재와 그 앞에서는 누구나 평등하다는 이 믿음의 공동체를 유지하기 위해 그들은 기도와 단식이라는 특별한 시간 전략을 마련해 놓았다. 이 장치들이 얼마나 위력적인지는 같은 유일신을 섬기는 기독교와 비교해보면 쉽게 알 수 있다. 기독교에도 주일 예배라는 시간 전략을 가지고는 있지만 이슬람의 매일 다섯 번 기도 같은 강력한 구속력을 가지지는 못한다. 그 결과는 젊은이들은 대부분 떠나고 소수의 노인만이 자리를 지키고 있는 오늘날 유럽 교회와 성당들이라 할 수 있다.

시간 전략에 투영된 세계관

이처럼 시간 전략은 공동체의 세계관을 표현하고 정체성을 관리하는 효과적인 도구다. 독재정권의 국기하강식처럼 모든 시간 전략이 성공하는 것은 아니지만, 이슬람의 기도와 단식처럼 성공하는 시간 전략은 공동체를 유지하는 매우 강력한 동력이 된다. 그래서 인류는 고대로부터 자기들만의 시간을 지배하고 싶어 했다.

우리가 현재 사용하고 있는 달력(양력)은 그레고리우스력이다. 기원전 46년에 카이사르가 제정한 율리우스력을 교황 그레고리우스 13세가 1582년에 개정한 것이다. 카이사르의 율리우스력은 1년을 365.25일로 측정하고 평년을 365일에 4년마다 하루를 더하는 윤년을 두는 방식이었다. 하지만 실제 1년은 365.2422일이었고, 그 오차인 11분 14초가 누적돼 16세기 르네상스 시대에는 실제와 열흘 차이가 나게 됐다. 예를 들어 천문학적인 춘분이 달력상의 춘분인 3월 21일이 아니라 3월 11일에 이뤄지게 된 것이다. 그래서 그레고리우스 13세는 윤년 규칙을 개선한다. 기존 4년마다 반복되는 윤년은 그대로 두되 100년으로 나눠지는 해에는 윤년을 없애고 400으로 나눠지는 해에는 다시 윤년을 두는 방식으로 오차를 줄인 것이다.

하지만 달력에는 과학적인 이유만 반영된 것은 아니다. 시간 단위 중에 가장 인위적인 1주일이 대표적이다. 하루는 해가 뜨고 지는 걸 기준으로 하고, 한 달은 달이 변화하는 주기를 기준으로 한 것이며, 한 해는 지구가 태양을 한 바퀴 도는 시간을 기준으로 삼지만 1주일만큼은 그 어떤 자연현상 없이 인위적으로 나뉘어진 시간이다. 〈달력과 권력〉을 쓴 이정모에 따르면 7일을 1주일의 단위로 삼은 것은 바빌로니아 포로 생활에서 귀환한 칼데아인들이 창세기의 천지창조를 기록한 것이 처음이었다(이후 달력 관련 이야기는 이 책을 참고했다. 필자 주). 5일을 1주일로 삼은 바빌로니아 사람들과 10일을 한 주로 봤던 중국 등 동아시아 나라들도 있었지만, 로마 제국이 1주일 체제를 받아들이면서 오늘날 전세계가 7일 단위의 1주일을 사용하고 있다.

시간은 곧 권력을 상징하기도 했다. 현대 달력의 기초라고 할 수 있는 율리우스력이 완성된 달에 로마 원로원은 7월을 가리키는 퀸틸리스라는 이름 대신 카이사르의 이름인 율리우스로 부르기로 해 오늘날의 줄라이^{July}가 됐고, 곧이어 아우구스투스가 단행한 달력 개혁도 칭송해 8월을 아우구스투스라 이름 붙여 오늘날의 오거스트^{August}가 됐다.

예수탄생을 기원으로 삼는 관행도 초기 기독교도들이 유대인의 달력 대신 율리우스력을 받아들이면서 시작됐고, 콘스탄티누스 황제가 313년 기독교를 공인하면서 본격적으로 적용되기 시작했다. 따라서 현재 우리가 쓰는 시간 단위에는 기독교와 로마문명의 세계관이 반영되어 있다고 말할 수 있다.

우리나라도 예외는 아니다. 일제에서 해방되면서 우리나라는 그레고리우스력의 뼈대는 가져오되 '서기' 대신 '단기檀紀'를 공용 연호로 한동안 사용했다. 대한민국의 정체성을 단군기원에서 찾겠다는 신념이 반영된 것이었다. 그러나 1961년 쿠데타 이후 수립된 군사정부는 단기를 폐지하고 서기를 채택한 뒤 오늘에 이르고 있다. 단군을 기원으로 삼는 세계관이 군사정부에게는 불편했기 때문일 것이다.

혁명 정부의 무모한 시간 전략

이처럼 새로운 세계관을 가진 세력이 권력을 잡을 때 자기만의 시간 전략을 관철시키고 싶어 한다. 특히 혁명이 일어날 때 그랬다. 프랑스의 혁명가들은 미터법을 제정해 일상 생활을 혁신하는 데 성공했다. 극소수 국가를 제외한 세계 모든 국가가 사용하고 있는 미터법은 프랑스혁명에 빚을 지고 있다.

미터법의 성공에 고무된 혁명가들은 자신들만의 시간 전략을 담은 새로운 달력을 반포했다. 그들이 그레고리우스력의 문제점으로 꼽은 것은 한 달의 길이가 28일부터 31일까지 들쭉날쭉하고 한 주를 7일로 잡아서 매년 한 날의 요일이 바뀐다는 것이었다. 그러나 실질적으로는 구체제를 상징하는 교회의 세계관을 해체하려는 목적이었다.

그래서 혁명가들은 7일 단위의 1주일을 없애고 10진법을 적용해 10일을 하나의 데카드Decade라고 불렀다. 요일 이름도 없애고 숫자를 붙여 1요

프랑스혁명 정부는 공화국 달력으로
기독교세계관을 해체하고 싶어 했다. ©위키피디아

일, 2요일과 같은 방식으로 불렀고 마지막 10요일을 휴일로 삼았다. 1년을 모두 30일씩 갖는 열두 달로 나누고 달마다 프랑스의 기후와 농사 주기를 상징하는 이름을 붙였다. 1월은 포도수확의 달^{방데미에르}, 2월은 안개의 달^{브뤼메르}, 3월은 서리의 달^{프리메르}과 같은 방식이었다. 열두 달에 포함되지 않는 5일은 프랑스 혁명의 주축세력 이름을 따서 '상퀼로티드'라고 불렀다.

하루를 나누는 시간도 10진법을 적용해 24시간이 아니라 자정부터 정오까지를 10시간으로 나누고, 한 시간도 60분이 아닌 100분, 1분은 100초로 나눴다. 당연히 그리스도 탄생을 기원으로 하는 연도도 폐지됐다. 연도는 혁명이 일어난 1792년 9월 22일부터 세어나가기로 하고 '공화력'이라고 이름을 붙였다. 그러나 이 달력은 나폴레옹 보나파르트가 권력을 잡으면서 순식간에 사라졌다. 나폴레옹은 공화국 13년 눈의 달 13일^{1806년 1월 1일}에 혁명달력을 폐지하고 그레고리우스 달력으로 돌아갔다. 새로운 권력이 등장하기도 했지만 7일이 아닌 10일만에 돌아오는 휴일 때문에 민중들이 불만이 컸기 때문이기도 했다.

1922년 10월 28일 로마 행진에 성공해 이탈리아의 권력을 잡는 데 성공한 무솔리니도 자기 달력을 갖고 싶어 했다. 그는 '파쇼'라는 새로운 연호를 만들고 로마 행진일을 새해 첫날로 정했다. 하지만 당시 이탈리아 사회는 파쇼 달력과 그레고리우스 달력을 병행하는 융통성을 부렸고, 2차 대전 중에 파쇼 정권이 무너지면서 이 달력도 함께 사라졌다.

러시아 혁명을 성공시킨 소비에트 공화국도 예외는 아니었다. 1917년 볼셰비키 혁명이 성공한 뒤 레닌은 기존의 율리우스력을 폐지하고 서방과 같은 그레고리우스력을 받아들였지만, 1929년에 서기장이었던 스탈린은 달력 개혁을 과감하게 추진했다. 스탈린이 추구한 달력 개혁은 오로지 '생산성'을 높이기 위한 것, 즉 기계를 멈추지 않게 하기 위한 것이었다.

소비에트 달력은 토요일과 일요일을 폐지하고 1주일을 5일로 정했다. 덕분에 1년은 72주가 되고 한달은 6주가 되었다. 남는 5일은 1년 중에 분산시켜 국경일로 삼았다. 노동자들은 요일별로 휴일을 지정 받는 방식이어서 이론적으로 20%는 항상 쉬고 80%는 항상 일하게 되니 공장이 멈추지 않고 돌아간다는 발상이었다. 그러나 현실은 이상과는 거리가 멀었다. 기계적으로 배치된 휴일은 노동자들의 일상뿐만 아니라 협업 자체를 불가능하게 만들어 생산성마저도 엉망으로 만들었다. 스탈린은 문제점을 보완해 1931년에 6일제 달력을 발표했지만 10년을 못 채우고 1940년에 다시 그레고리우스력으로 돌아갔다.

도시의 시간, 시민의 시간

이처럼 특별한 시간 전략은 성공한 사례보다 훨씬 많은 실패 사례를 갖고 있다. 그러나 독자적인 공동체를 추구하는 집단에게 시간 전략은 여전히 매력적이고 도전해볼 만한 과제임이 분명하다. 특히 자기만의 이야기를 간직하려는 도시공동체라면 자기 도시만의 시간 전략을 수립해볼 필요가 있다.

사실 우리는 그레고리우스력에 따른 일상을 살아가고 있지만 한꺼풀 벗겨보면 저마다의 시간을 나름대로 만들어가고 있다. 웬만한 도시마다 지키고 있는 '제OO회 시(군)민의날'이 대표적인 사례다. 마치 임금에 따라 연호를 붙이듯이 그 도시의 나이를 숫자로 표현하는 것이다. 도시를 상징하는 대표적인 축제가 있는 곳은 도시의 시간이 축제를 중심으로 조직된다. 'D-OO일'로 표현되는 알림판은 구성원들에게 도시의 시간이 어디로 흘러가야 하는지를 보여주는 사례다.

이처럼 도시들은 저마다 자기 정체성을 나타내기 위한 '특별하고 성스러운 시간'들을 가지고 있다. 도시 운영에 따른 나름의 달력, 즉 시간표도 가지고 있다. 그러나 그 시간들을 시민들이 어떻게 공유하고 체험하게 할 것인가 하는 문제는 또 다른 과제로 남아 있다. 도시의 시간과 시민의 시간은 과연 화학적으로 섞이고 있을까?

현재 대부분의 관주도 행사나 지역 대표 축제에서 시민들은 들러리나 구경꾼 이상의 역할을 못 찾고 있다. 도시가 중요하다고 여기는 시간과 시민이 중요하다고 여기는 시간이 일치하지 못하는 것이다. 어느새 물과 기름처럼 이질화된 도시와 시민의 시간을 다시 만나고 섞이게 하려면 도시의 시간을 전체적으로 다시 조직할 필요가 있다. 도시의 시간표에 시민을 동원할 게 아니라 시민의 시간표에 도시의 시간이 포함될 수 있는 방법을 모색해야 한다.

그 열쇠는 시민이 주체적으로 도시의 시간에 참여할 수 있는 기회와 역할을 제공하는 데 있다. 기획단계부터 준비과정, 그리고 특별한 시간을 제대로 즐긴 뒤 정리하는 과정까지 시민의 시간표에 기록될 수 있도

삼바축제가 열리는 도시의 시간은 축제를 기점으로 매년 갱신된다. ©위키피디아

록 노력해야 한다. 도시의 시간이 나의 시간이 되고, 나의 시간이 모여 도시의 시간이 된다는 확신이 커질 때 시민은 도시 공동체에 소속감을 느끼고 단단하게 결속될 것이다.

참고로 세계 최대의 축제로 평가 받는 리우 페스티벌을 떠올려보자. 이 카니발은 사순절 직전인 2월에서 3월초 사이에 개최된다. 수백 대 일의 경쟁을 뚫고 결선에 오른 삼바스쿨들은 저마다의 주제를 의상과, 춤, 음악, 행진차량 등으로 표현하며 한 시간에 가까운 퍼레이드를 펼친다. 리우데자이네루를 비롯해 삼바 축제가 열리는 도시들의 시간은 철저하게 이 페스티벌을 중심으로 조직된다. 행사가 끝나자마자 수천 개의 삼바스쿨들을 비롯해 도시와 시민의 시계는 바로 이듬해 페스티벌에 맞춰져 카운트다운이 시작된다. 도시와 시민이 같은 달력, 같은 시간을 공유하는 것이다. 도시의 생기와 활력은 이처럼 도시와 시민의 시간이 일치할 때 발휘된다.

특별한 사건과 성스러운 시간

도시의 시간 전략은 특별한 사건과 연계될 때 강한 위력을 발휘한다. 특히 그 사건이 시민들에게 강인한 기억을 만들어낼수록 도시만의 시간이 창조될 가능성이 높다. 예를 들어 광주의 5월이 다른 도시의 5월과 같을 수 없다. 피흘린 민주화운동의 기억을 갖고 있는 광주시민에게 5월은 특별한 시간일수밖에 없다. 1981년 1주년을 시작으로 2017년은 37주년, 2018년은 38주년으로 매년 숫자를 더해가며 앞으로도 광주만의 시간은 흘러갈 것이다.

사건은 그 자체보다 시민들의 마음 속에 어떻게 기억되느냐가 매우 중요하다. 특히 비극적인 사건일수록 그러하다. 제대로 평가되고 정리되지 않을 때 비극적 사건은 대부분 집단적인 트라우마로 남아 공동체의 성장을 가로막는 걸림돌이 된다. 유태인이라는 이유로 나치 치하에서 고통을 받아야 했던 세계적인 정치철학자 한나 아렌트는 "모든 슬픔을 이야기로 만들거나, 그 이야기를 말할 수 있을 때 우리는 그 고통을 견딜 수 있다. 이야기는 견디기 어려운 사건의 의미를 드러낸다."고 말했다. 제대로 이야기된 고통은 건강한 기억으로 공동체의 성장에 기여할 수 있다.

다행히 광주의 5월은 시민들에게 아픔이면서 동시에 자기 존엄을 지켜낸 자랑스러운 장면으로 기억되고 있다. 민주 정부가 들어선 뒤 자료를 모으고 관련 기념사업을 적극적으로 펼쳐 제대로 '이야기된' 결과다. 반면 제주의 4월은 제주도민들에게 여전히 풀지 못한 숙제로 남아 있는 것 같다. 노무현 대통령 시절 한 차례 정부 차원의 사과가 있었고, '제주 4·3 평화기념관' 같은 시설도 만들어졌지만, 여전히 제주 사람들 상당수는 4월을 입에 올리기 조심스러워 한다. 이미 70년 가까이 시간이 흘렀지만 고통의 터널에서 아직 빠져나오지 못한 느낌이다.

그렇다면 특별한 사건이 발생했을 때 우리는 어떻게 격동의 터널을 통과해 하나의 스토리로 만들어내야 할까? 정답이 따로 있지는 않지만 2013년의 보스턴 마라톤 테러 사건은 중요한 사례 중의 하나로 살펴볼 필요가 있다. 때는 4월 15일 세계적으로도 유명한 체육축제인 보스턴 국제마라톤 대회가 마무리를 앞두고 있던 오후 2시 49분경 결승선 부근에서 강력한 폭발음이 들렸다. 전체 참가자 2만 3,000여 명 중 4분의 3이 결승선을 지난 시점이었다. 이 폭발로 3명이 죽고 260여 명이 부상을 입었다.

피해 규모도 적지 않았지만 미국 전체가 받은 심리적인 충격이 훨씬 컸다. 미국은 2001년에 뉴욕 쌍둥이 빌딩이 비행기 테러를 당한 기억을 생생하게 가지고 있었다. 전쟁이 일어나지 않는 안전한 본토에서 살아간다는 믿음이 뿌리째 흔들린 사건이었다.

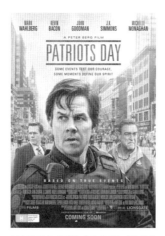

보스턴 국제 마라톤 테러 사건을 다룬 영화
〈페트리어트 데이〉

그로부터 10여 년 뒤 다시 본토 대도시 한복판에서 테러가 일어났다. 뉴욕 테러보다 훨씬 작은 규모였지만 자라보고 놀란 가슴 솥두껑 보고 놀란다는 말처럼 심리적인 충격은 어마어마했다.

다행히 사고는 신속하게 수습됐다. 범인은 범행 닷새 뒤인 4월 19일 저녁에 검거됐다. 이 신속한 대처에 근사한 '해석'이 뒤따랐다. 하바드대학교 케네디스쿨이 1년 뒤 보고서를 발표했는데, 그 공을 미국 의회가 2002년에 시작한 국가사고관리시스템^{NIMS}에 돌린 것이다. 이 시스템은 위기가 발생했을 때 소속 부서와 지역이 다르더라도 유기적으로 협력해 일관된 대응체제를 가동할 수 있게 하자는 것인데 보스톤 마라톤 테러에서 제대로 작동했다는 것이다. 비록 테러는 일어났지만 미국민은 안심할 근거를 찾았다.

사고 당시 보스턴 경찰서장이었던 에드 데이비스^{Ed Davis}의 유연한 리더십도 높이 평가를 받았다. 2006년에 부임한 데이비스는 '커뮤니티 폴리싱^{Community Policing}'이라는 정책을 강하게 추진했다. 시민 목소리를 경청하고 시민과 상호커뮤니케이션을 확대하기 위해 소셜미디어 소통에만 6명을 배치하고 전권을 부여했다. 기존에 언론만 접촉하고 시민에겐 결과만 통보하던 폐쇄적인 소통 울타리를 활짝 열어젖혔다. 이처럼 경찰과 시민 사이에 긴밀하게 연결된 신뢰 하부구조가 제대로 작동하면서 범인은 보스톤 시 경계를 벗어나는 데 실패했다.

시민들의 자발적인 캠페인은 가장 감동적인 장면을 연출했다. 폭탄 테러가 발생하고 불과 두 시간 뒤 에머슨 대학교의 디자인과 학생인 닉 레이놀즈와 크리스 도번스가 '보스톤은 강하다^{Boston Strong}'라는 메시지를 담은 티셔츠를 디자인해 내놓았는데 당일 모두 판매되는 반향이 일어났고, 1주일만에 3만 7,000여 장이나 판매되는 성과를 올렸다. 학생들이 저작권을 개방한 탓에 '보스톤 스트롱'은 다양한 디자인과 아이템으로 오랫동안 보스톤 시내를 가득 메울 수 있었다. 비록 도로 한복판에서 폭탄 테러가 일어났지만 보스톤 시민들은 주문처럼 '보스톤 스트롱'을 되새기며 용기를 내고 결속을 다졌다.

이처럼 2002년에 마련된 재난대응시스템, 데이비드 서장의 개방적 소통정책, 거기에 시민들이 직접 만든 슬로건이 시너지를 내면서 시민들도 공포에서 빠져나와 새로운 서사를 써내려갈 수 있었다. 보스톤 마라톤 대회도 공포와 두려움의 이미지가 아니라 용기와 도전의 상징으로 승화되면서 이듬해 더 크고 활기찬 축제로 성장했다.

특별한 사건은 예고 없이 찾아온다. 사건의 크기에 따라 도시공동체가 큰 위기에 빠지기도 한다. 하지만 특별한 사건은 대응과 사후 처리 방식에 따라 도시공동체를 다시 결속시키는 절호의 기회가 되기도 한다. 비극적인 사건 자체가 일어나지 않으면 좋겠지만, 그 운명을 막을 수 없다면 능동적으로 위기에 대응하고 대처하는 능력을 키워야 한다. 위기 극복의 과정은 그 자체로 공동체가 새로운 서사를 창조할 수 있는 소중한 기회이기 때문이다.

8장

축제

세계 3대 축제 중에 하나로 평가받는 '라 토마티나 축제'는 인구 1만 명 정도 되는 스페인 산골 도시 부뇰Buñol에서 매년 여름에 개최된다. 정확하게는 8월 마지막주 수요일 오전 11시 마을 입구 비누칠한 기둥 꼭대기에 매달린 햄을 누군가가 기어올라 따내는 순간부터 축제가 시작된다. 마을 안 길은 이미 수만 명으로 발 디딜 틈 없이 가득 차 있고 그 사이로 토마토를 가득 실은 트럭 여러 대가 천천히 지나간다. 트럭 짐칸에 올라가 있는 스탭들이 사람들을 향해 토마토를 던지기 시작하면서 축제의 열기는 한껏 고조된다. 멈춰선 트럭에서 토마토가 쏟아지면서 만인에 대한 만인의 토마토 투척 전쟁이 벌어진다.

(조금이라도 덜 아프라고) '토마토를 던지기 전에 으깨라'는 규칙이 있지만, 사전 정보 없이 뒤엉킨 장면만 보면 사람도 길도 선홍이 낭자하다. 비주얼만 떼놓고 보면 더 없이 잔혹하다. 그러나 실상은 생각보다 안전하고 또 더 없이 즐겁다. "침몰하지 않는다는 보장만 있다면 폭풍우 속 배가 오히려 즐겁다"는 마르틴 루터의 말처럼, 속은 전혀 폭력적이지 않지만 겉은 더 없이 잔혹해 보이기에 사람들은 이 축제에 미친 듯이 몰입한다.

그러나 고작해야 한 시간이다. 두 번째 경고 폭죽이 터지는 순간 거리의 전사들은 토마토 던지기를 멈춰야 한다. 그때부터는 모두 친구가 된다. 길바닥을 흥건하게 채운 토마토 국물에 몸을 던지며 바다 헤엄을 치기도 하고 서로의 얼굴과 몸을 토마토 덩어리로 마사지해주기도 한다. 치열했던 한 시간여 전투를 나름의 방법으로 음미하는 것일 테다.

대부분 나이가 든 동네 주민들은 골목 뒤쪽이나 꼭대기 창가에서 이 우스꽝스러운 전쟁을 구경한다. 세계 각지에서 모여든 젊은 관광객들이 토마토 범벅이 돼가는 모습을 보며 그들은 흐뭇한 추억에 빠진다. 그들도 젊었을 때는 바로 그 골목에서 그 짓(?)을 한 주인공이었기 때문이다. 전투가 끝나면 주민들은 각자 집에서 호스를 꺼내와 토마토 범벅이 된 젊은이들을 씻겨준다. 그리고 관광객이 떠난 마을 안길을 모두 나와 청소하기 시작한다. 그렇게 한 나절의 축제는 끝나고 부뇰은 금세 일상을 되찾는다.

엉뚱하게 시작된 축제

이 축제는 사실 엉뚱하게 시작됐다. 1945년 8월 마지막 수요일 부뇰 거리에서는 '거인과 큰 머리Giants and Big-Heads 가장 행렬'이 진행되고 있었다. 이 행진을 뒤따르려 한 무리의 청년들이 성급하게 행렬에 끼어들다가 참가자 한 명을 쓰러트리게 된다. 화가 난 참가자는 닥치는 대로 부수기 시작했고, 마침 근처에 있던 채소 판매대가 성난 무리의 희생양이 됐다. 그

중에서도 가장 만만했던 게 바로 토마토 던지기였는데, 그 기세가 어찌나 맹렬했던지 지방 경찰이 출동하고서야 겨우 그쳤다고 한다.

그 경험이 실로 짜릿했나 보다. 토마토 전투에 참가했던 젊은이들은 이듬해 손수 토마토를 준비해와 같은 날 전투를 벌였다. 경찰이 보기에는 동네 패싸움이었던 것 같다. 50년대 초까지 이 '싸움'을 경찰은 금지시켰다. 불응하는 청년들은 심지어 체포하기도 했다. 그러나 부뇰 시민들은 경찰에 항의를 했고 토마토 싸움은 다시 시작됐다. 물론 다시 시작된 토마토 싸움은 훨씬 뜨거웠다.

뜨겁다는 것은 행정 당국 입장에선 그만큼 위험해 보일 수 있다. 행정 당국은 다시 1957년까지 이 싸움질을 금지켰다. 시민들은 또 일어났다. 이번에는 퍼포먼스였다. 시민들은 검은색 상복을 갖춰 입고 토마토를 잔뜩 넣은 관을 메고 '토마토 장례식'을 벌였다. 장송곡을 연주하는 브라스밴드가 뒤를 이었다. 효과 만점이었다. 이를 기점으로 동네 청년들이 욱해서 시작된 토마토 싸움은 '라 토마티나La Tomatina'라는 축제로 승화됐다.

이 축제는 1983년 한 스페인 TV 프로그램에 소개되면서 유명세를 타기 시작했다. 이후로 스페인 전역에서 토마토 전쟁에 참전하기 위해 젊은이들이 부뇰로 모여들기 시작했고, 지금은 스페인뿐만 아니라 전세계에서 이 경험을 하기 위해 관광객들이 모여들고 있다. 최근에는 그 숫자가 5만여 명에 육박하고 있다고 한다. 부뇰 전체 시민의 다섯 배가 넘는 관광객이 매년 토마토 전투를 즐기러 찾아오는 것이다. 축제를 만든 주인공들은 이제 노인이 돼 마을을 지키고 있다. 젊었을 때 천지 모르고 덤

토마토 축제가 금지됐을 때
상복을 차려 입고 장례식 퍼포먼스를 펼치는
부뇰 시민들 ⓒ라 토마티나 홈페이지

라 토마티나 축제 현장 ⓒ위키피디아

벴던 모습 그대로 전세계 젊은이들이 즐기고 있으니 그 감회가 얼마나 깊을까?

관광 도시? 축제 도시!

그런데 세계적인 축제를 보유한 이 도시가 우리가 흔히 아는 '관광도시'가 아니라는 점은 생각해볼 필요가 있다. 부뇰에는 변변한 관광 인프라가 없다. 호텔이라고 이름 붙은 곳이 한 군데 있지만 우리나라의 웬만한 모텔 크기밖에 안 된다. 축제 공식 홈페이지에서 소개하는 숙소가 세 군데 더 있지만 모두 여인숙이나 민박 수준이다.

머물 공간이 없으니 돈 쓸 공간도 많지 않다. 부뇰의 서비스 공간은 1만 명 시민의 수요에 맞춰져 있다. 고급 쇼핑몰도 대형 상권도 존재하지 않는다. 인구 규모로는 우리나라의 읍내 정도로 생각하면 되겠다. 1만 명이 살아가기에 적당할 만큼의 경제생태계를 이루고 있는 것이다.

그러니 1년 중 하루 5만 명이나 다녀가는 축제가 열려도 동네 경제에 특별히 도움이 되지 않는다. 아무리 사람들이 많이 찾아 와도 돈 쓸 데가 없는 것이다. 몇몇 잡화상들이야 반짝 매상을 기대할 수 있겠지만, 그래봤자 하루이고 나머지는 득 볼 일이 없다. 그렇다고 부뇰이 토마토 산지도 아니다. 축제에 쓰이는 토마토는 모두 다른 지역에서 사온다. 축제 한 번에 100만 개 정도 약 100톤 무게의 토마토를 가져오는데 약 3,000만 원 가까이를 들여야 한다.

관광객들은 주로 42킬로미터 떨어진 지중해 연안의 발렌시아에 머문다. 토마토 축제에 참가하러 왔어도 돈은 대부분 발렌시아에 쓰고 가는 셈이다. 축제 입장료로 10유로를 받으니 5만 명이라고 추산할 때 우리 돈으로 약 6억 5,000만 원의 수익이 생기기는 하지만, 관광객들이 쓰는 전체 돈에 비하면 새발의 피다.

반대로 귀찮은 일은 많다. 축제가 있기 전에는 건물 전면을 (토마토가 범벅이 되지 않게) 비닐 등으로 감싸야 하고, 몰려드는 외지인들 수발을 들어야 한다. 축제가 끝난 뒤에는 참가자들을 씻겨주기도 하고, 그 전쟁터를 깨끗하게 청소하기도 해야 한다. 부뇰 시민들 입장에서 보면 경제적으로 득 되는 건 없고 귀찮은 일은 많이 생기는 게 축제인 셈이다.

상상해보자. 우리나라 도시 같으면 어땠을까? 아무개 읍에서 생긴 축제가 부뇰의 토마토 축제처럼 졸지에 세계적인 유명세를 타게 된다면 그 읍은 어떻게 바뀔까? 과연 부뇰처럼 성대한 축제와는 별개로 마을의 정체성과 생활 공간을 지켜낼 수 있을까? 아니면 각종 투기자본이 몰려들면서 토지와 임대 가격이 가파르게 오르고, 카페와 술집, 그리고 모텔 등 각종 유흥상업시설이 들이닥치지는 않을까?

현실 속의 우리 도시들이 보여주는 사례들은 부뇰 같은 미래를 기대하기 어렵게 만들고 있다. '세간의 주목 〉 대중 미디어 노출 〉 대중적 인기 〉 모여드는 인파 〉 임대료상승 〉 투기자본유입 〉 젠트리피케이션'으로 이어지는 흐름은 이미 대한민국 도시들이 겪는 공식이 돼가고 있다. 서울에도 한옥마을로 유명한 북촌에 이어 서촌까지 미디어의 주목 받게 되자 외지인들이 땅과 집을 사들이기 시작하며 동네 풍경이 빠르게 바뀌고 있다는 비판이 인다. 평온한 주거환경 때문에 서촌을 선택한 사람들이 심각한 고민에 빠지고 있다는 보도도 잇따른다.

다시 한 번 짚어보자. 부뇰 시민들은 세계적인 축제를 보유했음에도 불구하고 왜 관광도시로 발전하는 길을 선택하지 않았을까? 생각하기에 따라서 축제가 훌륭한 경제적인 기회가 될 수 있었지만, 그들은 마을의 기본과 공동체를 지키는 데 집중했다. 그렇다면 부뇰 시민들은 경제적인 효과도 미비한 축제를 왜 매년 개최하는 걸까? 부뇰 시민에게 축제는 무엇일까?

축제는 성스러운 시간의 재현

공간을 이야기하면서 성과 속을 논했듯이 시간에도 성스러운 시간과 세속적인 시간이 존재한다. 공동체는 성스러운 시간을 일상 속에서 재현하면서 본질적인 정체성을 환기시키려는 의지를 가지고 있다. 그 성스러운 시간을 세속적인 시간 속에서 재현하는 의식이 바로 축제다. 축제라는 의례의 도움을 받아 일상 속에서 성스러운 때로 시간여행을 떠나는 것이다.

축제가 재현하는 시간은 바로 '원초적인 시간'이다. 대개는 신화의 출발점인 '태초'에 일어난 사건을 현실 속에 재현된다. 그래서 축제는 다분히 종교적인 성격을 갖는다. 매일 반복되는 일상에서 공동체의 근원을 재현함으로써 정체성을 확인하는 과정이 바로 축제의 본질인 것이다. 예를 들어 성당에서 매주 미사를 지내며 영성체를 하는 것은 기독교의 가장 성스러운 시간이라 할 수 있는 예수의 '최후의 만찬'을 재현한 것이다. 올림픽이나 전국체전을 개최할 때 성화를 굳이 그리스 올림피아와 강화도 마니산에서 채화하는 것도 그 기원을 확인하는 의례인 것이다.

축제는 또한 '원시 시간의 회복'을 의미하기도 한다. 종교학자 알리아데는 그의 대표작 〈성과 속〉에서 "고대 문화에서 세계는 새로운 해가 될 때마다 원초의 신성성을 회복한다"고 말했다. 각각의 종교가 설정한 새해는 우주 창조를 재현하는 의미를 갖는다는 것이다. 그래서 신년 축제에는 보통 순수한 시간을 회복하기 위한 정화의 의식, 속죄를 위한 희생이 뒤따른다. 축제가 끝났을 때 공동체는 이전과는 다른 존재로 평가 받는다. 이전 과오를 씻고 새로운 공동체로 태어난 것이다.

따라서 우리는 축제를 살펴볼 때 겉으로 드러난 형태가 아니라 축제에 구현하려는 '성스러운 시간'에 집중할 필요가 있다. 공동체의 시작과 본질을 알려주는 시간, 공동체가 회귀해서 다시 새롭게 태어나 새 시작을 하고 싶어 하는 바로 그 시간에 축제가 제대로 집중하고 있는지를 꼼꼼하게 살펴야 한다. 바로 그 시간과 장면에 축제의 생명이 걸려 있다 해도 과언이 아니다.

물론 현대 사회의 축제들은 종교적인 색채가 상당히 퇴색된 경우가 많다. 하지만 일상이 아닌 '특별한 시간'을 재현하는 행사라는 측면에서는 본질을 공유하고 있다. 예를 들어 비종교인이라도 자기가 좋아하는 음악에 심취할 때, 누군가와 깊은 사랑에 빠져 있을 때, 특별한 이벤트의 주인공이 됐을 때, 그 시간들이 일상의 시간과 결코 같을 수 없는 것과 같은 이치다.

앞서 예를 들 부뇰의 라 토마티나 축제도 특별히 종교적인 시원을 갖고 있지는 않다. 그러나 부뇰 시민들에게는 1945년 여름날의 특별하면서도 아름다웠던 시간을 재현하는 장치로는 충분한 역할을 하고 있다. 그 시간은 우스꽝스러웠지만 재미 있고 또 행복했던 시간으로 부뇰 시민들에게 각인되어 있지 않을까? 그 가치를 소중하게 여기기에 부뇰 시가지를 관광지역으로 만들지 않고 생활공간으로 유지하려고 노력하고 있는 것 아닐까?

이처럼 성스러운 시간 혹은 아름다웠던 시간으로 축제를 통해 회귀하려는 활동을 단순히 반역사적이거나 현실도피적이라고 평가할 순 없다. 성스러운 시간으로 회기하려는 희망은 도피를 위한 움직임이라기 보다는 순수한 세계를 회복하려는 열망에 더 가깝기 때문이다. 따라서 제대로 된 축제는 공동체에 중요한 활력소 역할을 한다. 축제를 통해 공동체가 존재하는 이유를 확인하고, 또 앞으로 나아가야 할 방향도 정비할 수 있기 때문이다.

프랑스의 19세기말 사회학자인 에밀 뒤르켐은 그의 말년작 〈종교생활의 원초적 형태〉에서 토템 숭배를 집중적으로 연구했다. 그는 토템이 단순한 우상이 아니라고 강조한다. 토템은 공동체가 가지고 있는 핵심 가치를 대변하는 상징적인 존재다. 공동체의 구성원들은 일상적인 삶을 살다가도 특정 기간이 되면 토템을 중심으로 종교적인 제의에 참여한다.

생산과 생존에 얽매인 반복적 일상에서 벗어나 함께 모여 성스러운 행동을 하는 것 자체만으로도 공동체 구성원들은 개인을 초월한 '집합적인 흥분을 경험한다. 이 흥분을 축제라는 형태로 일정하게 반복함으로써 구성원들이 유기적으로 연대하고 있다는 정서를 공유하게 되고, 또 공동체 속에서의 자기 위치와 정체성을 유지해나갈 힘을 확보하는 것이다.

뒤르켐이 이처럼 종교의 사회적 기능에 주목한 것은 근대화된 사회 속에 걷잡을 수 없이 확산되는 개인의 소외 문제를 극복하기 위해서였다. 뒤르켐이 인간 소외의 극단이랄 수 있는 자살 문제에 천착했던 이유도 여기에 있다.(《자살론》(1897)) 그에게 있어서 자살은 가장 비사회적인 행위였다. 그가 내린 결론은 자살이 개인적인 요소(인종, 유전, 정신장애 등)가 아니라 사회적인 영향(사회 통합과 규제의 정도, 빈부 격차 등) 속에서 일어나는 사회적인 행위라는 것이었다.

21세기인 오늘날에도 뒤르켐의 통찰은 새겨 들을 대목이 많다. 우리는 왜 축제를 하는지에 대한 근본적인 질문을 던져볼 필요가 있다. 도시 브랜드와 지역경제 활성화로 포장된 축제 속에서 시민은 어디에 자리 잡을 수 있을까? 오늘날의 도시 축제 속에서 시민들은 과연 유기적으로 연대하고 결속되어 있다는 느낌을 받고 있을까? 축제를 치르고 나면 도시 공동체가 성스러운 가치로 갱신돼서 새롭게 미래를 열어갈 에너지를 충전할 수 있을까?

다시 스페인의 '라 토마티나'를 떠올려보자. 세계 3대 축제 중에 하나를 가지고 있는 도시 부뇰은 왜 관광인프라를 마련하는 데 소극적일까? 부뇰 시민들은 이런 호재를 가지고도 왜 부동산 사업에 뛰어들지 않는 걸까? 경제적인 이익은 제한적이고 불편한 일은 갈수록 많아지는데도 이 축제를 기꺼이 유지하는 이유는 무엇일까? 뒤르켐의 생각을 빌려 답한다면, 이 축제가 부뇰 시민들을 연대하게 하고, 결속시키는 데 매우 효과적인 장치이기 때문 아닐까? 관광 수익을 위해 공동체적 연대를 훼손시킬 수는 없다고 판단했기 때문 아닐까?

우리 축제는 안녕합니까?

축제는 시민들을 묶어줄 대표적인 '이야기 용광로'다. 저마다 다른 일상에서 벗어난 시민들이 축제라는 하나의 활동에 참여해 '집합적인 흥분'을 공유함으로써 '우리'라는 공동체의 정체성을 확인하는 시간이다. 원칙적으로는 그렇다.

그러나 오늘날 우리나라 도시 축제들 상당수는 공동체 구성원이자 축제의 주인인 시민에 대해 거의 고민하지 않고 있다. 조금 유명한 축제들은 외부 관광객 유치에 목숨을 거는 듯하고, 조금 덜 유명한 축제들은 시민을 그저 행사장에 와서 돈 쓰는 손님 정도로만 생각하는 것 같다. 축제라는 의식을 통해 공동체가 함께 추구해야 할 핵심 가치가 무엇인지, 시민 사회가 축제를 통해 이뤄내야 할 결속과 연대가 어떤 모습일지 도통 알 수가 없다. 그저 지역경제를 살릴 마케팅 이벤트 정도로 취급되는 것 같다.

축제를 통해 지역경제를 활성화시키자는 의지가 잘못됐다는 뜻은 아니다. 순서가 틀렸다는 것이다. 우리가 기대하는 경제활성화는 축제를 성공적으로 치렀을 때 따라오는 부수적인 결과여야 한다. 시민들이 축제를 기다리고 함께 즐기는 것이 우선이고, 그 모습과 분위기를 함께 느끼고 싶어 찾아오는 관광객이 그 다음이라는 뜻이다. 입장을 바꿔 생각해보면 쉽다. 아무개 축제를 구경하러 해외 여행을 떠난다고 가정해보자. 오로지 관광객들에게만 관심이 있고 현지인들은 떨떠름한 축제 현장이 얼마나 매력 있게 다가올까? 반대로 관광객 입장에선 좀 불편해도 현지 주민들이 열정적으로 축제 즐기는 모습을 볼 수 있다면 여행의 보람이 배가 되지 않을까?

축제는 장식이 아니다. 돈벌이를 위한 도구여서도 안 된다. 축제는 옛날에도 그랬던 것처럼 현대 사회에서도 공동체를 결속시키고 핵심 가치를 갱신하기 위한 필수 프로그램이어야 한다. 공동체 내부의 소외를 극복하고 연대와 결속을 다져야 하는 과제는 21세기라고 해서 희미해지지 않기 때문이다.

물론 현대 사회가 전통적인 의미의 종교가 지배하는 사회는 더 이상 아니다. 특히 한국처럼 다종교 사회에서는 하나의 종교로 시민공동체를 절대 묶어낼 수 없다. 하지만 그렇기 때문에 축제는 더 중요하게 다뤄져야 한다. 유교나 불교, 기독교 같은 단일 도그마를 강제할 수 없는 현대 다원 사회에서 공동체의 유기적인 연대와 조화, 그리고 결속을 이끌어낼 수 있는 방법을 축제에서 찾아야 하기 때문이다. 축제의 기획은 바로 여기에서 시작해야 한다.

도시 축제의 반면교사로 삼을 만한 사례가 있다. 바로 2015년에 열린 진주 남강유등축제다. 당시 진주시장은 축제 유료화를 선언하며 유등 행사장인 남강 주변에 2미터 높이의 가림막을 설치했다. 유료 관객과 무료 관객을 구별하기 위한 조치였다. 시원하게 펼쳐진 남강 풍경을 늘 안고 살아온 진주 시민들에겐 날벼락 같은 가림막이었다.

사실 유등 축제를 전면 유료화한다는 방침이 발표됐을 때만 해도 의견은 엇비슷하게 갈렸다. 지난 몇년 간 교통 문제로 시민 전체가 워낙 고생을 해온 터라 유료화가 하나의 대안이 될 수도 있겠다는 생각이 많았다. 그러나 그 유료화에 가림막까지 포함됐을 거라고 예상한 시민은 거의 없었다. 워낙 난데없었던 만큼 시민들의 불만과 반대도 거세게 일어났다. 단순히 가림막이 있고 없고의 문제가 아니었다. 가림막은 돈의 논리에 포획된 오늘날의 축제들을 상징적으로 표현했고, 적지 않은 시민들이 그 앞에서 모욕감을 느꼈다.

역설적이게도 진주 남강유등축제의 유료화 파동은 진주시민은 물론 인근 지역민들에게도 축제의 본질을 묻는 중요한 기회가 됐다. 축제를 왜 하는지? 축제의 주인이 과연 누구인지? 축제는 어떻게 준비되고 진행되어야 하는지? 거리에서 시민들은 이야기하기 시작했다. 수많은 토론회가 열리고 사례들이 수집됐다. 이듬해 진주시는 유료화 정책을 고수했지만 가림막은 대폭 완화했다. 유등축제 유료화 논쟁은 지금도 계속되고 있다. 이 논쟁은 진주 시민 스스로 자존심을 회복했다고 느낄 때까지 계속되지 않을까?

현재 우리나라 도시 축제들이 노정하고 있는 수많은 문제들은 축제를 '도시 마케팅'의 도구로 바라보기 때문에 발생한다. 도시마케팅은 원래 신자유주의 경제 체제 아래에서 글로벌 금융과 다국적 기업을 자기 도시에 유치하기 벌이는 홍보 및 프로모션 활동을 가리킨다. 글로벌 자본을 상대로 이런 정책을 구사할 수 있는 도시는 사실 지구상에 많지 않다. 최소한 인구 천만을 넘나드는 메트로폴리탄 도시들이 이 대열에 서있다.

사실 우리나라에서 이 정도 마케팅을 해낼 수 있는 도시는 서울이 거의 유일하다. 도시의 품격을 결정짓는 역사문화적 자원과 세계 어느 곳과도 쉽게 연결되는 교통 인프라, 그리고 이 모두를 포괄하는 도시 경관을 효과적으로 관리할 수 있는 행정시스템들이 뒷받침되어야 한다. 그런데 우리나라 대부분의 도시들이 이와 같은 마케팅 일변도의 정책을 무비판적으로 받아들이고 있다. 재정자립도도 높지 않은 도시가 글로벌 메트로폴리탄들을 벤치마킹한다는 사실 자체가 넌센스다.

축제의 본질을 찾아서

남강유등축제 주최측은 축제의 기원이 임진왜란 당시 진주대첩 때까지 거슬러 올라간다고 주장한다. 왜군에게 포위됐을 때는 왜군의 진로를 방해하고 외부와 소통하는 수단으로, 왜군에게 진주성이 함락된 이후로는 전투에서 목숨을 잃은 7만여 명의 군인들과 백성들을 기리기 위해 진주 시민들이 등을 강에 띄우기 시작했다는 것이다. 그렇다면 유등축제가 재현해야 할 성스러운 시간은 바로 진주성 전투와 그 행사자를 기렸던 바로 그 때일 것이다.

그 전통이 아직도 생생하게 남아 있는 부분이 바로 '소망등'일 것이다.

상상력을 발휘해 전투 당시를 떠올려본다면, 도시 전체 인구에 해당하는 인구 7만 명이 한꺼번에 몰살 당한 기억을 스스로 치유하기 위해 진주 사람들은 매년 남강에 각자의 소망을 담아 유등을 띄운 것 아닐까? 그 기억이 참혹했던 만큼 소망 또한 절실하지 않았을까? 비극적인 사건을 치유하는 이 의식을 통해 진주 사람들은 하나가 됐을 것이고(결속), 평화를 지키기 위한 다짐을 되새기지(공동체 가치 갱신) 않았을까? 이런 상상이 타당하다면 유등축제가 지향해야 비전 또한 분명해지지 않을까?

실제 소망등 행사는 최근까지도 유등축제의 핵심이었다. 지금은 참여 프로그램의 하나로 부대행사처럼 취급되지만, 원래 진주 거리를 수놓던 유등은 강물을 휘황찬란하게 물들이는 디자인등이 아니라 소박해도 진심을 담은 바로 소망등이었다. 아래는 진주 출신의 하청일 경남도민일보 부장의 회고다.

"진주에서 고등학교에 다녔던 나는 개천예술제가 열리면 학교에서 단체로 구입한 유등을 들고 시가지를 돌았던 기억이 있다. 사각으로 된 유등틀 가운데에 촛불을 밝혀 시가지를 돌면 위아래로 바람이 통하게 한 등이라 촛불이 잘 꺼졌다. 집 밖으로 나와 구경하던 시민들이 안타까웠던지 집에 있던 성냥을 내놓거나 심지어 구멍가게에서는 팔려고 진열해둔 작은 성냥을 나눠주기도 했다. 그 덕분에 학생들은 불 꺼지는 걱정 없이 유등을 들고 거리를 행진하곤 했다. 그렇게 시가지를 돌고 나면 마지막엔 유등을 남강에 띄워 보내는 것으로 일정을 마무리했다."(2015년 9월 8일자 데스크칼럼)

당시 유등축제의 주인은 누가 뭐래도 진주시민이었다. 거리를 행진하는 이들과 구경하는 이들은 소망을 담은 촛불을 매개로 하나가 됐다. 그 소망을 무사히 남강에 띄워보낼 때 '진주다움'은 다시 힘을 얻고 시민들이 다가오는 1년을 살아가게 만들었다. 하지만 2015년에 유료화를 내세운 유등축제 풍경은 살벌하기만 했다. 진주시민을 가림막을 기준으로 돈 낸 사람과 그렇지 않은 사람으로 분열시켰기 때문이다.

한 시민이 가림막 너머 유등축제 모습을 사진으로 담고 있다.

사람들은 흔히 함평나비축제와 보령머드축제를 성공적인 지역축제로 언급하곤 한다. 물론 이때 기준도 관광객 숫자와 그들이 쓰고 간 돈의 액수다. 그러나 과연 이들 축제를 제대로 된 축제라고 부를 수 있을까? 함평의 나비축제와 보령의 머드축제가 과연 함평군민과 보령시민을 결속시킬 스토리를 가지고 있는가? 이들 축제가 두 도시공동체의 어떤 핵심가치를 지속적으로 갱신하고 있는가?

한국에서 성공했다고 평가받는 몇몇 축제는 엄격하게 따지자면 일시적인 테마파크나 담을 치고 입장료를 받는 쇼(전시회)에 가깝다. 신기하고 흥미로운 아이템들을 한 자리에 모아놓고 호객하는 일종의 컨벤션 비즈니스를 지자체들이 축제라고 호도하고 있는 것이다. 물론 쇼라고 해서 부정적으로 생각할 필요는 없다. 이른바 국제대회란 것들도 일종의 쇼비즈니스이고, 한국의 지자체라고 해서 세계적인 쇼 프로그램을 개발하지 못하란 법은 없기 때문이다.

다만 축제와 쇼는 다르다란 사실은 기억해야 한다. 쇼가 축제를 대신할 수는 없다. 도시 공동체를 결속시킬 스토리가 쇼에는 없기 때문이다. 따라서 멀쩡한 축제를 뜯어고쳐 억지로 쇼로 둔갑시키는 움직임에 대해서는 냉정하게 따져 물을 필요가 있다. 수백년간 이어져 오던 도시 공동체의 핵심가치가 돈으로 사고파는 상품으로 전락하는 상황이 과연 바람직한지 진주시민들은 엄격하게 판단해야 한다.

9장

문화예술과 스포츠

언젠가는 꼭 가야겠다고 마음 먹은 여행지가 하나 있다. 유럽 대륙의 북쪽 핀란드 바로 아래 발트해를 북서로 끼고 있는 에스토니아라는 작은 나라다. 이 나라 수도인 탈린에서 5년 마다 성대한 노래 축제가 열린다. 에스토니아 말로는 '라울루피두^{Laulupidu}'라고 부른다. '노래 잔치'라는 뜻이다. 전국 각지에 있는 합창단들이 이 축제에 참여하기 위해 이동하는데, 그 규모가 실로 대단하다. 최대 3만 명까지 오를 수 있는 무대와 8만 명까지 수용하는 무대 앞 공원을 합하면 모두 11만 명이 노래를 부르기 위해 한 자리에 모인다.

에스토니아의 전체 인구가 약 130만 명인데 그중 8.5%가 한 자리에 모이는 셈이다. 인구 1,000만 명이 넘는 서울시에 빗대면 약 85만 명이, 인구 335만 명의 경상남도에 빗대면 28만 5,000여 명이 한 자리에 모였다고 생각하면 되겠다. 이 축제는 1869년에 시작됐으니 2019년이면 150주년이 된다. 그 역사와 내용을 높이 평가해 2003년에는 유네스코가 인류무형문화유산에 등재했다.

에스토니아의 합창축제 라울루피두 전경 ⓒ라울루피두 홈페이지

1934년부터는 '탄추피두Tantsupidu'라는 이름의 '춤잔치'도 함께 열리고 있다. 각 도시를 대표한 포크댄스팀 수백명이 운동장에 모여 음악에 맞춰 군무를 춘다. 역대 댄서 중 최연소자는 네 살 꼬마였고, 최고령자는 일흔 여섯의 노인이었다. 온 동네 사람들이 댄서로 참여하는 것이다. 이 축제에 댄서로만 참여하는 숫자만 평균 8,000명이고 가장 많을 때는 1만 명을 넘기기도 했다.

에스토니아의 춤축제 탄추피두

에스토니아의 노래와 춤

에스토니아 사람들은 왜 이렇게 춤과 노래를 좋아할까? 수많은 장르 중에서도 왜 하필 합창에 집착할까? 엄청난 규모의 합창 전용 스타디움을 세우고 10만 명이 넘는 사람들이 한 자리에 모이는 합창제를 150년 가까이 이어오는 이유는 뭘까? 각 지역 대표 수백명이 운동장에 모여 군무를 추며 화려한 퍼포먼스를 표현하는 이유는 뭘까? 에스토니아 민족의 전통이라서 그럴까? 노래와 춤을 좋아하는 유전자를 타고 난 것일까?

이런 궁금증에 답을 얻으려면 먼저 이 합창제가 시작된 19세기 말을 더듬어볼 필요가 있다. 이때는 북유럽과 러시아를 중심으로 이른바 '국민악파'라고 하는 민족주의 음악이 거세게 일어나고 있을 때였다. 러시아의 림스키 코르사코프, 노르웨이의 그리그, 핀란드의 시벨리우스, 체코의 스메타나 등이 맹활약하던 시기다.

사실 국민악파라는 음악 사조도 거대한 흐름 속에 존재한 하나의 현상이었다. 당시는 유럽 전체가 계몽주의 사상에 세례를 받은 후 저마다 국민국가 건설에 열을 올릴 때였다. 이른바 민족Nationality이라는 개념이 확산되면서 유럽 전역이 달아 오르고 있었다. 특히 강대국의 지배에 시달리던 약소 민족들이 저마다 '문예부흥운동'을 일으켜 자긍심을 일으켜 세우고 싶어했다. 영국의 지배를 받던 아일랜드에서 예이츠 등이 추진한 '아일랜드 문예부흥운동Irish Literary Renaissance'이 대표적이다.

에스토니아에서도 이때 '에스토니아 민족 각성 운동Estonian national

awakening'이 일어난다. 에스토니아어로 된 신문과 책들이 발간됐고, 정치 운동도 전개돼 독일과 러시아의 지배에서 벗어나 국민 국가를 만들기 위해 몸부림쳤다. 이때 핵심 인물 중 하나인 요한 볼데마르 얀센이 합창제를 기획했고, 그의 딸 리디아 코이둘라가 첫번째 라울루피두를 개최하는 데 성공했다. 단순한 노래발표회가 아니라 '민족 각성 운동'의 일환이었던 것이다.

그래서 라울루피두에서는 이른바 세계인이 다 아는 합창 명곡들을 들을 수 없다. 오늘날 에스토니아를 있게 한 시인들의 시와 음악가들의 노래가 주로 불린다. 춤도 마찬 가지다. 특정 댄스 장르를 겨루는 경연대회가 아니라 지역별 공동체 춤을 선보이는 축제다. 한 때 에스토니아를 지배했던 소련이 라울루피두에서 민족성 강한 노래를 금지시켰지만, 축제가 끝날 때면 늘 '나의 조국, 나의 행복과 기쁨(현재 에스토니아 국가)'이 지휘자가 아닌 청중들의 의지로 불려졌다.

에스토니아 사람들에게 노래는 단순한 여가활동이 아니었다. 노래는 공동체를 수호하고 또 움직이게 하는 강력한 에너지원이었다. 소련이 해체되는 와중에 에스토니아는 1987년부터 1991년까지 무장폭력 대신 '노래혁명Singing Revolution'을 일으켰다. 진원지는 물론 라울루피두였다.

1989년 8월 23일 히틀러와 스탈린이 발트 3국의 소련 지배를 포함한 비밀 불가침 조약을 맺은 50주년 되던 날 북쪽 에스토니아 탈린에서부터 남쪽 리투아니아 빌뉴스까지 발트 3국 국민들이 650킬로미터를 인간 띠로 잇고 함께 노래 부르는 장관을 펼쳤다. 이 평화적이면서도 강력한 모습이 전세계로 알려지면서 에스토니아는 1991년 8월 20일 소련 연방에서 가장 먼저 독립하는 나라가 됐고, 곧이어 라트비아와 루티아니아가 독립하는 데 성공했다.

노래와 춤으로 확인하는 공동체의 정체성

인류는 공동체를 이루면서 저마다의 노래와 춤, 그리고 문학으로 자기 정체성을 확인해왔다. 노래에는 공동체의 중요한 이야기와 사건을 담았고, 춤에는 공동체만이 기억하고 표현할 수 있는 동작을 담았다. 이는 도시 문명 여부와 무관하게 공동체라면 대부분 공통적으로 가지고 있는 특징이다. 아라비아 사막의 유목민족 베두인들도 부족마다의 노래와 춤이 있고, 유럽의 여러 지역을 다녀봐도 도시마다 자기 노래와 춤을 가지고 있다.

여기서 말하는 춤은 왈츠니 폴카니 탱고니 하는 사교댄스와는 다르다. 이들 댄스는 상당히 표준화되어 있기에 특정 지역이나 공동체의 정체성을 나타내기는 어렵고, 오히려 특정 계급이나 계층을 드러내는 데 활용된다. 따라서 도시와 지역에 뿌리를 내리고 있는 춤은 단순 사교 댄스가 아닌 공동체 댄스라고 정의할 필요가 있다.

우리나라도 과거에는 이런 노래와 춤이 일반적이었다. 지역마다 특색 있는 삶을 담은 노래가 있었다. 민요가 대표적이다. 아리랑만 해도 남북을 통틀어 60여 종이 있고, 풍물 장단도 지역별로 다르지 않던가. 노래와 장단이 다른 만큼 춤도 달랐다. 북춤도, 탈춤도 지역마다 달랐다. 어떤 노래를 부를 줄 알고, 어떤 춤을 출 줄 아느냐에 따라 그 사람이 어떤 공동체에 속했는지 알 수 있었다. 또 축제 같은 의식을 통해 노래와 춤은 정기적으로 반복되며 공동체를 결속하는 핵심 코드로 활용됐다.

노래와 춤이 갖는 공동체적 에너지는 대중매체에서도 종종 활용되기도 한다. 2013년 후반기의 화제드라마였던 tvN의 〈응답하라 1994〉 10화에 민중가요 '바위처럼'이 나와 한동안 화제가 됐던 적이 있다. 삼천포시와 사천군간에 통합 과정에서 발생한 시위 장면에서 주인공들이 데모송으로 이 노래와 함께 특유의 율동을 선보여 비슷한 시기를 통과한 시청자들의 정서를 강하게 일깨웠던 것이다. 이처럼 일정한 규칙과 순서에 따라 함께 몸을 움직이는 공동체 춤은 구성원을 강력하게 결속시키는 도구가 된다. 머리가 아닌 몸이 기억하는 것이다.

노래와 춤을 입은 스토리가 얼마나 힘이 센지는 아일랜드 사례를 살펴보면 쉽게 알 수 있다. 한국제임스조이스학회의 최석무 교수는 "영국인들이 아일랜드를 800년 가까이 지배하면서 고유 언어인 갤릭어까지 말살했지만, 정작 문화적으로는 아이리시^{아일랜드 사람}들을 두려워 했다"고 말한다. 분명히 개신교인의 영국인이 가톨릭인 아일랜드로 건너가 정착한 경우에도 얼마 가지 않아 아이리시 문화에 동화되는 사례가 허다했고 심지어 아일랜드 독립을 위해 실질적인 자기 조국 잉글랜드에 저항하기까지 하는 영국인도 등장했단다.

그 바탕에는 아일랜드의 각 지역마다 수백년간 전해 내려오는 노래와 케일리^{Ceili}라는 공동체 춤과 그들만의 댄스가 있었다. 아이리시들의 대표적인 공동체 공간인 펍^{Pub}에서 이들 노래와 춤은 지금도 매일 반복되고 있다. 일상 언어는 비록 영어를 쓰게 됐지만 동네마다 전해 내려오는 노래 수백 혹은 수천 곡과 그 노래에 맞춰 추는 춤을 통해 그들은 아이리시라는 정체성을 몸 속 깊숙히 각인하고 있는 것이다.

시민이 선택하는 문화예술

노래와 춤, 그리고 그림이 도시 공동체를 결속시키는 매우 효과적인 이야기 도구라는 사실은 오래 전부터 알고 있었다. 도시 마케팅이니, 도시 스토리텔링이니 하는 전문용어가 등장하기 훨씬 이전부터 모든 도시는 노래(시민의 노래)와 율동(체조도 포함), 그리고 디자인을 만들었다. 다만 우리나라만으로 범위를 좁혀볼 때 이런 활동들은 다분히 '관 주도'였다. 중앙정부가 파견한 단체장이 이들 상징들을 일방적으로 만들어 시민들이 따르게 한 것이었다. 강제 동원은 가능했을지 몰라도 자발적인 호응을 기대하기는 어려운 시절이었다.

1990년대 중반 지방자치제가 시작된 이후에도 이런 관행은 크게 바뀌지 않았다. 선거를 통해 단체장이 뽑히기는 했지만 일방적인 분위기는 여전하다. 특히 도시 마케팅이란 개념이 확산되면서 도시 공동체의 통합과 결속에 중점을 두기 보다는 대외적인 성과를 올리거나 손에 잡히는 결과물을 내놓는 데 집착하는 경우가 많다.

노래와 춤, 그리고 문학 같은 문화예술활동은 분명히 사람들의 마음을 움직이는 힘을 가지고 있다. 그러나 공동체를 움직이고 결속시키는 것을 원한다면 일방적이어서는 곤란하다. 세계적으로 유명한 합창곡을 시민 전체가 부른다고 해서 도시 정체성이 생기지는 않는다. 세계적인 댄스페스티벌을 유치했다고 해서 시민들의 공동체성이 향상되는 것도 아니다.

그렇다면 어떻게 해야 할까? 도시와 시민들의 이야기가 녹아 있는 노래와 춤, 그리고 그림 또는 디자인을 가지려면 어떤 방법을 취해야 할까? 해답은 의외로 간단하다. 시민이 이 모든 것들을 선택할 수 있는 환경과 조건을 만들면 된다. 도시와 관련한 다양한 노래와 춤, 그리고 그림이 유통될 수 있는 유연한 환경을 만들고, 그 안에서 시민들이 자유롭게 선택할 수 있게 해야 한다. 그래야 '우리 노래'가 되고 '우리 춤'이 되고 '우리 그림'이 된다.

영국 리버풀 FC 팬들은 경기 전이나 중요한 이벤트가 있을 때 모두 자리에서 일어나 응원 스카프를 높이 들고 그라운드의 선수들을 향해 'You will never walk alone(너는 결코 홀로 걷지 않을 거야)'이라는 노래를 부른다. 수만 명이 넘는 팬들이 자기네 선수를 향해 우렁차게 노래 부르는 이 시간은 국가대표 경기가 있기 직전 연주되는 국가 이상으로 엄숙하고 감동적인 순간이다. 이 노래는 원래 한 뮤지컬 속 노래였지만, 리버풀의 한 밴드가 리메이크한 것을 듣고 축구팬들이 하나둘 응원가로 부르기 시작한 것이 오늘날 리버풀 FC를 상징하는 응원가로 자리잡았다. 축구팬들에 의해 자연스럽게 이 노래가 리버풀을 상징하는 노래로 선택받은 것이다.

우리나라 말에서 표준어로 인정 받는 과정을 참고해보자. 국립국어원

리버풀FC 선수들을 향해
'You will never walk alone'을 부르고 있는 팬

은 매년 일상 속에서 만들어지고 통용되는 다양한 신조어들 수백개를
수집하여 '등록'한다. TV예능 프로그램을 통해 한때 널리 회자됐던 '낮져
밤이(낮에는 지고 밤에는 이긴다는 뜻)' 같은 단어들이 그렇다. 등록된 단어들
은 등록시점부터 5년간 관찰된다. 신조어들 중에 5년 넘게 지속적으로
사용되는 말을 골라 전문가들의 최종 회의를 거쳐 '표준어'로 채택돼 비
로소 한글이라는 지위를 얻게 된다. 한글을 공부한 전문가가 표준어를
미리 정해서 보급하는 방식이 아니라 국민들이 실제 입에 오르내리는 말
들을 관찰해 표준어를 정한다.

우리 도시의 노래와 춤, 그리고 그림도 이렇게 찾아갈 수는 없을까? 시민들이 자기 도시를 다양한 목소리로 노래할 수 있게 멍석을 깔아주면 어떨까? 실제 시민들 입에 오르내리는 노래 중에서 시민의 노래를 발굴하는 것은 불가능한 일일까? 시민이 사랑하는 노래에 율동을 붙여 각급학교 체조 시간에 보급해보면 어떨까? 그림도 같은 방식으로 찾아갈 수 있지 않을까? 그렇게 발굴된 노래와 춤, 그리고 그림을 도시 전역에서 유쾌하게 경험하도록 설계할 수 있지 않을까?

해외 오래된 도시들을 방문할 때 가장 부러운 것 중에 하나가 자기만의 노래와 춤을 가지고 생활 속에서 즐기는 모습이다. 머리가 하얀 노인에서부터 이제 갓 걷기 시작한 꼬마에 이르기까지 같은 노래를 부르고, 같은 춤을 추며 어울릴 수 있다는 사실이 마냥 부럽기만 하다. 이젠 우리 도시도 함께 부를 노래, 함께 출 춤을 찾아보는 노력을 기울여보면 어떨까?

스포츠가 창조하는 신화

2007년 8월 22일 일본 고시엔 구장에서 펼쳐진 일본 전국고등학교야구선수권대회일명 고시엔 대회 결승전 소식은 일본 현지는 물론이고 이웃인 우리나라 공중파 메인 뉴스에 바로 소개될 정도로 큰 화제가 됐다. 경기 자체도 흥미진진했지만, 우승을 한 사가키타고등학교가 일본 고등학교 야구 역사상 가장 위대한 우승팀으로 추앙 받았기 때문이다.

일본의 고등학교 야구 인기가 대단하다는 사실은 이미 잘 알려져 있다. 2016년 8월에 열린 대회에 참가한 고등학교 팀만 해도 4,200개가 넘고 팀에 속한 선수도 17만 명에 달한다. 우리나라 고교 야구팀이 2015년 8월 기준으로 67개인 것과 비교하면 엄청난 규모다. 고시엔 본선에는 지역 대표 49개 팀만 오를 수 있으니 단순 경쟁률만으로도 85.7 대 1이다.

이 정도로 치열하다 보니 지역별로 사학재단 중심의 야구 명문고가 생겨나게 됐다. 오사카의 PL학원, 카나가와의 요코하마고, 도쿄의 니혼대학 부속 제3고교 등이 대표적이다. 이들 명문 사립고들은 재단의 전폭적인 지원을 받는다. 전문 야구인이 감독으로 고용되고, 야구부를 위한 기숙사와 전용구장이 따로 있으며, 우수한 실력을 갖춘 중학생을 전국적으로 우선 선발해 장학금을 주기도 한다. 한때 추신수와 한솥밥을 먹었던 일본 출신 투수 다르빗슈도 오사카 출신이지만 고시엔 출전을 위해 야구 명문 도호쿠고등학교로 머나먼 야구 유학을 떠난 경우였다.

이런 토양 위에서 2007년 우승을 차지한 사가키타 고등학교는 그야말로 도깨비팀이었다. 우선 공립학교였다. 재단이 따로 없으니 야구 장학생을 모집할 형편도 아니었다. 감독도 전문 야구인이 아니라 야구를 좋아하는 국어교사가 맡았다. 운동장도 축구부와 함께 쓴다. 공부에 지장을 준다고 야간 훈련도 하지 않았고, 시험 1주일 전에는 운동 자체를 전면 금지했다. 사가키타 고등학교 야구부는 이를테면 이나중 탁구부나 북산고 농구부와 다를 바 없는 보통의 학내 서클이었다. 2006년에 올린 사가현 예선 1회전 탈락이 어쩌면 이 고등학교의 객관적인 실력인지도 몰랐다.

2007년 고시엔 대회(89회)에서 우승한
사가현의 키타고등학교팀

그런데 이듬해 2007년에 사가현 챔피언에 올라 고시엔 본선 진출권을 따낸다. 지역 예선이 워낙 치열해 본선 진출만으로도 지역 내에서는 큰 화제가 됐다. 실제 선수들도 고시엔 구장 흙을 밟아보는 것만으로 충분한 보람을 느낀다. 하지만 사가키타고는 본선 1승도 모자라 결승까지 진출했고 마침내 우승까지 했다. 공립고등학교가 결승에 오른 건 1996년 이후 11년 만이었다.

수많은 사가현 시민들이
사가현으로 돌아오는 키타고등학교팀을 맞이하고 있다.

8회말 역전 만루홈런으로 마무리된 경기 자체도 드라마틱했지만 공립학교 야구부가 시스템과 돈으로 중무장한 야구명문 사립고 야구부를 물리쳤다는 사실에 수많은 사람들이 더 열광했다. 이것이 바로 고교 야구의 본 모습이라는 칭송이 뒤따랐다. 우리나라 언론들도 이 점에 주목했다. 당시 이 소식을 전한 SBS는 뉴스 제목을 '꼴찌들의 반란, 대역전 드라마'로 지었고, 기자의 멘트도 "특기생을 선발하고 기숙사와 전용 훈련장까지 갖춘 이른바 야구 명문과는 전혀 다른 모습과 학생다운 투지와 의욕이 기적을 만들어냈다"고 치켜세웠다.

사가현은 물론 발칵 뒤집어졌다. 사가현 시민 수천명은 지역을 상징하는 녹색 티셔츠와 머플러를 맞춰 입고 고시엔 구장을 직접 찾았고, 나머지 시민 대부분도 녹색 티셔츠와 머플러를 갖추고 TV 앞에 모여 생중계에 시선을 고정했다. 당시 자료화면을 보면 우리나라 축구팀의 월드컵 경기 때를 떠올리게 한다.

우승기를 들고 고향에 돌아온 사가키타고팀은 수많은 시민이 운집한 가운데 기념식과 함께 카퍼레이드를 펼쳤다. 거리마다 축하 현수막이 내걸렸고, 우승 기념 반짝 세일을 하는 가게들도 속출했다. 어떻게 보면 일개 고등학교 야구부의 일이지만 사가현 시민 모두는 자기 일처럼 기뻐했다. 이로써 사가현은 위대한 이야기 한 편을 완성했다. 수십 년 전, 수백 년 전 조상들의 이야기를 각색한 게 아니라 시퍼렇게 살아 있는 '지금의 이야기'를 완성한 것이다. 이것이 바로 체육이 가진 매력 아닐까?

현대 도시에서 스포츠가 주는 가장 큰 매력은 바로 '살아 있는 신화'를 쓸 수 있다는 사실이다. 사가키타 고등학교의 성과는 그 자체로 신화였다. 명문사학 중심으로 프로화되어가는 일본 고교야구에 순수 아마추어 정신으로 경종을 울린 것이다. 덕분에 일본 고교야구계는 우수 선수를 스카우트하는 야구가 아니라 열정으로 하는 야구가 진짜라는 신화를 간직할 수 있게 됐다.

2010년대 들어서 사가키타의 신화에 견줄만한 다른 신화들도 스포츠계에서 속출했다. 먼저 세계 축구의 최정점이라 할 수 있는 영국 프리미어리그의 2015-16 시즌 정규리그 우승을 한 레스터시티 FC를 아니 꼽을 수 없다. 런던 북동쪽에 있는 인구 30만 명 규모의 작은 도시 레스터시티는 창단 132년만에 처음 우승을 차지했다. 그것도 연봉 수백억 원 대를 호가하는 스타플레이어를 단 한 명도 보유하지 못한 상태에서 아스날이니, 맨유니, 리버풀이니 하는 부자 구단들을 다 물리친 것이다. 선수단 연봉을 모두 합쳐봐야 손흥민의 이적료 수준이란 뉴스가 한동안 회자되기도 했다. 그들은 "축구는 돈이 아니라 열정으로 하는 것"이라는 신화를 완성했다.

2016년 여름 월드컵보다 재미 있다는 유로 2016이 열린 프랑스에서는 아이슬란드팀이 돌풍을 일으켰다. 인구 33만 명에 프로리그도 없는 이 나라 대표팀이 조별 예선을 통과하고 16강전에서 세계적인 강호팀인 잉글랜드를 2-1로 이겨 8강에 진출한 것이다. 비록 4강 진출에는 실패했지만 스포츠의 매력이 무엇인지 잘 보여준 환상적인 팀이었다. 특히 그들과 객석의 서포터즈들이 북소리와 함께 선보인 '바이킹 박수'는 세계인의 주목을 받았다. 아이슬란드 사람들에게 2016년은 어떤 신화로 기억될까?

그해 늦가을 미국의 메이저리그에서는 70년도 더 된 '염소의 저주'가

창단 후 132년만에
2015-16시즌 프리미어리그 우승을 차지한
레스터시티 FC ©위키피디아

마침내 풀렸다. 시카고 컵스가 1908년에 한 번 우승한 이래 108년만에 비로소 월드시리즈 우승컵을 들어올렸다. 염소의 저주는 1945년 시카고 컵스가 진출한 월드시리즈 중에 탄생했다. 디트로이트팀과 홈 4차전을 벌일 때 염소를 데리고 관람하던 한 팬이 악취를 이유로 컵스 구단주에게 쫓겨난 것이다. 이때 염소주인이 버럭 화를 내면서 "컵스는 더 이상 월드 시리즈에서 승리하지 못할 것"이라고 저주를 퍼부은 것이 시초였다. 이후 시카고 컵스는 우수한 감독과 선수를 보유하고서도 번번히 우승 문턱에서 좌절했다. 하지만 백발이 성성한 컵스의 할머니 팬이 '죽기 전에 한 번만Just one Before die'이라고 쓴 티셔츠 응원 덕분인지 이번에 드디어 우승했다. 지긋지긋한 저주를 풀어낸 시카고 시민들은 거리로 쏟아져 나와 승리를 축하했다. 잠자는 숲속의 공주가 저주에서 벗어났을 때도 이처럼 기뻤을까?

몸에 새기는 이야기

대학 진학과 프로 진출만을 위해 운동하는 듯한 우리나라 학교 체육 현장과 일본의 고시엔 야구 인기를 비교해 보면 참으로 먼 나라 이야기 같다. 고시엔 본선에 진출하면 아무래도 프로야구 스카우터들 눈에 잘 띄어 출세할 수도 있겠지만, 실제 참가 선수들 대부분은 고시엔 무대 이후가 아니라 그 무대 자체가 목적이다. 자기 출세를 위해 열심히 뛰는 것이 아니라 야구 자체가 좋아서, 또 고시엔이라는 꿈의 무대에 서기 위해 열심히 뛰는 것이다. 거기엔 나름의 성ᵇ스러움이 있고, 그 가치를 지키려고 애쓴다.

실제 고시엔 대회에서 좋은 성적을 올린 선수들이 야구가 아닌 대학이나 취업 같은 일반적인 진로를 선택하는 경우도 허다하다. 2007년의 기적적인 우승팀 사가키타고 선수들은 단 한 명도 프로 무대를 선택하지 않은 것으로도 유명하다. 사실 야구로 밥벌이하는 게 목적이었다면 전국에 4,200여 개 고교팀이 생겨날 수가 없다. 바늘 끝만한 제한적인 성공을 위해 17만 명이나 되는 학생들이 야구 글러브와 배트를 들지 않을 것이기 때문이다.

모르긴 해도 스포츠 자체가 주는 매력이 크게 작용할 것이다. 연습을 거듭하며 개인 기량이 향상되고, 팀을 이뤄 플레이를 완성시키며, 상대팀과 부딪혀 자웅을 겨루어 결과를 만들어내는 이 모든 과정이 일본의 청소년들을 야구에 미치게 만드는 것 아닐까? 몸을 쓰는 체육 활동은 모두 나름의 '성장 스토리'를 가지고 있다. 규칙을 준수하면서도 최고 역량을 발휘하기 위해 기술을 익히고 신체를 단련하며 마음을 다스리는 과정을 운동하는 사람은 누구나 거치고 또 몸으로 깨닫는다. 특히 운동을 통한 성장스토리는 머리가 아니라 몸으로 체득하기 때문에 그 영향력은 뼈속 깊이 내면화된다. 20세기 말과 21세기 초 세계 축구를 지배했던 프랑스의 지네딘 지단의 이 말은 참고할 만하다.

"언제까지나 시합이 끝나지 않고 지금 이 상태로 플레이를 하고 싶을 때가 있다. 공과 일체가 되어 자유로운 기분을 느끼는 최고의 상태 말이다."

우승을 하고 금메달을 따는 것은 운동의 결과이지 목적은 아니다. 운동의 진정한 목적은 지단이 말한 것처럼 '자유'를 몸으로 느끼는 것 아닐까? 우리의 신체는 비록 시간과 공간 속에 제한되어 있지만, 체육 활동을 통해 그 한계를 뛰어넘는 자유와 초월을 경험하는 것 아닐까? 수영이든, 배드민턴이든, 축구든, 내가 원하는 대로 몸을 움직이게 되고, 원하는 곳에 공을 보낼 수 있게 될 때 몸은 커다란 희열을 맛본다. 그 희열이 사람을 움직이고 변화시킨다. 자신감과 자긍심이 되고, 이웃과 타인에 대해서도 열려 있게 만든다.

사람의 행동에 영향을 미치는 중요한 심리 상태 중에 효능감Efficacy이라는 개념이 있다. 특정 상황에 필요한 특정한 행동을 해낼 수 있겠다는 믿음 또는 신념을 가리킨다. 예를 들어 중요한 발표를 앞둔 상황이라면 '잘 발표할 수 있다'고 믿는 마음이다. 이런 효능감이 충분할 때 사람들은 적극적으로 행동에 나선다. 반대로 효능감이 부족할 때는 아무래도 소극적이 되고 주저하게 된다.

자기 자신에 대한 효능감을 가리킬 땐 '자아 효능감' 혹은 '자기 효능감Self-Efficacy'이라고 부르고, 집단이나 공동체에 적용될 때는 '집합적 효능감Collective Efficacy'이라고 부른다. 집합적인 효능감이란, 이를 테면 "우리가 해낼 수 있다, 우리가 극복할 수 있다"는 정도의 정서 상태다. 오래 전부터 사용해온 용어를 빌린다면, 전투를 앞둔 군인이나 경기를 앞둔 선수들의 '사기士氣'와 유사하다.

체육활동은 몸을 움직이며 기술을 습득하는 성장의 서사를 통해 '자기 효능감'을 구체적으로 체험할 수 있게 해준다. 또한 팀 체육은 서로 다른 사람들이 하나의 팀으로서 한 몸처럼 조화를 이루며 목적을 달성하는 성장 스토리를 통해 '집합적 효능감'을 체험하게 해준다. 나아가 팀과 팀이 맞부딪힐 때 각자의 팀이 속한 공동체는 경기 결과에 일희일비하며 보다 큰 차원의 집합적 효능감을 만들어낸다. 2002년의 한일월드컵 때 우리나라 국민 모두가 그랬고, 2007년 일본의 사가키타고등학교 야구부가 고시엔 대회를 재패했을 때 사가현 시민들이 그랬다.

공동체를 대표하는 팀은 따라서 단순한 게임을 하는 것이 아니다. 선수 하나하나는 등장 인물이 되고 게임의 과정은 플롯이 되며, 경기 결과는 서사의 대단원이 된다. 도시 공동체는 자기 대표팀이 창조하는 서사를 해석하고 공유하며 전달함으로써 도시 공동체의 정체성을 만들어낸다. 자연스럽게 그 서사에 참여하는 '우리'와 이탈하는 '그들'로 나뉜다.

고대 그리스에서 올림픽을 4년 마다 한 번씩 개최한 것도 지형 때문에 분절될 수밖에 없었던 도시국가들 사이에 공통의 헬라 정체성을 확인하고 유지하기 위해서였다. 근대 국가가 본격적으로 성립할 때도 체육은 '근대 시민의 정체성'을 형성하는 중요한 통로였다. 덴마크 등 북유럽에서는 맨손 체조가 고안됐고, 프랑스의 쿠베르탱은 고대 올림픽을 본따 근대 올림픽을 기획했으며, 잉글랜드는 축구를 대중화시켰다. 이른바 근대국가들은 근대시민상을 각인시키기 위해 규칙 준수가 무엇보다도 중요한 체육을 선택한 것이다.

그러나 체육활동은 반드시 고안자의 뜻대로만 활용되지는 않았다. 축구의 종주국 영국에서는 애초 사회 지도층 인사를 키워내기 위한 사립학교의 교육 프로그램으로 축구가 활용됐지만 산업 혁명과 함께 노동자의 도시로 성장한 세필드, 블랙번, 리버풀, 맨체스터 등에 축구가 보급되면서 축구 자체가 목적이 되는 '가치 전도'가 일어난다.

잉글랜드의 지배층은 노동자들이 축구를 즐기게 된 사실을 그리 싫어하지 않았다. 19세기 말 공황 때 노동자들의 격렬한 불만 표출이 늘 걱정이었는데, 규칙을 중요시하는 축구가 교육효과가 있을 거라고 생각했기 때문이다. 노동자들은 덕분에 표준화된 생활 양식을 갖게 됐고, 공통의 정서도 누리게 됐다.

하지만 동시에 노동자들의 '집단 정체성'과 '집합적 효능감' 또한 빠르게 성장했다. 축구 경기가 도시간 대항전, 나아가 국가간 대항전으로 확대되면서 계급적 정체성뿐만 아니라 도시 정체성, 나아가 근대국가의 정체성까지 강화하는 효과를 가져 왔다. 게다가 리그를 가리지 않고 모든 클럽이 경기를 벌여 최강자를 뽑는 FA컵이 정착되면서 계층을 뛰어넘는 역동성이 극대화됐다. 1883년 FA컵 결승전에서 랭커서 노동자로 구성된 블랙번 올림픽이 명문 이튼 스쿨 출신의 올드 이트니언스를 2:1로 물리치면서 축구의 헤게모니는 이른바 사회지배층에서 노동자와 산업도시 중심으로 확실하게 넘어갔다.

아일랜드에서는 체육이 민족 계몽 및 독립운동의 기반으로 활용되기도 했다. 아일랜드인들은 손과 발을 함께 사용하는 갤릭풋볼Gaelic Football과 주걱처럼 생긴 스틱으로 공을 치는 헐링Hurling이라는 독특한 경기, 일명 '갤릭 스포츠'를 오래 전부터 즐겨왔다. 아일랜드인의 민족적인 각성과 영국에게서 독립을 도모하려는 열망을 담아 1884년 11월 1일에 '갤릭체육협회Gaelic Athletic Association'를 출범시켰다. 이 협회를 통해 경기와 선수들이 체계적으로 관리되면서 아일랜드 사람들은 자기들만의 스포츠를 즐기고 또 이야기할 수 있게 됐다.

켄 로치 감독의 영화 〈보리밭에 부는 바람〉은 아이리시들이 들판에서 헐링 경기를 하는 장면부터 시작된다. 경기를 마친 동네 청년들이 마을에 돌아왔을 즈음 영국 경찰들이 들이닥치면서 불법집회를 열었다는 이유로 청년들을 연행하고 또 마을을 수색한다. 아일랜드 독립의 영웅을 그린 영화 〈마이클 콜린스〉에서도 영국군은 장교 암살사건을 복수하기 위해 갤릭풋볼 경기가 한창인 크로크 파크에 장갑차를 몰고 들어가 선수와 관중을 향해 기관총을 난사하는 장면이 묘사된다. 갤릭 스포츠는 식민지배자 영국에게는 눈엣가시였다. 아이리시들은 경기를 위해 모여들었고, 거기서 벌어들인 수익은 독립운동 자금으로 활용됐기 때문이다.

갤릭체육협회GAA는 2,000개가 넘는 클럽을 거느리고 있을 정도로 아일랜드에서 가장 큰 아마추어 체육협회다. 영국군이 학살을 저지른 크로크 파크는 현재 8만 2,000석 규모로 유럽에서 세 번째로 큰 경기장이 들어서 있다. 이 경기장은 물론 갤릭스포츠 전용으로 독립운동의 역사와 전국의 갤릭스포츠 클럽의 정보를 담은 박물관이 자리하고 있다. 대중적으로 높은 인기를 누리고 있지만 아마추어 정신을 꿋꿋하게 고집하는 갤릭스포츠협회는 오늘날까지도 아이리시 문화의 한 축을 튼튼하게 담당하고 있다.

갤릭체육협회GAA의 중심이자 민족운동의 상징이기도 한
더블린의 크로크 파크 ⓒ크로크파크 홈페이지

사회체육과 공동체 네트워크

앞서 살펴본 대로 다양한 계몽 활동과 연계된 체육활동은 사회 체육의 형태로 서구 사회에 뿌리를 내렸다. 현대 사회로 접어들면서 사회 체육은 도시와 지역에 기반을 둔 '스포츠 클럽'의 모습으로 공동체의 구심점 역할을 하고 있다. 일부 정부나 기관이 주도하던 하향식에서 주민이 주도하는 상향식으로 운영방식도 바뀌었다. 사회 체육 강국인 독일의 경우 공식적으로 등록된 스포츠 클럽만 9만 1,000여 개에 이르고, 회원으로 가입된 숫자도 2,800만 명을 넘어섰다고 한다. 전체 인구의 35%가 스포츠 클럽 가입자다.

스포츠 중에서도 가장 인기가 높은 축구만 따로 생각해보면, 2014년 기준으로 독일축구협회에 등록된 팀만 3만 개에 달하고 선수도 40만 명에 이른다. 게다가 프로리그인 분데스리가부터 최말단 11부 리그까지 모두 승강제를 도입해 스포츠계 전반에 역동성을 부여했다. 이론적으로는 11부 리그팀도 하기에 따라서는 분데스리가까지 오를 수 있다. 하부리그 경기라고 인기가 없지 않다. 어설픈 경기장에서 게임이 열려도 관객들이 제법 찾아온다. 가격은 높지 않아도 100% 유료게임이다. 경기 수익은 물론 클럽 운영에 투자된다. 테니스 종주국인 영국도 협회에 등록된 테니스 선수만 61만 명이 넘고, 전국 각지에 분포하는 테니스클럽도 2,700개에 달한다.

클럽은 대부분 지역 혹은 동네를 기반으로 한다. 클럽 선수가 되면 자연스럽게 지역 공동체를 대표하면서 자존심의 상징이 된다. 선수들 수준은 천차만별이지만 엘리트와 아마추어를 엄격하게 구분하지 않고 하나의 시스템 안에서 관리한다. 선수 능력이 뛰어나면 물론 지역을 떠나 최상부 프로 리그에 스카우트되기도 한다.

근대 국가로 접어들면서 서구 국가들이 스포츠 클럽에 집중적으로 투자한 것은 더 이상 종교적 도그마로 사회를 통제하기 어렵게 된 현대 도시에서 대안적인 사회 관계망을 구축하기 위해서였다. 시작할 때는 계몽이 목적이었지만, 오늘날은 자치의 구심점이 되고 있다. 실제로 서구의 도시 공동체는 스포츠 클럽을 중심으로 조직되는 경향이 있다. 그곳은 건강을 위한 운동뿐만 아니라 마을과 도시의 주요 정보를 공유하고 여론을 형성하는 마을 회관 역할을 톡톡히 한다. 이를테면 체육활동이 마을 사람들을 의미 있게 연결하고 마을과 공동체에 대해 '이야기하게 만드는' 중요한 동기를 부여하는 것이다.

이에 비해 우리나라의 사회 체육은 아직까지 걸음마 단계에 머물고 있다. 대부분의 지역 기반 체육활동들을 보면 당장은 가능성보다는 한계부터 느껴진다. 일단 엘리트 체육과 생활 체육이 엄격하게 구분돼 있어 같은 종목이라도 연결이 안 될 뿐더러 역동성 또한 현저하게 떨어진다. 그나마 선진화가 이뤄지고 있다는 축구도 1부 리그와 2부 리그에서만 승강제가 적용될 뿐 나머지 리그는 시스템과 기록관리가 별도로 진행된다.

비인기 종목은 그나마 세금과 기업의 선의로 운영하는 몇몇 팀을 제외하면 저변 자체가 부실하기 짝이 없고 생활 체육도 지역적으로나 종목으로나 개별적으로 운영되는 경향이 강해 대부분 동호회 수준에 머물고 있다. 생활 체육인을 대상으로 하는 마스터즈 대회가 있기는 하지만 그들의 활약이 지역 공동체에 거의 알려지지 않는다. 자기 동네 선수나 운동부가 전국 우승을 해도 동네의 관심을 끌지 못한다. 야구와 축구 같은 인기 종목도 동호인들만의 활동으로 그치는 경우가 대부분이다. 팀 성적이 가족과 동네의 관심사가 되고 경기가 열리는 날이 동네 축제가 되는 그림은 당분간은 상상하기 어렵다. 공동체 문화라는 관점에서 보면 우리의 사회 체육은 낙제점을 면키 어려워 보인다.

물론 우리나라 체육계도 최근 변화의 움직임을 보이고 있다. 서구 선진국의 스포츠 클럽을 벤치 마킹한 '종합형 스포츠 클럽'이 정부 주도로 확산되고 있는 추세다. 2013년에 전국 19개 도시에 시범 운영을 시작한 이 클럽은 2016년에 59곳으로 늘어났다. 이 클럽은 지역 거점 시설에서 '다연령 다종목 프로그램'을 운영함으로써 지역 내 커뮤니티를 형성하는 것을 목표로 한다.

엘리트 체육기구인 체육회와 생활체육기구인 생활체육협회를 통합해 역동성을 끌어올리는 지자체들도 늘어나고 있다. 전주시의 경우에는 농구 종목에 '즐거운 주말 리그'를 열어 사회인 농구 수준을 획기적으로 높이는 데 성공하고 있다. 이는 엘리트와 생활체육을 통합한 '전주시 통합 농구연합회'가 만들어지면서 가능해졌다. 엘리트 농구인들이 사회인 농구팀과 유기적인 관계를 맺으면서 윈윈효과를 내고 있는 것이다. 아직 걸음마를 뗀 수준이지만, 변화의 물꼬는 튼 것 같다. 생활 체육에 대한 시민들의 인식도 하루가 다르게 진보하고 있다.

그러나 여기서 놓쳐서는 안 될 가치가 하나 있다. 사회 체육이 갖는 문화적이고도 사회적인 가치가 바로 그것이다. 엘리트 체육이 오랫동안 지배해온 우리 사회는 체육을 오로지 체육인 또는 건강의 문제로만 생각하는 경향이 강하게 남아 있다. 그러나 체육은 단순한 건강관리 활동이 아니다. 앞서 살펴본 대로 체육은 도시 공동체를 결속시키고 공통의 서사를 만들어갈 수 있는 매우 효과적인 수단이다.

서구의 선진적인 스포츠 클럽은 도시 커뮤니티의 구심점 역할을 훌륭하게 해내고 있다. 클럽에서 건강도 관리하지만, 클럽 대표팀이 나가서 승패를 겨루고 돌아오는 활동 자체만으로도 마을 주민 사이에 엄청난 이야깃 거리가 생산되는 것이다. 현대 사회는 더 이상 이 도시와 저 도시가 전쟁을 벌여 승패를 가르고 또 약탈하지는 않는다. 대신 스포츠를 통해 경쟁하며 자기 이야기를 만들어간다. 앞에 소개한 사가현 시민들, 레스터시티 시민들, 아이슬란드 국민들, 시카고 시민들은 스포츠를 통해 자신들만의 신화를 창조해냈다. 그 신화의 주역인 선수들은 그리스로마 신화에 등장하는 수많은 신들과 비교해도 손색이 없는 지위를 도시 안에서 얻었다.

우리나라 도시의 체육 분야는 도시 스토리텔링의 블루오션이라 해도 과언이 아니다. 이제 걸음마를 뗀 수준이기에 앞으로 발전할 여지 또한 무궁무진하다. 어설프게나마 지역 연고 문화를 정착한 프로야구와 프로축구의 경험을 사회 체육분야로까지 확대시켜서 도시 공동체가 건강한 자기 서사를 만들어갈 필요가 있다. 아쉬운 부분은 체육을 도시 스토리텔링이라는 관점으로 해석하고 접근하는 정치인과 정책 결정자의 숫자가 많지 않다는 점이다.

10장

향토기업 향토음식

2014년 11월 대전상공회의소는 대전 지역 대학생 500여 명을 대상으로 '지역 기업 인식'을 조사한 결과를 발표했다. 이 조사에서 지역을 대표하는 기업으로는 '한화'가, 지역을 대표하는 브랜드로는 '성심당'이 가장 많은 응답률을 보였다. 특히 지역을 대표하는 최고 브랜드로 꼽힌 성심당은 50.5%라는 압도적인 지지를 받았다. 지역 대표 기업이자 지역 연고 프로야구팀인 한화 이글스가 9.7%를 받는 데 그친 것과 비교되는 결과다. 같은 조사가 2016년까지 3년 연속으로 이뤄졌지만 순위는 바뀌지 않았다.

　조사 대상이 중장년 층이 아니라 20대 초반 대학 재학생이었다는 사실에 주목하자. 성심당이라는 대전의 오래된 빵집이 추억을 먹고 사는 중장년층 뿐만 아니라 한창 새롭고 매력적인 것을 찾아다니는 20대 초반의 청년들에게도 압도적인 지지를 받는 이유가 무엇일까? 그들은 무슨 이유로 성심당을 대전의 대표 브랜드로 내세우는 데 주저하지 않은 걸까?

자기 도시에 밀착하는 성심당

2015년 여름 대전광역시 중구 은행동에 있는 성심당 본점에서 작은 전시회가 두 달 가까이 열렸다. 1956년에 창업한 이 빵집이 60주년이 되는 2016년 전시회를 미리 맛보는 일종의 시범 전시회였다. 전시회 타이틀은 '나의 도시, 나의 성심당'으로 잡았다. 도시공동체 속에 존재하는 성심당을 부각시킨 것이다. 여기서 말하는 도시는 당연히 대전을 가리킨다. 이 타이틀은 창업 60주년인 2016년 한 해 동안 성심당의 모든 포장물과 홍보물에 삽입됐다. 가을에 열린 60주년 기념 전시회에도 물론 사용됐다.

성심당 본점과 바로 옆 케익부띠끄 2층 플라잉팬에서 마련된 이 전시회에서 나의 눈길을 끈 코너는 '튀소기네스'였다. 1980년 5월 20일에 태어나 선풍적인 인기를 끌며 오늘날의 성심당을 있게 한 1등 공신인 튀김소보로를 주제로 다양한 기록들이 이 코너에서 소개됐다. 성심당에 따르면 튀김소보로가 개발된지 35년이 된 2015년까지 모두 3,860만 개의 튀김소보로가 판매됐다고 한다. 그리고 이 튀소들을 만드는 데 밀가루 1,274톤, 팥 115억 8,000만 개, 계란 980만 개, 식용유 5,453톤이 들어갔다.

숫자 자체만으로도 어마어마하다는 느낌이 들지만, 특히 인상 깊었던 부분은 이들 숫자에 의미를 부여하는 방식이었다. 튀김소보로 3,860만 개는 대전 시민 150만 명 기준으로 1인당 25개를 먹은 양이다. 밀가루 1,274톤은 대전월드컵 경기장 3개 크기의 밀밭에서 생산되는 양이고,

성심당 59주년 전시회 때 전시된 '튀소기네스'

팥 115억 8,000만 개를 한 줄로 세우면 서울과 대전을 536회 왕복한단
다. 계란 980만 개를 한 줄로 세우면 대전 지하철 노선을 왕복 네 바퀴
돌 수 있고, 식용유 5,453톤은 한밭 수영장 두 개를 채울 양이란다.

'성심당, 대전을 만나다'라는 미디어아트 전시에서는 시대별 성심당 성
장 과정과 대전시의 성장과정을 한 화면에 녹여냈다. 예를 들어 1970년
대에는 대덕연구단지가 생길 때 성심당이 지금의 은행동 153번지로 이전
했다는 점을 부각시키고, 1980년대초 대전 시내에서 민주화 시위가 있을
때 시위대와 전경들에게 빵을 나눠줬던 이야기, 그리고 1980년대 후반
대전이 직할시로 승격될 즈음에 성심당도 2배 확장했다는 소식을 애니메
이션 기법을 활용해 소개하는 식이다.

이처럼 성심당은 집요하다 싶을 정도로 대전에 집착한다. 서울 소공동에 있는 롯데백화점 본점에 입점해달라는 요청을 직접 받고도 고사한 이유 또한 대전에 기반을 둔 성심당의 정체성을 지키기 위해서였다고 한다. 대신 성심당은 대전 소재의 롯데백화점과 대전역에 분점을 열어 운영하고 있다. 분점을 내더라도 대전을 벗어나지 않은 것이다.

대전과 성심당이 함께 만든 이야기

성심당을 세운 창업자 고 임길순씨는 대전 토박이가 아니다. 그는 함경남도 함주 태생으로 1950년 12월 가족과 함께 메러디스 빅토리호를 타고 바람 찬 흥남부두를 탈출한 피난민이다. 거제와 진해를 거쳐 대전 땅에 정착한 때가 1956년이다. 특별한 목적이 있어서가 아니라 서울 가던 기차가 대전에서 고장 났기 때문이었다.

독실한 가톨릭 신자였던 그는 대전 대흥동 성당에서 밀가루 두 포대를 지원 받아 대전역 앞에서 성심당이라는 간판을 내걸고 찐빵 장사를 시작했다. 성심聖心은 거룩한 마음, 즉 예수의 마음을 가리킨다. 임씨는 피난길에 신에게 맹세했다고 한다. 살아 남을 수만 있다면 평생 가난한 사람들을 위해 살겠다고.

실제로 임씨는 그렇게 살았다. 그날 찌고 남은 찐빵은 이튿날 팔지 않고 모두 가난한 이들에게 나눠줬다. 혹시 기다릴 사람들이 염려돼 늘 넉넉하게 찐빵을 만들었다. 100개를 나누겠다는 계획이 서면 300개를 쪘다. 이 전통은 훗날 찐빵집에서 정식 빵집이 됐을 때도, 1980년대 초 2대째인 임영진 대표가 성심당을 맡았을 때도, 그리고 바로 오늘까지도 그대로 이어지고 있다. 매달 기부하는 빵이 어느새 4,000만 원 어치에 달한다.

그렇다고 성심당이 '착한 일'만 한 것은 아니다. 2대 경영이 시작된 1980년대에 성심당은 서울 빵집들도 부러워 하던 혁신의 아이콘이었다. 우선 1980년에는 단팥빵과 소보로, 그리고 도너츠를 한 번에 맛볼 수 있는 '튀김소보로'를 개발해 선풍적인 인기를 끌었다. 튀소는 지금도 줄 서서 구입하는 성심당의 대표 브랜드다. 1983년에는 3시간 동안 얼음을 유지하는 포장빙수를 개발해 전국적인 주목을 받았고, 1985년에는 국내에서 두 번째로 생크림 케이크를 서비스했다.

대전 시민들은 특히 대전역이나 고속터미널에서 성심당의 포장빙수를 사들고 떠나기를 즐겼다. 다른 도시에서는, 심지어 서울에서도 상상할 수 없는 제품이었기에 자랑하기 좋았던 것이다. 성심당은 이처럼 대전시민에게 착할 뿐만 아니라 '자랑스러운' 빵집이었다. 성심당이 자랑스러웠던 대전시민들은 "성심당은 대전의 문화입니다"라는 명제를 선물로 안겨줬다.

물론 위기도 있었다. 1990년대 들어 도시 외곽에 신도시(둔산 신도시)가 생기면서 원도심 공동화가 진행됐고, 크라운베이커리를 비롯해 SPC그룹과 CJ가 빵사업에 뛰어들면서 원도심에 주차장을 갖추지 않은 성심당의 매출 성장이 둔화되기 시작했다. 게다가 2대 경영인인 임씨의 친동생이 성심당 이름을 가지고 독자적인 프랜차이즈 사업을 벌이다 부도가 나서 엄청난 규모의 빚을 떠안을 수밖에 없었다.

하이라이트는 2005년 1월 22일 토요일 저녁에 발생한 화재였다. 대전 원도심에 사람들이 가장 많이 모이는 그 시각에 성심당은 활활 타올랐다. "성심당에 불났다"란 외침이 여기저기 터져나왔고, 수많은 시민들이 몰려와 불구경을 했다. 시민들도 제빵업계도, 심지어 경영자도 끝이라고 생각했다. 그러나 직원들이 일어났다. "잿더미가 된 우리 회사 우리가 살린다"는 현수막을 내걸고 전직원이 복구작업에 나섰다. 한 팀은 중고 기계를 찾아 백방으로 뛰어다녔고, 다른 팀은 매장 그을음을 직접 떼내며 쓸 수 있는 장비를 청소했다.

직원들의 단합된 노력이 결실을 맺어 불이 난지 6일만에 빵을 구워냈다. 아직 어수선한 매장에 다시 구운 빵이 등장했을 때 직원들 모두가 감격해서 눈물을 쏟았다. 불이 나고 또 복구하는 과정을 지켜본 대전시민들도 응답했다. 시민들이 성심당을 찾아와 빵을 사주기 시작했다. 오랜 단골은 직원들을 안아주며 격려하는 것도 잊지 않았다. 화재가 난 뒤 첫 달 매출이 기존 매출보다 30%나 증가했다. 사장은 사업을 포기하려 했지만 직원들이 나서고 시민들이 호응해서 기적처럼 살려낸 것이다.

화재 사건은 역설적으로 직원을 결속시키고 성심당의 정체성을 다시 생각하게 하는 계기가 됐다. 경영진과 직원들은 '성심당스러움'이 무엇일까를 끊임 없이 자문하면서 시류를 쫓기보다는 대전시민에게 어머니 같은 성심당을 만들기로 의기투합했다. 먼저 빵 크기를 키웠다. 핵가족 시대에 맞춰 빵 크기가 작아지던 분위기를 정면으로 거슬렀다. 정해진 시간마다 종이 울리면 푸짐한 시식 코너를 열었다. 한 바퀴 돌며 시식만

2005년 1월 화재가 난 성심당 현장

해도 배를 채울 수 있게 넉넉하게 제공했다. 기름에 튀겨서 정크 푸드라고 냉소 받던 튀김소보로도 전면에 배치했다. 인테리어도 바꿨다. 가난한 사람도 주눅들지 않고, 부자도 초라하게 느끼지 않을 분위기를 내기 위해 애썼다. 그래서 성심당의 매장 바닥은 모두 나무 마루로 돼 있다. 화재 후 복구 경비를 줄이기 위해 직원 모두 왁스로 밀고 닦았던 바로 그 마루다.

화재 사건은 대전시민들이 성심당의 진면목을 확인하는 계기가 됐다. 익숙하게 알고 있던 성심당이 아니라 스토리를 가지고 있는 성심당으로 각인되기 시작한 것이다. 성심당을 새롭게 발견한 시민들은 단골손님이 되는 정도에 그치지 않고 적극적인 홍보대사를 자처하기 시작했다. 마침 블로그와 소셜미디어 시대가 열리면서 그동안 성심당의 알려지지 않았던 이야기들이 대전시 경계 너머로 퍼져나가기 시작했다. 맛있는 빵 때문에 단골이 된 손님들이 이제는 그들의 이야기에 공감하는 지지자로 진화했다.

외부 환경도 바뀌었다. 화재를 겪은 이듬해 2006년에 대전에 지하철이 놓였다. 2010년에는 〈제빵왕 김탁구〉라는 드라마가 인기를 끌며 옛날 빵에 대한 향수를 불러 일으켰다. 2011년에는 세계적인 여행 안내 책자인 '미슐랭가이드'에 성심당이 제과점 최초로 등재됐다. 회사 규모도 커졌다. 대전 롯데백화점의 요청으로 2011년 가을에 백화점 내 분점을 내게 됐고, 2012년에는 철도청과 대전시의 요청으로 대전역에도 매장을 열었다. 서울 소공동 롯데백화점 본점과 부산 롯데백화점을 번갈아가며 개최한 성심당 팝업스토어(일정 기간만 여는 시범 매장)가 크게 성공하면서 전국적인 인지도도 쌓아올렸다.

덕분에 성심당은 동생의 프랜차이즈 사업실패로 떠안아야 했던 수십억 원 대의 빚을 다 갚고 가파르게 성장하고 있는 중이다. 어느새 직원은 400명을 넘겼고, 연 매출도 400억 원(2016년)을 돌파했다. 하지만 성심당은 성장만 잘하는 기업이 아니다. 성장하는 만큼 직원들에게 돌려주는 기업이다. 2016년말 성심당의 임영진 대표가 중소기업청이 정하는 '미래를 이끌 존경받는 중소기업인' 12명에 선정됐는데, 12개 기업 중 가장 높은 임금상승률을 기록했다. 수익을 회사에 쌓아두는 대신 직원들에게 돌려줬기 때문이다.

대전 지역의 경제 주체들, 즉 거래처와의 문화도 돋보인다. 식재료를 비롯해 제과제빵이 필요한 재료들은 가능하면 대전과 인근 지역에서 조달하려고 노력한다. 딸기나 상추처럼 대량으로 사용하는 농산물은 생협과 유사하게 농가와 직접 거래한다. 결제도 철저하게 현금결제를 고집한다. 이른바 갑을 관계로 표현되는 우월적 지위를 사업에 악용하지 않는다. 성심당이 추구하는 경영 자체가 수익을 극대화하는 것이 아니라 지역 내 경제주체들과 튼튼한 경제공동체를 이루는 것이라서 그렇다.

대전의 대학생들이 자기 지역을 대표하는 브랜드로 성심당을 압도적으로 지지한 것은 단지 유명하기 때문만은 아니다. 유명하기로는 한화이글스가 훨씬 뛰어나다. 적어도 지역의 대표 브랜드가 되기 위해서는 도시 구성원들에게 '자랑스러움'을 안겨줄 필요가 있다. 다른 도시에는 없는, 우리 도시만의 자랑거리가 되어야 한다. 대전 성심당은 바로 그 부분을 채워주고 있다.

향토 기업의 문화적 잠재력

도시는 생활 공동체이면서 경제공동체다. 흔히들 도시의 경제 수준을 이야기할 때 지자체의 재정자립도를 내세운다. 이 숫자를 중요하게 여기는 이유는 도시 내에서 경영되는 기업의 세수가 곧 지역 경제의 지표 역할을 하기 때문이다. 도시에서 세금 많이 내는 기업은 그만큼 일자리를 많이 제공할 가능성이 높고, 또 소비도 촉진시킬 것이기에 도시 경제를 전반적으로 나아지게 만드는 데 기여한다.

여기에서 한 발짝 더 욕심을 낸다면 '향토 기업의 활약'이다. 거대 기업의 지사나 공장뿐만 아니라 지역에서 뿌리 내리고 성장한 토착 기업이 도시 경제 생태계에서 활약해준다면 경제적인 면뿐만 아니라 정서적으로도 시민들에게 긍정적인 영향을 끼칠 수 있기 때문이다. 마치 우리나라 국민들이 삼성전자와 현대자동차를 '우리 기업'이라고 여기고, 소니와 애플, 샤오미와 알리바바를 '외국 기업'으로 여기듯이, 도시 경제 안에서도 토착 기업에 대해 '우리 기업'이라는 강한 애착이 형성될 수 있다.

성심당의 예에서 알 수 있듯이 성공적인 향토 기업은 도시에 생생하고도 풍성한 이야기 자원을 제공한다. 특히 문화재나 역사처럼 과거가 아니라 현재 살아서 움직이는 이야기이기 때문에 도시에 엄청난 생동감과 활력을 제공해준다.

향토 기업은 경제적인 숫자뿐만 아니라 일자리와 서비스라는 형태로 오랜 시간 시민들의 삶과 밀접하게 상호 작용해왔다. 그 기업이 만들어내는 이야기가 곧 도시의 중요한 화제 거리가 되고, 그 기업이 만들어내는 문화가 곧바로 도시 문화의 하나로 스며든다. 향토 기업은 도시 자원을 자양분으로 성장할 수밖에 없기에 시간이 흐를수록 대다수의 시민들은 자기 정체성의 상당 부분을 그 기업에게 투사하게 마련이다.

따라서 도시 정부는 향토 기업에 대해 경제적인 가치뿐만 아니라 문화적인 가치도 함께 평가해야 한다. 2012년과 2013년 동안 총 61회에 걸쳐 세계 장수 기업을 소개한 KBS의 〈백년의 가게〉 제작팀(책임 프로듀서 이학송)이 낸 같은 제목의 책에 보면 프랑스의 장수 기업 지원 정책을 소개한 대목이 나온다.

프랑스는 지난 2006년부터 본격적으로 장수 기업 지원 정책을 펴기 시작했다. 프랑스의 EPV살아 있는 문화유산 기업 국가위원회는 오래된 가게들이 살아남고 발전할 수 있도록 정부 차원에서 세금을 감면하고 수출을 장려하는 등 다양한 혜택을 제공한다. 주된 목적은 이 장수 기업들이 지속 가능하게 발전하도록 보조하면서 고용과 부를 창출하고, 프랑스의 경제적 문화적인 우수성을 국외에 알리려는 것이다.

그러나 취재진이 밝히는 우리나라의 장수 기업 현실은 우울하다. 취재진은 우리나라에서 11개의 기업을 발굴해 방영했지만 정작 책에는 한 곳도 수록하지 않았다. 구색을 맞추기 위해 방송은 했지만 책에 실을 정도는 못됐기 때문이다. 1906년에 문을 연 '이명래 고약'은 후계자 문제로 제조법을 전수 못해 결국 간판이 바뀌었고, 1916년에 개업한 '종로양복점'은 빌딩 개발에 밀려 터를 옮긴 후 제대로 경영이 이뤄지지 못하고 있으며, 의성에 있는 '성광성냥공업사'는 2013년부터 휴업 상태로 이어지다 2016년말에 공장시설과 부지가 의성군에 기부되면서 '성냥테마파크'를 조성하는 계획이 추진되고 있다.

내 고향 경남에도 적지 않은 향토 기업이 있다. 역사가 110년이 넘은 몽고식품이 대표적이고, 2017년에 100주년을 맞이한 S&T모터스(1917년 설립·창원)와 60년이 넘은 피케이밸브(1946년 설립·창원), 현대모직(1951년 설립·양산), 경전여객자동차(1951년 설립·진주), 50년이 넘은 넥센타이어(1958년·양산), 중앙건설(1958년·옛 마산), 경남신문사(1946년·창원), 두산중공업(1962년·창원), 진주햄(1963년·양산) 등이 있다. 이 중에서도 몽고식품, 경전여객자동차, 넥센타이어, 경남신문사, 진주햄 등은 시민들의 삶과 직결되는 식품이나 소비재, 그리고 서비스를 제공하는 기업들이다.

문득 궁금해졌다. 경남 지역 대학생들을 대상으로 대전에서 한 것과 같은 조사를 했을 때 과연 순위 안에 이름을 올릴 수 있는 향토 기업이 몇 개나 될까? 경남 지역 대학생들 중 어느 정도가 이들 기업들을 '우리

기업'이라고 여기고 있을까? 가장 안타까운 기업은 역시 몽고식품이다. 1905년에 세워져 우리나라에서 드물게 100년 넘는 역사를 자랑하고 있는 이 기업은 문화적인 가치도 적지 않게 가지고 있다. 지난 100여 년간 경남과 부산 지역의 음식맛에 기본을 책임져온 기업이기 때문이다. 그러나 2015년말에 벌어진 '회장님의 슈퍼갑질' 사건으로 몽고식품은 도시의 자랑스러운 기업이 아니라 부끄러운 기업으로 전락했다. 몽고식품은 그 이전부터 오랫동안 지역 사회와 소통에 인색하기로 소문이 나 있었다. 갑질 사건이 불거졌을 때 안타까워 하는 이가 드물었던 이유이기도 했다.

이른바 갑질에 대한 몽고식품 경영진의 사과 기자회견 모습

또 하나의 아쉬운 기업은 한일합섬이다. 경남 지역에서 시민과 기업이 경제적으로나 정서적으로 가장 밀착했던 기업이 아니었을까? 단일 공장에 2만여 명이 근무하는 아시아 최대 공장이었던 한일합섬은 전국에서 모여든 수많은 누이들이 가족의 생계를 책임지기 위해, 혹은 자기 미래를 준비하기 위해 주야 3교대로 닭장 같은 기숙사 환경을 견뎌내며 땀을 흘렸던 곳이다.

당시 공부를 못 마친 여성 노동자들 위해 '한일여자실업고등학교'가 문을 열었는데, 운동장이 완공될 때 각자 고향에서 가져온 전국 팔도의 잔디를 함께 심는 의식을 가졌다는 이야기는 유명하다. 공장과 학교를 잇는 거리는 오뎅과 떡볶이 파는 분식점으로 즐비했고, 주말에는 부림시장 먹자골목 또한 이들이 다 먹여 살렸다는 전설도 있다. 그만큼 한일합섬은 지역 사회에 엄청난 일자리를 제공하면서 동시에 지역 상권에 활력을 불어넣으며 무수한 이야기 거리를 만들어냈다.

그러나 한일합섬과 마산시는 시민들과 함께 소통하기보다는 외면하는 쪽을 택했다. 한일합섬은 1998년 마산시로부터 공장용지를 주거용지와 상업용지로 용도변경을 받으면서 3,000억 원 이상의 시세차익을 챙겼고, 2005년에는 마침내 그 터를 건설사에다가 팔고 미련 없이 마산을 떠났다. 행정을 담당하는 마산시도 시민을 등지기는 마찬가지였다. 당시 마산시장이었던 김인규씨는 이때 인허가 때 뇌물을 수수한 혐의로 구속돼 시장직에서 중도 하차하는 불명예를 얻었다. 지금 그 터는 창원 지역 전체를 따져봐도 가장 비싼 주거지 중 하나가 됐지만, 그곳을 거쳐간 수만 혹은 수십만 명의 사연과 애환을 기념할 만한 공간 한 평도 마련되지 못했다. 그 엄청난 이야기 자원이 사라진 것이다.

향토 기업은 단순히 도시 경제의 주체만은 아니다. 시민의 삶 속에 깊숙히 자리하면서 문화를 만들어내고 이야기를 생산하는 문화적인 주체이기도 하다. 오래된 향토 기업에 대해 '문화유산 기업'이라는 개념을 만들어낸 프랑스의 정책은 그래서 참고할 만하다. 따라서 지역 사회와 밀착하면서 오랫동안 생산성을 유지해온 향토 기업이 있다면, 경제적인 성과뿐만 아니라 문화와 사회적인 부분까지 포함한 종합적이고도 입체적인 평가가 필요하다.

향토음식에 대한 도시 문화정책

"당신이 먹는 것이 바로 당신이다You are what you eat"라는 말이 있다. 무엇을 먹는지가 그 사람의 정체성을 나타낸다는 뜻이다. 육식을 선호하는지, 채식주의자인지만 알아도 우리는 한 사람에 대해 많은 정보를 얻게 된다. 국적에 따라서 섭취하는 음식도 차이가 난다. 도시들도 저마다 독특한 음식 문화를 갖고 있다. 전주비빔밥, 부산밀면, 마산아귀찜, 통영 꿀빵, 목포 삼합처럼 지역색을 드러내는 음식 브랜드들도 즐비하다.

특히 음식은 경제적인 효과를 기대할 수 있는 관광 자원이기 때문에 도시 차원에서 전략적으로 육성하고 있는 곳이 많다. 재료 발굴에서부터 음식 개발, 유통과 마케팅에 이르기까지 전방위적인 지원을 아끼지 않는다. 대표 음식과 맛집을 선정하기도 하고, 창업활동도 지원한다. 2차

가공식품을 개발해 고부가가치를 유도하는 등 음식 관련 향토기업 육성에도 적극적이다.

그러나 음식과 관련된 정책도 시민이 아니라 관광, 즉 외부인을 지나치게 의식하는 방향으로 진행되고 있다. 실제 도시에서 시민의 선택으로 형성된 음식 문화가 아니라 관광객에게 보여주기 위한 음식 문화에 치중하는 경향이 있다. 그렇다고 도시 정부의 이 같은 노력이 썩 성공적인 것 같지는 않다. 도시를 찾는 관광객들은 '공인' 맛집보다는 지인이 소개한 맛집을 더 신뢰하는 경향이 있다. 나아가 현지인이 좋아하고 자주 찾는 맛집을 아는 것이 고급 정보로 대접 받는다. 도시 정부의 관심은 관광객이지만, 정작 관광객의 관심은 현지인인 엇갈린 화살표를 서로 가리키고 있는 것이다.

부산 영도구의 '조내기 고구마'는 우리 도시들의 음식 관련 정책이 어떻게 진행되는지 들여다볼 수 있는 사례다. 영도구가 고구마에 관심을 기울일 만한 역사적 배경은 충분하다. 한반도에서 처음으로 고구마가 시범 재배된 곳^{시배지}으로 알려져 있기 때문이다. 영조 39년^{1763년} 조선통신사로 일본에 가던 조엄^{趙曮}이 쓰시마섬에서 고구마를 맛본 뒤 구황식물로 사용하면 좋겠다고 판단해 영도에 심어보게 했다. 당시 조엄은 쓰시마섬과 기후 조건이 유사한 영도에 먼저 심어보고 성공하면 거제와 제주에 심을 것을 명했다고 한다.

조엄은 통신사로 일본에 가기 전에 동래부사와 경상도 관찰사를 지내서 부산 지역의 사정을 잘 알고 있었다. 동래부사 강필리는 선임자의 뜻을 받들어 직접 배를 타고 영도에 여러 차례 건너가 고구마 작황을 점검

했다. 이때 고구마 재배 경험을 정리한 〈감저보ㅂ藷譜〉가 1766년에 제작됐지만 안타깝게도 전해지지는 않고 있다. '감저'는 고구마란 이름이 아직 없을 때 부르던 명칭이다. 다행히 조엄과 강필리의 노력이 성공해서 오늘날 고구마는 우리나라를 대표하는 중요한 식량 또는 기호식품 중에 하나로 자리 잡았다.

우리나라에 전래된 외래 식물 중에 문익점의 목화씨 말고 조엄의 고구마만큼 분명한 유입 경로를 갖고 있는 것들이 또 있을까? 인물도 분명하고 시기도 뚜렷하다. 심지어 쓰시마섬에 고구마가 유입된 경로도 이미 밝혀져 있다. 조엄이 영도에 고구마순을 가져오기 50여 년 전에 쓰시마 사람 하라다 사부로에몬原田三郞右衛門이 먹을 것이 부족해 어려움을 겪는 고향 주민들을 위해 가고시마에서 몰래 고구마를 빼돌렸다는 것이다. 쓰시마섬이나 영도나 모두 주민의 구황을 위해 고구마를 공수해서 재배에 성공한 사례다. 그래서 쓰시마섬에서는 효자 노릇을 했다는 뜻으로 '고코이모孝行芋'라 불렀는데, 이 발음이 조선에 그대로 들어와 '고구마'란 이름으로 자리 잡았다는 설이 유력하다.

하지만 오늘날 한국 고구마 시장에서 부산 영도가 차지하는 비중은 거의 없다. 옛날부터 지어오던 고구마밭이 영도에 있었던 것은 사실이지만, 다리로 연결되고 대도시로 편입되면서 영도 고구마는 산업적인 의미를 잃고 그저 개인적인 소일거리나 주전부리 정도로 축소됐다. 하루가 다르게 도시화되는 영도땅에서 고구마가 설 자리는 없었다. 그런 영도 고구마가 명맥이 끊기지 않고 다시 주목을 받게 된 것은 엉뚱하게도 1983년 부산 동래구에서 영도구로 시집온 황외분씨 덕분이었다. 남편이 운영하는 건축자재 회사의 인부들에게 황씨는 간식으로 고구마를 제공했는데, 인부들이 매번 나오는 찐 고구마에 싫증을 내자 다양한 요리법을 연구하게 됐고, 그 결과가 2013년 영도구 마을기업으로 조내기고구마(주)로 이어지고 있다.

'조내기 고구마'는 영도 토종 고구마의 다른 이름이다. 이름에 대한 설이 여러 가지지만, 조엄 선생이 가져왔다 해서 조내기라 부른다는 설이 가장 유력하다. 상대적으로 알이 작고 짙은 붉은색 껍질에 밤맛을 낸다. 황씨가 고구마 요리법에서 조내기 고구마 종자 자체로 관심을 옮기게 된 것은 2000년대초 시장에서 조내기 고구마를 더 이상 발견할 수 없게 되면서부터였다. 시장에서 고구마를 팔던 할머니는 수지가 맞지 않는 영도 토종 고구마를 포기하고 알이 큰 다른 지역 고구마를 가져다 팔고 있었다. 황씨는 조내기 고구마 종자의 행방을 캐물었고, 다행히 할머니 집에 널브러져 있던 종자 고구마를 모조리 사들였다.

이때부터 황씨는 조내기 고구마 지킴이로 나섰다. 영도에서 조내기 고구마 종자를 갖고 있다는 집은 모두 찾아가서 사모았다. 영농기술이 없어서 종자 고구마가 썩어 나가자 농촌진흥청에 직접 연락해 전라도의 토굴을 추천 받았고, 부산과 그곳을 오가며 겨우내 보관하는 수고도 마다하지 않았다. 상표는 물론이고 새로운 조리법이나 시제품이 나올 때마다 자비를 들여 특허 등록까지 했다. 당장은 돈이 안 되더라도 대기업이든 외국기업이든 조내기고구마에 대한 권리를 뺏기지 않겠다는 일념에서였다고 한다.

황씨의 노력에 부산 영도구도 호응했다. 2011년에는 영도구가 직접 중

재에 나서 1만 3,000 제곱미터에 달하는 사유지를 조내기 고구마 경작지로 사용할 수 있도록 지원했고, 2015년 2월에는 영도구가 내려다 보이는 전망데크에 '조내기고구마를 짊어진 농부'상을 세웠다. 동시에 고구마 전래와 관련한 학술 활동을 지원하고 시배지 일원에 대규모의 '고구마 역사공원'을 조성한다는 계획도 세우고 있다.

부산 영도구 청학동 언덕의 조내기고구마 재배지

황씨는 2013년 5월 주민들과 함께 마을기업 '조내기고구마(주)' 설립해 조내기 고구마를 재료로 한 분말, 캐러멜, 젤리, 국수 등을 만들어 판매하고 있다. 2014년 6월에는 부산시가 선정한 '부산지역 관광상품'에, 10월에는 안전행정부가 선정한 '10대 우수마을기업'에 선정되기도 했다. 2014년 6월에는 부산관광기념품 공모전에서 고구마 캐러멜이 특선 수상했고, 10월에는 안전행정부가 주최하는 '전국 10대 우수마을기업'에 선정되기도 했다. 한편 같은 지역 마을기업인 제과점 '꿈꾸는 파티쉐(주)'와 함께 '조내기빵'을 개발해 시판하고 있다.

여기까지는 훌륭하다. 도시를 대표하는 음식을 만들고 싶어하는 영도구는 3박자를 두루 갖췄다고 평가할 만하다. 첫째는 역사적인 자산이고, 둘째는 열정적인 혁신가의 존재, 그리고 셋째는 도시 정부의 강력한 의지다. 이 정도면 타 도시의 부러움을 살 만하고, 성공 가능성도 그만큼 높아 보인다. 황씨의 '조내기고구마'와 동네 빵집 '꿈꾸는 파티쉐', 그리고 지자체인 영도구가 함께 지향하는 바는 경주의 황남빵과 통영의 꿀빵처럼 부산 영도를 대표하는 음식을 빠른 시일 안에 개발하는 것이다. 지역 특산물과 동네 빵집의 협업으로 새로운 스타 음식을 탄생시킬 수 있다면 멋진 스토리가 될 것이란 기대도 감추지 않고 있다.

기대만큼의 결과가 나올지는 아무도 모른다. 음식문화가 불과 몇년 만에 형성되는 유행은 아니기에 오랜 시간을 두고 관찰할 필요는 있다. 다만 이 정책의 목표에 대해서는 수시로 질문하고 점검할 필요는 있지 않을까? 왜 향토 음식 관련 지원 사업을 하는지? 향토 음식을 지원해서 무엇을 얻고자 하는지? 그 목적이 그저 관광상품 개발이라면, 그 이유가 지역 수익 확대뿐이라면, 현지 시민들의 입맛과 도시의 음식문화를 지금처럼 크게 고려하지 않는다면 과연 이 사업은 얼마나 성공할 수 있을까?

고구마의 기원을 따지고 역사적 사실을 더듬는 활동은 그 자체로 의미가 있다. 하지만 이는 '오래된 이야기'다. 현실 속의 영도구에서 고구마 문화를 보편적으로 찾아내기는 쉽지 않다. 황씨가 조내기고구마에 열과 성을 쏟은 것도 기껏해야 21세기 들어서부터다. 황씨가 새롭게 쓰고 있는 조내기고구마 이야기는 영도구 시민들에게도 아직 '낯선 이야기'다. 사실 지금처럼 조엄이 학문의 영역에서 공공의 영역으로 호출되고, 고구마의 유래가 이런저런 매끈한 콘텐츠로 다듬어진 것은 도시 정부가 원했기 때문이다. 아직 시민들의 결제를 받았다고 보기는 어렵다. 하지만 관광상품으로 성공하기 위해서는 반드시 시민 결제가 필요하다. 관광객이 가장 궁금해 하는 음식은 '현지인이 즐기는 음식'이기 때문이다.

향토음식과 도시 정체성

음식은 지역의 자연환경과 밀접한 관련이 있다. 아니 있었다. 과거에는 그랬다. 지역의 기후와 지형, 그리고 풍토에 따라 자라는 생물이 다르고, 그것을 식재료로 만들어지는 음식도 다를 수밖에 없었기 때문이다. 바다가 가까운 곳에서는 해산물이, 산이 가까운 곳에서는 산나물과 밭작물이, 평야가 넓은 곳에선 곡물들이, 농경이 어려운 곳에선 가축과 유제품이 주요 식재료가 됐다.

물론 자연환경이 전부는 아니다. 오랜 시간에 걸쳐 공동체가 선택한 조리법도 공동체를 구분하는 중요한 변수가 됐다. 같은 재료라도 익히는지, 굽는지, 절이는지, 삭히는지에 따라서 음식은 달라진다. 첨가되는 식재료에 따라서도 맛과 향이 달라진다. 김치에 들어가는 젓갈만 봐도 출신 지역을 알아차릴 수 있는 것과 같은 이치다. 무엇을 먹는지를 살피면 그 사람이 누구인지를 알 수 있을 정도였다.

리버풀FC 팬들은 스카우스를 통해 정체성을 확인한다. ⓒ리버풀 홈페이지

공동체는 때로 음식을 통해 '우리'와 '그들'을 구분하기도 한다. 특별한 시점에 특별한 음식을 함께 먹음으로써 같은 공동체임을 확인하는 것이다. 예를 들어 설날에 떡국을 먹는 것은 우리 민족이 천년 넘게 고수해온 전통이다. 동짓날에 팥죽을 먹고 대보름에 부럼을 깨는 것도 같은 맥락이다. 이런 특별한 음식은 음식 이상의 문화적인 상징이 된다.

영국 프리미어 리그의 명문팀중 하나인 리버풀FC 경기가 홈구장에서 펼쳐질 때면 큰 글씨로 구호를 쓴 대형 현수막이 자주 등장한다. 그 중에 대표적인 슬로건이 "우리는 영국인이 아니다. 우리는 스카우스다.^{We are not English, We're Scouse}"이다. 스카우스는 리버풀 지역 사람들이 즐겨 먹는 맛없기로 소문난 수프다. 다른 도시 사람들이 맛 없다고 조롱할지언정 리버풀 시민들은 자기를 확인하는 중요한 문화 코드인 것이다. 축구 경기장에 들어선 이상 그들은 국적인 영국보다 리버풀이 더 소중하다. 리버풀 시민들은 그 열정을 스카우스에 투영하고 싶어 한다.

터키 남부 시리아 접경에 위치한 하타이라는 지역에는 아랍 민족 중 하나인 알라위파들이 많이 모여 살고 있다. 같은 이슬람을 믿지만 터키 인들과는 상당히 다른 문화를 형성하고 있다. 이곳에는 히르시Hirisi라는 특별한 음식이 있다. 겉으로 보기에는 평범한 고기죽이지만, 히르시는 하타이 사람들이 특별한 시간에 특별한 일을 축하할 때 즐기는 일종의 잔치 음식이다. 예를 들면 신께 빌었던 소원이 이뤄졌을 때, 아들이 군복 무를 무사히 마쳤을 때, 쿠르반Kurban이라는 종교적 희생절 날에, 동네 축 제 마지막 날에 이 음식을 먹는다.

이 음식에는 규칙이 있다. 배고프다고 혼자나 자기 식구끼리만 먹을 수 있는 음식이 아니다. 반드시 이웃을 초대해 함께 먹어야 하는 음식이 다. 또 식당에서 사먹을 수 없다. 많은 사람들에게 오랫동안 사랑을 받 아온 음식이지만 돈을 주고 사먹는 음식으로 생각하지 않는다. 철저하 게 공동체를 확인할 때만 먹는 음식이다. 또 이 음식은 같은 동네 사는 터키인, 아르메니아인, 심지어 여행객 등 초대 받은 이라면 누구나 먹을 수 있지만 만드는 것은 오직 알라위파 사람들에게만 허락됐다. 특별해 보이지 않는 음식이지만 공동체를 확인하는 일종의 의식인 셈이다.

음식에는 이처럼 문화적인 상징과 맥락이 덧씌워져 있다. 그러나 오 늘날 우리나라의 도시들에서 리버풀이나 하타이 처럼 문화적 맥락을 강 하게 띠는 음식을 발견할 수 있을까? 한국의 도시들은 이미 지극히 현대 적인 모습으로 균질해지고 있다. 대한민국의 도시는 더 이상 자연환경과 지형, 그리고 식재료로 구별할 수 있는 공간이 아니다. 마음만 먹으면 반 나절 만에 전국 어느 도시든 도착할 수 있는 도로망이 깔려 있고, 주거환경 또한 몇 개의 브랜드 아파트 단지들이 주도하고 있다.

　도시와 도시는 거미줄 같은 유통망을 따라 빅데이터까지 갖춘 물류가 흐르고 있다. 다국적 식품 기업은 물론이고 내로라하는 대기업들이 음식사업에 뛰어들면서 어느 도시를 가나 동일한 점포와 맛을 경험할 수 있게 됐다. 게다가 대중매체와 소셜미디어가 짝을 이뤄 전국을 동시 패션 공간으로 만들고 있다. 서울 홍대입구에서 유행한 음식이 경남의 중소도시에 전파되는 시간을 따지는 것 자체가 무의미해졌다.

　도시화된 향토 음식 또한 그 욕망이 대기업의 그것과 크게 다르지 않은 것 같다. 아무개 예능이나 먹방 프로그램에 소개라도 되면 금세 전국에서 손님들이 몰려들고, 그 유명세를 등에 업고 서울 입성을 꿈꾸거나 프랜차이즈 시스템에 노크한다. 드물게 성공할 경우 표준화된 맛과 매뉴얼화된 서비스가 전국 도시에 보급된다. 이때 그 음식은 과연 아무개 도시를 대표하는 향토음식이라고 말할 수 있을까? '신포우리만두'를 인천의 맛이라 할 수 있을까? '교촌치킨'을 대구 통닭이라고 말할 수 있을까?

　우리나라의 대표적인 음식인문학자인 주영하 한국학중앙연구원 교수는 〈음식인문학〉이라는 책에서 "식사로서의 음식은 일상이지만, 문화와 역사로의 음식은 인문학"이라고 주장한 바 있다. 사람들이 일상 속에서 섭취하는 음식 속에 정치와 경제, 그리고 사회적 함의가 포함돼 있다는 것이다. 도시에도 이 관점은 그대로 적용될 수 있다. 시민들이 섭취하는 음식과 즐기는 식문화 속에 도시의 정치, 경제, 사회, 즉 도시의 정체성이 반영되어 있다는 것이다.

　주 교수는 20세기의 한국음식이 식민주의와 전통주의, 민족주의와 국가주의, 그리고 세계 체제와 세계화 담론이 혼종된 결과라고 봤다. 그는 한국 음식사를 크게 다섯 시기로 나눴는데, 첫 번째는 강화도 조약 이후 서양인과 중국인, 그리고 일본인이 한반도에 대거 유입돼 외국 음식이 한반도에 유통되기 시작한 1880년대에서 1900년대를, 두 번째는 도시에 조선요리옥 같은 근대적인 외식업이 자리잡기 시작한 1900년대 이후부터 1940년대를 꼽았다. 세번째 시기는 한국전쟁 발발 이후부터 1960년대까지로 많은 사람들이 부득이하게 이동하게 되면서 각 지역의 향토음식이 다른 지역에 따라 전파됐고, 네 번째 시기는 도시화와 이농이 본격화된 1960년대말부터 1980년대로 고향을 그리워하는 도시인들을 겨냥한 향토음식점들이 도시 번화가에 자리잡기 시작했다.

마지막 다섯 번째 시기는 1990년대로 지금 우리가 살아가는 도시의 원형이 대부분 만들어졌다. 주교수는 이 시기를 거치며 한국인의 삶 자체가 이전 시대와 완전히 달라졌다고 평가한다. 전국적으로 아파트가 대량 공급되면서 아파트 상가를 중심으로 배달음식점이 급격하게 성장했고, 80년대 다국적 식품기업의 성공에 자극받은 국내 음식점들이 빠른 속도로 프랜차이즈화 되어갔으며, 대기업마저 음식사업 전반에 뛰어들면서 지역별, 도시별 음식문화가 획일화되는 경향이 나타났다. 1990년대 중반부터는 이런 흐름에 대한 반작용으로 한국음식의 정체성을 고민하는 움직임도 일어났다. 외국 음식과 비교하면서 한식의 우수성을 강조하는 '음식 민족주의'가 크게 주목을 받기도 했다. 향토 음식에 관한 관심도 이때부터 일어나기 시작했다. 주 교수의 판단에 따르면 우리는 현재 1990년대 음식 체제 속에서 살아가고 있다.

다시 조내기 고구마 이야기로 돌아가보자. 영도구의 조내기 고구마 프로젝트를 주 교수 관점에서 비평한다면 일종의 '음식 지역주의'라고 볼 수 있다. 영도구가 지역 음식의 우수성을 입증하기 위해 끊임 없이 학술적인 근거를 찾고 다른 지역 음식과 비교하고 있기 때문이다. 그런데 토박이보다 이주민이 훨씬 많은 도시에서, 오래 정착하기 보다는 언제 이주할지 모르는 사람들이 대다수인 도시에서 '우리 지역 음식의 우수성'을 앞세우는 것이 과연 얼마나 의미가 있을까? 음식 지역주의는 현대 도시의 정체성을 찾는 데 과연 적절한 대안이 될 수 있을까?

그렇다고 영도구의 고구마 프로젝트가 무의미하다는 말은 아니다. 토종 종자를 보유한 마을기업 조내기고구마(주)와 동네빵집인 꿈꾸는파티쉐(주)를 연결해 '조내기빵'이라는 새로운 음식을 만들어 시민들과 소통하고 있는 과정은 주목할 만한 가치가 있다. 조내기 고구마가 우리나라의 조상 고구마라는 이유만으로 소비자들이 조내기빵을 찾지는 않겠지만, 조내기빵이 소비자의 입맛을 사로잡게 된다면 조내기 고구마와 관련된 다양한 이야기들이 든든한 마케팅 자산이 될 수 있을 것이기 때문이다.

결국 음식은 이야기가 아니라 맛으로 소비자의 선택을 받는다. 향토음식이라 해서 예외가 될 수는 없다. 다행인 것은 사람들이 찾는 맛이 획일적이지만은 않다는 사실이다. 같아지고 싶은 마음 못지 않게 달라지고 싶은 마음이 존재하는 것처럼 음식에서도 획일적인 맛 못지 않게 나만의 혹은 우리 도시만의 개성 있는 맛을 즐기고 싶어 한다. 제아무리 화려한 프랜차이즈 음식점이 많아져도 마산 아귀찜, 동래 돼지국밥 같은

마산 아귀찜

지역 고유의 전통 음식이 사라지지 않는 이유이기도 하다.

그렇다면 1990년대 이후 획일화된 도시 환경 속에서도 자기 도시를 대표할 새로운 음식문화의 출현을 기대해도 될까? 비록 식재료의 원산지와 지형 및 기후 조건이 더 이상 의미 없는 도시 속에서 대부분의 인구가 살아가고 있지만, 시민들은 끊임 없이 자기 도시를 확인할 수 있는 새로운 음식문화를 지금도 만들고 있다고 가정할 수 있지 않을까? 리버풀의 스카우스와 하타이의 히르시처럼 시민들이 특별할 시기에 의식처럼 즐기는 음식 문화가 새롭게 형성되지 말라는 법은 없지 않을까?

이런 추정이 타당하다면 현대 도시에서 등장할 새로운 음식문화는 명사가 아닌 동사로 봐야 할 것이다. 특정한 조건이나 전문가적 당위로 미리 제약을 두기 보다는 시민들이 역동적으로 자기 음식을 선택하는 과정에 주목해야 할 것이다. 물론 부산 영도구처럼 확실한 음식 자산을 갖고 있을 경우에는 도시 정부가 일정한 역할을 수행할 수도 있다. 다만 그 역할은 어디까지나 시민들의 역동성을 증진시키는 방향이 되도록 주의를 기울여야 한다.

음식문화의 역동성은 새로운 맛의 탄생과 그에 대한 시민들의 반응으로 요약될 수 있다. 따라서 주어진 도시 환경 속에서 새롭게 개발되는 다양한 맛을 관찰하는 한편 시민들이 그 맛에 어떻게 반응하고 움직이는지를 주의 깊게 관찰하고 기록할 필요가 있다. 그 현상을 분석하고 해석하는 데서 비로소 도시의 음식 스토리텔링이 출발한다. 도시의 음식 스토리텔링이 필요한 이유는 관광상품을 개발하기 위해서가 아니라 거기서 살아가는 시민이 누구인지를 밝히기 위해서다.

11장

공동체 미디어와 스토리텔링 네트워크

성스러운 이야기는 공동체를 하나로 결속시키고 또 협동하게 한다. 따라서 도시의 스토리텔링을 "도시 정체성을 확립하는 데 필요한 성스러운 이야기를 발견 또는 창조하고, 이를 도시 구성원을 결속하기 위해 다양한 방법으로 보급, 확산, 내면화하는 일체의 활동을 가리킨다"고 정의했다. 하지만 좋은 이야기를 가졌다고 해서 공동체가 저절로 결속하는 것은 아니다.

가상의 이야기가 공동체의 구심점 역할을 제대로 하기 위해서는 미디어를 통해 구성원들에게 구석구석 제대로 전달되어야 한다. 때로는 언어를 통해, 때로는 이미지를 통해, 때로는 노래를 통해, 때로는 춤을 통해 공동체의 이야기는 확산되고, 반복되면서 내면화되어야 한다. 따라서 미디어 테크놀로지가 발달하면서 공동체의 규모가 커진 것은 우연이 아니다. 이야기를 신속하고 정확하게 전파할 수 있게 되는 만큼 공동체의 울타리도 넓어졌다.

문자가 보편적으로 사용되기 전까지는 말이 가장 압도적인 미디어였다. 〈뉴스의 역사〉를 쓴 미첼 스티븐스는 이를 두고 구두 뉴스 시스템 Oral News System이라고 불렀다. 그는 19세기 아프리카 식민지를 경영하던 한 유럽인을 예로 들어 구두 뉴스 시스템이 생각보다 강력한 힘을 가지고 있음을 밝혔다. 줄루족을 하인으로 부리던 유럽인은 어느날 하인이 쓰던 그릇에 악어 고기를 끓여 먹었다. 악어고기는 줄루족이 먹어서는 안될 금기였다. 줄루족 하인은 그날로 주인집을 떠났고, 유럽인은 다른 하인을 구해야 했다. 구두 뉴스 시스템이 작동한 것이다.

줄루족을 하나의 공동체로 묶어주는 구두 뉴스 시스템은 동서양을 물론하고 가장 오래된 공동체 미디어라고 할 수 있다. 종이와 인쇄술이 아직 보편화되기 전 중세 영국에는 '타운 크라이어Town Crier'라는 제도가 있었다. 정부에 속한 그들은 마을을 돌아다니면서 전쟁과 징집, 그리고 세금과 관련한 소식을 전했다. 요즘으로 치면 뉴스 아나운서 같은 존재였다. 이슬람이 지배하던 중세 중동지역에는 '유랑방랑시인'이 있었다. 먼 거리를 떨어져 살아가는 유목민들에게 유랑시인은 세상 돌아가는 이야기를 들려주는 인기 좋은 미디어였고, 그만큼 영향력도 컸다.

그러나 이들 미디어는 엄격한 의미에서 도시 공동체의 미디어라고 보기는 어렵다. 각각의 지역 공동체가 저마다의 미디어와 뉴스시스템을 갖췄지만 그 미디어에 실린 목소리는 대부분 자기 목소리가 아닌 '중앙'의 목소리였다. 다시 말해 전체를 통치하고 싶어하는 중앙 권력이 일방적으로 자기 메시지를 전파하는 수단으로서 이들 미디어를 활용했지, 지역이 스스로 자기 목소리를 내기 위해서는 거의 사용되지 못한 것이다. 시민이 주권을 가진 현대 도시에서는 바람직한 미디어라고 보기 어렵다.

대안 미디어와 공동체의 목소리

이와 같은 일방향성은 종이와 인쇄술이 보급된 근대에 와서도 크게 달라지지 않았다. 기존의 왕족과 귀족에서 자본가와 지식인 계급이 새로운 사회적 스토리텔러로 등장한 것이 사실이지만 지역 공동체가 독자적인 목소리를 내기에는 내부 역량이나 외부 환경이 뒤따라주지 않았다. 전체를 지배하려는 중앙의 욕망에 대응해 지역 공동체가 독립적인 목소리와 이해 관계를 관철시키려는 움직임은 20세기 중반부터 비로소 시작됐다고 볼 수 있다. 특히 1, 2차 세계 대전을 치르고 베이비붐 세대가 성장하면서 그 움직임이 뚜렷하게 나타나기 시작했다.

2차 세계대전이 끝난 뒤 태어난 사람들이 청소년기에 도달한 1960년대 중반, 인류 최초의 문화 트렌드가 하나 등장했다. 그 이름은 바로 '청년 문화'였다. 그 이전에 존재한 문화는 오로지 성인들만을 위한 것이었다. 성인식이라는 통과의례를 지나지 않은 청년, 청소년, 어린이들은 문화의 주체가 될 수 없었다. 그러나 전후 베이비붐 세대가 엄청난 숫자로 성장하면서 새로운 문화에 대한 욕구 또한 강하게 발생했다. 특히 양차 세계대전과 한국전쟁을 겪은 뒤에도 정신을 못차리고 베트남에서 또 전쟁을 일으킨 기성세대에 대한 반발이 강하게 일어났다.

미국에서는 히피운동과 흑인민권운동으로 베이비붐 세대의 요구가 정치화됐다. 유럽에서는 1968년 혁명이 새로운 아젠다를 요구했다. 그 거대한 흐름 속에서 대안 미디어운동도 싹이 튼다. 그 시초는 1, 2차 세계대전의 전범국가 독일에서 시작됐다. 1968년 유럽에서 청년 혁명이 일어난 바로 그해 독일의 학생운동 세력은 베를린에 본사를 둔 미디어 재벌 악셀 슈프링어를 집중적으로 공격한다. 2차 세계대전에서 패망한 뒤 독일 전역에서 상당히 많은 숫자의 언론사가 탄생했다. 전쟁이 끝난지 4년 만인 1949년에는 일간지만 600여 개에 달했다고 한다. 그 중에 '악셀 슈프링어'라는 출판사에서 발간하는 〈빌트Bild〉가 있었다. 1952년에 창간된

이 신문은 여성의 누드 사진을 1면에 크게 배치할 정도로 황색저널리즘을 추구했고, 정치적으로는 우파와 기득권을 옹호하는 논조를 취했다.

독일 학생운동이 한창 불타올랐던 1968년은 〈빌트〉의 옐로 저널리즘이 극단으로 치닫고 있던 때였다. 베를린 전체 신문 부수 중 〈빌트〉가 70%를 차지할 정도로 압도적인 비중을 차지하고 있었다. 이런 이유로 〈빌트〉는 이미 독일 지식인들에게 엄청난 비판을 받아오고 있었다. 그러나 〈빌트〉는 비판을 수용하는 대신 비판 세력을 공격하는 전략을 선택했다. 특히 좌파 지식인과 학생운동 세력에 대해 '빨갱이^{Red}'라는 딱지를 붙이며 원색적인 비난을 서슴치 않았다.

안티 슈프링어 캠페인을 통해 주류 미디어가 스스로 변화하기 어렵다는 사실을 깨달은 시민들은 기존의 제도권 저널리즘도 당연히 불신하게 됐다. 취재원으로부터 완전히 독립된 기자가 일정한 거리를 두고 가치중립적으로 보도해야 한다는 기존의 객관저널리즘은 이해 당사자의 입장과 처지를 너무 쉽게 도식화되거나 단순화하는 것으로 비판 받게 된 것이다. 이와 같은 문제 의식 속에서 기자가 아닌 당사자가 직접 취재하고 보도도 해야 한다는 '당사자 보도 저널리즘^{Native Reporting Journalism}'이란 개념이 새롭게 싹트기 시작했다.

아마추어리즘을 강조하는 당사자 저널리즘에서는 기존의 객관성은 잠시 미뤄두고 주관적인 이해와 사안을 해석하는 데 더 무게를 둔다. 예를 들어 쓰레기소각장이 특정 지역에 들어선다면, 해당 지역의 주민은 실제 어떻게 생각하고 있는지, 쓰레기소각장 당국과 어떤 접촉을 했고 어떤 과정을 경험했는지가 쓰레기소각장이 들어선다는 사실보다 훨씬 중요하다는 것이다.

1970년대에 세상으로 쏟아져 나온 수많은 대안 언론들은 바로 이런 당사자 저널리즘에 기초해 있다. 훈련받은 전문가에게 마이크를 넘기는 대신 직접 마이크를 잡고 자기 이야기를 하기 시작한 것이다. 그러나 취재의 전문성과 시스템이 절대적으로 부족한 당사자 저널리즘은 기존의 객관 저널리즘에 맞서 경쟁할 수 있는 형편이 아니었다. 당사자 저널리즘이 태동하게 된 배경은 분명하지만, 그것을 의미 있는 콘텐츠로 만들어내는 것은 또 다른 노력과 역량이 필요했다.

비슷한 시기에 등장한 공동체 라디오는 오늘날의 팟캐스트의 원형이 됐다. 전쟁에서 통신 기술로 사용되던 라디오 기술이 널리 보급되면서 정부의 통제를 벗어난 소출력 라디오들이 통제 받지 않는 날 것 그대로의 목소리를 발신하기 시작한 것이다. 현재 소출력에 기반한 공동체 라디오는 세계 100여개 국가에서 1만 개 이상 운영되고 있는 것으로 알려져 있다. 기술 자체가 어렵거나 비용이 많이 들지 않기 때문에 강대국은 물론이고 네팔이나 방글라데시 같은 가난한 나라에서도 활성화되어 있다. 국가의 경제 발전 상태와 무관하게 소통의 욕구가 충만한 공동체는 라디오라는 매체를 선택하기에 주저하지 않는 것이다.

소니 전자가 포타팩Portapak이라는 대중적인 비디오 촬영기를 개발하면서 영상매체도 공동체의 미디어로 활용되기 시작했다. 운동가들은 텍스트보다 이미지가, 이미지보다 동영상이 훨씬 파급력이 크다는 사실을 1970년대부터 알고 있었다. 특히 1991년 백인 경찰이 흑인 피의자를 과잉 진압해 사망에 이르게 한 로드니킹 사건은 우연히 촬영된 영상이 알려지면서 1992년 LA폭동으로 이어졌다. 1999년 11월 시애틀에서 열린 WTO 정상회담 장소에 세계화와 신자유주의에 반대하는 활동가들이 세계 각지에서 8만 이상 모였는데, 이때 비디오 활동가들만 400여 명이 넘게 활동했다.

이와 같은 대안미디어 운동의 성과 위에 21세기 들어 인터넷과 소셜미디어 시대가 본격적으로 열렸다. 특히 스마트폰이 대중적으로 보급되면서 우리는 이전 세대가 경험해보지 못한 '모두가 동시에 연결된' 미디어 환경을 살아가고 있다. 소셜미디어가 보급되면서 세계는 빠르게 변화하고 있다. 1인 미디어의 대명사 블로그가 기성 미디어의 대안으로 부각되더니 트위터와 페이스북이 아랍사회에서 혁명을 일으키는 도화선 역할을 하기도 했다. 그 어떤 매체보다도 신속하게 소식을 전하고 확산시키는 도구로 자리잡으면서 기성 미디어들도 소셜미디어 우산 아래로 모여들고 있는 추세다. 도시 공동체 입장에서는 미디어에 대한 진입장벽이 크게 낮아지는 효과를 가져왔다. 이제는 누구나 자기 미디어를 가질 수 있는 시대가 됐다.

커뮤니케이션 하부구조

그러나 새로운 미디어만으로 새로운 사회가 만들어지는 것은 아니다. 2000년대 수평성적인 커뮤니케이션을 강조한 인터넷 미디어가 대안처럼 떠올랐을 때 메타블로그 같은 1인 미디어의 플랫폼이 확대되면 매스미디어의 부작용도 어느 정도 교정할 수 있겠다는 기대가 부풀었던 때가 있었다. 그러나 2000년대 중반 이후 우리나라의 인터넷 공간은 네이버 중심으로 재편되면서 인터넷이 또 하나의 매스미디어로 둔갑하는 일이 벌어졌다. 2000년대 후반부터 스마트폰과 함께 보급된 SNS 서비스 또한 새로운 대안 미디어로 각광받으며 새로운 변화를 이끌었지만, 시간이 흐르면서 이 또한 의제의 양극화, 지나친 개인화 등의 문제점들을 노출하고 있다.

인터넷과 소셜미디어에서 느꼈던 기대와 한계에 대한 경험은 미디어의 형식 그 자체보다 공동체 안에서 커뮤니케이션 구조가 어떻게 구성되어 있는지가 더 중요하다는 통찰을 안겨주었다. 이와 관련하여 연세대학교 언론홍보영상학부의 김용찬 교수는 '커뮤니케이션 하부구조 이론 Communication Infrastructure Theory'을 정립했다. 공동체 내부의 커뮤니케이션 하부구조에 따라 공동체의 스토리텔링이 영향을 받는다는 이론이다.

김용찬 교수가 쓴 '인프라로서의 커뮤니케이션'(커뮤니케이션의 새로운 은유들)(커뮤니케이션북스·2014)에 따르면 이 이론은 커뮤니케이션 구조를 바라보는 범위를 국가나 도시 전체가 아니라 사람들이 일상 생활을 경험하는 마을 혹은 동네 수준의 공동체로 좁혔다는 특징이 있다. 이 이론은 지역 주민들이 장소를 기반으로 의미 있는 공동체를 경험하기 위해서는 이를 가능케 해주는 커뮤니케이션 하부구조가 갖춰져 있어야 한다고 주장한다. 다시 말해 시민이 도시 공동체에 소속감과 결속감을 느끼기 위해서는 커뮤니케이션 하부구조가 건강하게 작동해야 한다는 말이다.

사실 도시의 경영과 발전을 위해 도시 정부와 시민, 또 시민과 시민

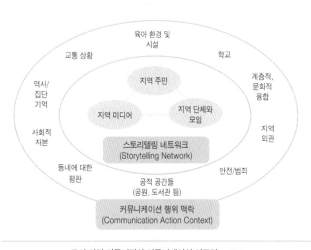

도시 지역 커뮤니티와 커뮤니케이션 인프라 ⓒ김용찬

사이의 소통은 아무리 강조해도 지나치지 않다. 그러나 오늘날 우리나라 도시 중에 도시 정부와 시민 사이는 물론이고 시민과 시민 사이의 소통이 원활하게 이뤄지고 있다는 평가를 받는 도시가 과연 있을까? 현대 도시는 오래 전부터 익명성과 파편화의 대명사로 전락했고, 군중 속의 고독을 표상하는 낯설고 두려운 공간으로 묘사되어 왔다. 특히 시민들 대다수가 고층아파트에 살게 되면서 도시 속에서 공동체를 이야기하는 것 자체가 어색해지고 있다.

그렇다면 도시 바깥의 농촌이 대안이 될 수 있을까? 그렇지는 않을 것이다. 어떻게 해서든 도시 속에서 공동체성을 회복하는 것이 지금 우리가 선택할 수 있는 거의 유일한 대안이다. 최근 전국 도시에서 일어나고 있는 '마을만들기' 운동은 대표적인 자구 노력이라고 평가할 수 있다. 그 흐름 속에서 커뮤니케이션 하부구조를 살펴보는 것은 적지 않은 의미를 가진다.

이 이론은 21세기의 최첨단 도시 환경 속에서도 '지역'을 매개로 한 커뮤니티가 여전히 우리 삶에 중요한 의미를 지닌다고 가정한다. IT 기술이 발달하면서 시공간의 제약이 거의 사라졌다고는 하지만 우리가 살아가는 일상 속의 문제들 대다수는 바로 지역 커뮤니티 수준에서 발생하고 문제 해결 또한 그 수준에서 이뤄져야 한다고 믿는다. 두 번째 가정은 지역 커뮤니티가 제대로 기능하기 위해서는 다양한 유형의 인프라 중에서도 커뮤니케이션 인프라가 필수라고 생각한다. 소통이 제대로 돼야 동네 사람들이 커뮤니티 구성원으로서 정체성을 공유하고, 공동의 가치를 추구하고 또 함께 행동할 수 있기 때문이다.

그렇다면 커뮤니케이션 하부구조는 어떻게 구성되어 있을까? 첫째는 '커뮤니티 스토리텔링 네트워크'다. 즉 커뮤니티 스토리텔러들이 연결된 상태를 가리킨다. 그림 내부에 있는 '지역주민'과 '지역미디어', 그리고 '지역단체·모임'이 커뮤니티 스토리텔러이고, 이 셋을 잇는 삼각형이 커뮤니티 스토리텔링 네트워크다. 커뮤니티 스토리텔러란 쉽게 말해 '동네 이야기를 하는 사람'이다. 동네에 살면서 서울 이야기만 하는 사람, 동네에 사무실을 뒀지만 연예인 소식만 전하는 신문, 동네 축구팀이지만 모이면 프리미어이야기만 하는 팀원들은 커뮤니티 스토리텔러가 될 수 없다. 부동산이 됐든, 교육이 됐든, 뒷담화가 됐든 동네 이야기를 생산하고 유통하는 사람들이 바로 커뮤니티 스토리텔러다.

스토리텔링 네트워크는 이들 스토리텔러들이 연결되어 있는 상태를 가리킨다. 연결 정도가 긴밀하고 유기적일 때 우리는 커뮤니케이션 하부구조가 튼튼하다고 평가할 수 있다. 예를 들어 동네에 기반을 둔 사회인 야구팀이 이웃 동네팀과 맞붙어 이겼을 때 그 소식이 동네 신문에도 실리고, 가족들의 저녁 식사 자리에도 화제가 되는 분위기라면 스토리텔링 네트워크가 튼튼하다고 말할 수 있다. 반대로 동네 팀이 전국대회에 나가 우승했는데도 동네 신문에 실어주지도 않고, 야구 안 하는 주민들은 아무도 모르는 상태라면 스토리텔링 네트워크가 부실하거나 붕괴됐다고 말할 수 있을 것이다.

커뮤니케이션 하부구조를 이루는 두 번째 요소는 바로 '커뮤니케이션 행위 맥락Communication Action Context'이다. 커뮤니티 스토리텔러와 그들의 네트워크는 진공상태가 아닌 구체적인 환경 속에서 존재한다. 이들 환경이 어떻게 만들어져 있는가에 따라 커뮤니케이션 활동은 촉진되기도 하고 위축되기도 한다. 김교수가 이론적으로 제시한 환경적 요소들은 지역 외관, 안전도, 동네 평판, 사회적 자본, 지역 역사, 교통, 학교, 육아 시설, 기술적 인프라 등이다. 이들 요소들은 앞서 소개한 커뮤니티 스토리텔러들이 동네 이야기를 얼마나 자주 또 깊이 이야기할지에 중요한 영향을 미친다.

예를 들어 생필품을 구매하거나 문화생활을 향유하기 위해 지역 바깥으로 나가야만 하는 구조를 가진 동네라면 그만큼 사람들이 동네 이야기를 할 기회가 줄어들 것이고, 사람들이 쉽게 모일 수 있는 공원이나 카페 같은 공간이 부족해도 동네 이야기를 나누기가 쉽지 않을 것이다. 동네 커뮤니티가 과거 심각한 재난이나 중대한 사건을 경험했을 때도 주민들은 동네 이야기 나누기를 주저하게 될 것이다. 이런 맥락들이 복잡하게 상호작용하면서 커뮤니티 스토리텔링 네트워크를 활성화시키기도 하고 억제하기도 한다.

붕괴된 하부구조의 재건

커뮤니케이션 하부구조는 도로나 아파트처럼 하루 아침에 뚝딱 만들어지지 않는다. 스마트폰과 소셜미디어처럼 테크놀로지가 발달한다고 저절로 생기는 것도 아니다. 트위터와 페이스북이 처음 도입됐을 때 세상을 움직일 뉴미디어로 각광받은 적이 있다. 예상된 선거 결과를 뒤집는 위력을 발휘하기도 했다. 그러나 불순한 의도를 가진 댓글부대가 진입하자 소셜미디어는 순식간에 증오와 혐오의 바다로 전락했다. 구체적인 지역과 연결되지 못한 소셜미디어는 끼리끼리 몰려다니는 그들만의 리그가 되면서 의제 설정 능력에서도 낙제점을 받았다.

사실 커뮤니케이션 하부구조는 다분히 문화적인 결과물이다. 오랫동안 공동체에 축적된 역사와 규범이 커뮤니케이션 하부구조의 골간을 이룬다. 그러나 우리나라 도시들은 안타깝게도 그 하부구조가 중앙 권력에 훼손된 채로 장기간 방치된 역사를 가지고 있다. 우리나라 정부가 수립되기 전부터 각 지역에는 '동회'라는 자치 조직을 가지고 있었다. 그 조직을 중심으로 커뮤니케이션 하부구조가 구축돼 있었던 것이다. 그러나 건국과 함께 독재정권이 잇따라 등장하면서 자치적이었던 커뮤니케이션 하부구조는 중앙 권력에 훼손되거나 예속됐다.

초대 대통령 이승만은 1958년에 지방자치법 4차 개정을 통해 선출직이던 자치단체장을 임명직으로 바꿨고, 1961년 군사 쿠데타로 정권을 잡은 박정희는 전통적인 자치조직인 동회마저 강제로 해산시켰다. 박정희는 나아가 쿠데타에 참가한 군인들을 '유신사무관'이란 이름으로 전국 방방곡곡에 내려보냈다. 그들은 새마을운동이라는 대규모 캠페인을 주도하면서 기존의 커뮤니케이션 하부구조를 붕괴시키고 청년회와 새마을부녀회 같은 권력 친화적인 하부구조를 인위적으로 구축했다.

평소 눈에 잘 띄지 않던 지역의 커뮤니케이션 하부구조는 선거철에 그 모습을 드러낸다. 후보자들이 찾아다니면서 인사하는 공식 비공식 단체와 조직이 바로 해당 지역의 대표적인 커뮤니티 스토리텔러들이라고 생각하면 틀림이 없다. 이들 조직 중 상당수는 박정희 시대에 만들어졌거나 그 후신들이다. 문제는 이들 스토리텔러들이 다른 스토리텔러들과 유기적으로 연결돼 있지 못하다는 사실이다. 이미 권력화된 그들은 지역발전을 위해 개방적으로 소통하기 보다는 자기 이익을 지키기 위해 울타리를 치는 경향이 강하다. 저마다의 공동체에 안주하며 편향된 관점으로 지역을 바라보려고만 한다.

하지만 시민들의 공동체 열망이 권력으로 완전히 제압되지는 않았다. 공동체는 생존을 위한 필수 조건이기에 시민들은 주어진 조건 속에서도 새로운 공동체를 만들기 위해 부단히 노력해왔다. 한국의 도시 정부들이 2000년대 중반부터 펼치고 있는 각종 '마을만들기' 사업들이 대표적인 캠페인이라고 볼 수 있다. 박원순 시장이 취임한 서울시는 2012년부터 아예 '마을공동체 종합지원센터'라는 지원기구를 만들기도 했다.

하지만 이러한 관주도의 노력들이 커뮤니케이션 하부구조를 건강하게 구축하는 데까지 이어지고 있을까? 이 사업들을 통해 만들어진 모임과 조직들이 커뮤니티 스토리텔러로서 제 역할을 하고 있을까? 그들의 마을 이야기들이 유기적으로 서로 연결되어 공유 확산되고 있을까? 아직은 이런 질문들에 제대로 된 대답을 얻지 못하고 있다. 간혹 눈길을 끄는 사례들은 나오지만 과연 지역에 생기를 불어넣을 커뮤니케이션 하부구조가 만들어지고 있는지는 여전히 의문이기 때문이다.

건강한 커뮤니케이션 하부구조를 구체적으로 재건하려는 노력은 관이 아닌 민에서 활발하게 일어나고 있다. 그 중에서도 2008년부터 시작된 경남도민일보 사례는 눈여겨 볼 필요가 있다. 당시 경남도민일보 기

2008년 8월 30일에 열린 '경남 블로그 컨퍼런스'

경남지역 시사 팟캐스트 <우리가 남이가>

자였던 김주완과 김훤주는 팀블로그를 운영하면서 경남에서 활동하고 있는 블로거 공동체를 만들기 위해 노력했다. 그 해 8월에 경남 최초의 메타블로그인 〈블로거's 경남〉을 열었고 그 달 말에는 '블로거 지역공동체 어떻게 실현할 것인가'를 주제로 경남블로거 콘퍼런스도 개최했다. 이후 경남도민일보는 블로거들에게 지면까지 제공하며 유기적인 연결을 도모했다.

2014년 11월에는 경남지역의 정치 문제를 정면으로 다루는 시사 팟캐스트 〈우리가 남이가〉가 선보였다. 지명도 높은 스타들이 출연해 여의도 정치를 주무르는 시사 팟캐스트가 즐비한 가운데 과연 지역 정치를 다루는 팟캐스트가 자리를 잡을 수 있을까 하는 우려가 없지 않았지만 당시 경남은 물론 전국적인 이슈였던 홍준표 경남도지사의 무상급식 폐지 문제를 집중적으로 다루면서 청취자들로부터 존재 가치를 인정 받았다.

〈우리가 남이가〉는 특히 팟캐스트 영역에만 머물지 않고 신문사인 경남도민일보와의 협력에도 적극 나섰다. 두 매체는 서로의 내용을 자기 독자들에게 공유하는 데 인색하지 않았고, 또 '정치 Vocabulary' 같은 코너를 만들어 콘텐츠를 공동기획하는 모습도 선보였다. 두 매체 모두 지역사회에서 유력한 매체로 성장하면서 서로를 연결하는 '스토리텔링 네트워크'를 만드는 데에도 적극적이었다.

경남 진주에서는 시장과 시당국의 획일적이고 일방적인 정책집행에 반대하는 생활정치네트워크 '진주같이'가 2013년에 결성됐다. 이 조직은 유등축제 전면 유료화에 대한 반대 여론을 조성하고 진주에 새로운 커뮤니케이션 하부구조를 만들기 위해 노력하고 있다. 그 결실 중에 하나로 〈단디뉴스〉와 같은 독립 언론이 만들어져 진주시와 관련한 중요한 이슈가 제기될 때마다 기존 언론에서 다루지 않은 새로운 내용과 시각을 제공하면서 시민들과 소통하고 있다.

대도시인 서울에서도 비슷한 사례들이 만들어지고 있다. 서울의 도봉구 주민들은 〈도봉N〉이라는 신문을 매달 1만부씩 찍어내면서 지자체가 무시할 수 없는 정치적인 영향력을 행사하고 있다. 저널리즘 훈련을 따로 받지 않은 평범한 주민들이 그저 재미 있어서 따로 보수도 받지 않고 함께 만드는 신문인데도 그렇다. 성북구에서는 동네 사람들이 동영상 뉴스 서비스인 〈성북마을방송 와보송〉을 개국해 운영하고 있다. 종로구 창신동에서는 〈덤〉이라는 이름의 팟캐스트 방송국이 돌아가고 있다.

물론 시민들이 자발적으로 만든 몇몇 매체들이 존재한다고 해서 지역 내 커뮤니케이션 하부구조가 완성되는 것은 아니다. 지역 사회에서 스스로 의미 있는 단체와 조직이라고 생각한다면 저마다의 미디어를 운영하며 보다 적극적으로 지역의 스토리텔러로 나설 필요가 있다. 나아가 다른 유사 미디어들과도 '의미 있게 연결'되는 것도 중요하다. 경남도민일보와 〈우리가 남이가〉처럼, '진주같이'와 〈단디뉴스〉가 협업하는 것처럼 매체와 매체가 연결될 뿐만 아니라 그 네트워크에 충분히 많은 시민들이 유기적으로 연결될 수 있도록 노력해야 한다. 그 하부구조가 튼튼할수록 시민이 주인되는 스토리텔링이 강해지고, 시민 공동체 또한 건강하게 성장할 가능성이 높다.

에필로그

1398년 태조 7년 음력 8월 25일 밤 정안군 이방원이 쿠데타를 일으켜 정도전과 남은을 제거하는 데 성공했다는 소문이 퍼지자 이튿날 새벽 새로운 권력에 어떻게 줄을 대보려는 조정 대신들이 이방원이 거처하는 곳으로 몰려들었다. 그 대열에 위화도 회군 당시 선봉대 부대장이었던 유만수柳曼殊 장군과 그의 아들 유원지柳原之가 있었다. 유만수는 죽은 정도전 계열 인사로 태조가 세자를 책봉할 당시 방석 편에 섰던 인물이었다.

문화부 찬성 벼슬을 하던 유만수가 아들 유원지와 함께 이방원의 말 앞에 무릎을 꿇었다. 이방원이 "무슨 이유로 왔느냐?"고 물으니 유만수는 "변란이 일어났다는 말을 듣고 전하를 호위하러 급히 달려오는 길"이라고 답했다. 그러나 곧이곧대로 들을 이방원이 아니었다. 이방원이 자리를 회피하려 하자 절박했던 유만수는 말고삐까지 잡고 매달렸다. 아들이라도 살리고 싶은 심정이었을 것이다. 그러나 소용 없었다. 곁을 지키고 있던 이방원의 종이 작은 칼로 유만수의 턱밑을 찔러 쓰러트린 후 목을 베었고, 아들도 도망치게 만든 후 쫓아가 목을 베어 죽였다.

〈정도전을 위한 변명〉을 쓴 조유식은 이 대목을 소개하며 다음과 같이 평가했다.

"필부의 죽음은 역사의 관심 밖이지만, 말끝마다 의를 앞세웠던 사대부의 최후는 역사의 준엄한 평가 대상이다. 필부와 사대부 차이는 나만을 근심하는가, 천하를 근심하는가에 있다. 천하를 근심하던 사대부가 나만을 근심하는 필부로 전락하면 애초에 사대부가 되지 않았던 것만 못하다. 역사가 그를 조롱하고 모욕하기를 상갓집 개 다루듯 하기 때문이다."

스토리텔링의 가장 대표적인 형태가 바로 역사다. 역사적인 사건 혹은 인물로 기록되는 것이 어쩌면 스토리텔링의 가장 큰 목표일지도 모른다. 한 사람의 이야기는 죽음을 통해 완성된다. 되짚어 보면 인생의 순간순간이란 죽음이라는 결말을 앞두고 써내려가는 이야기 토막들이다.

물론 인생의 모든 순간이 이야기 거리가 되는 것은 아니다. 우리 삶의 팔할은 도저히 이야기로 만들기 어려운 반복된 일상들로 채워져 있다. 오로지 생존을 위해 생계를 위해 반복해야 하는 움직임들에서 이야기를 찾아내기란 쉽지 않다. 그러나 조금 긴 안목으로 관찰해보면 우리는 누구나 '중요한 순간'들을 겪게 마련이다. 엄청난 기회가 찾아오기도 하고 가슴 졸이는 위기가 찾아오기도 한다. 그 절체절명의 순간들 속에서 우리는 '선택'하고 '행동'하지 않으면 안 된다. 바로 이 순간이 이론적으로 플롯Plot이 된다. 이 플롯들을 연결하면 하나의 이야기가 완성되는 것이다.

조유식은 필부와 사대부를 구분했다. 조선시대 초기의 사대부는 일종의 혁명가였다. 고려 무신정권의 부패와 무능을 혁파하고 새로운 세상을 창조하기 위해 그들은 성리학이라는 새로운 이념을 받아들였다. 새로운 세상을 꿈꾸는 혁명가가 그저 먹고살기 위해 일상에 함몰되어야 하는 필부들과 같은 삶을 살 수는 없었다. 세상을 바꾸는 일 자체가 거대한 신화를 만드는 대업이기에 혁명가 또한 그에 준하는 삶을 살아야 했다. 기껏 자기 핏줄 하나 건사하자고 대의를 뒤집는 것은 역사의 이름으로 용납 받을 수 없었다.

자기 삶을 역사의 플롯으로 해석하는 시각이 이념 국가였던 조선에만 국한된 것은 아니다. 우리가 살아가는 21세기에도 이 같은 시각과 태도로 자기 플롯을 하나하나 구성해가는 인생들을 드물지 않게 발견할 수 있다. 2009년 현역 군인의 신분으로 군납 비리를 방송(PD수첩)에 폭로했던 김영수 소령도 그런 인물들 중에 하나다. 폭로 이후 그는 가시밭길을 걸어야 했다. 장교 사회에서 왕따 당하는 것은 물론이고 가족들도 비난에 노출되면서 결국은 군복을 벗어야 했다. 이명박이 대통령으로 있던 그 시절 김소령은 이 모든 결과를 예상하지 못했을까? 했을 것이다. 그런데도 왜 폭로를 결심했을까? 김소령은 폭로 이후의 삶을 다룬 한 다큐멘터리(SBS스페셜)에서 이렇게 말했다.

"제 자식이 알았다고 생각해보십시오. 그럼 할 말이 없잖아요."

김소령은 자기 인생을 '이야기를 완성해가는 여정'으로 보고 있는 듯하다. 군납비리를 발견한 사건은 김소령에겐 인생의 방향을 결정짓는 중요한 플롯이었다. 김소령은 위기의 순간 단순히 생존을 위해 빠져나갈 궁리를 하는 대신 자식에게 부끄럽지 않으려고 정면돌파를 선택했다. 조유식이 역사에 기록될 자기를 생각하며 행동하는 것이 사대부라고 말한 것처럼 김소령은 자식에게 기록될 자기 역사를 생각해 정의로운 행동을 선택했던 것이다.

-

스토리텔링을 숨겨진 이야기를 발굴해 멋지게 포장해 전달하는 행위쯤으로 생각하는 경향이 많다. 스토리텔링이 특히 마케팅 활동 중에 하나로 이해되면서 그럴 듯한 포장지나 화장술 정도로 통용되는 것 같다. 그러나 이야기는 그 정도로 취급되어서는 안 된다. 이야기는 돈벌이 수단이 아니라 존재의 근원과 정당성을 밝히는 엄숙한 서사이기 때문이다. 우리가 누구인지, 어디에서 왔는지, 또 어디로 가야하는지를 밝혀주는 지도 같은 존재이기 때문이다.

도시의 스토리텔링도 마찬가지여야 한다. 스토리텔링은 주권을 가진 시민이 누구인지, 그들이 왜 지금 이 도시에 정착했는지, 시민이 함께 추구해야 할 핵심 가치가 무엇인지, 따라서 시민은 도시의 어떤 미래를 열어가야 하는지에 대한 해답을 함께 만들고 공유하는 과정 일체여야 한다. 겨우 스쳐 지나가는 관광객 호주머니를 노리면서 스토리텔링을 언급하는 것은 천박하고 우스꽝스럽다. 게다가 스토리텔링을 한다면서 시민을 결속시키려고 노력하기 보다는 분열을 조장하는 행위는 본말이 완전히 전도된 것이다. 관청과 전문가 그룹이 주도해서 도시 스토리텔링을 전횡하는 문화도 시대 정신에 부합하지 않는다.

나는 서두에서 도시 스토리텔링을 다음과 같이 정의했다.

"도시 스토리텔링이란, 도시의 정체성을 확립하는 데 필요한 성스러운 이야기를 발견 또는 창조하고, 이를 도시 구성원을 결속하기 위해 다양한 방법으로 보급, 확산, 내면화하는 일체의 활동을 가리킨다."

도시는 공동체를 하나로 묶을 성스러운 이야기를 발견해야 할 의무도 있지만 직접 창조해야 할 의무도 있다. 지나간 역사 속에서 가치 있는 스토리를 발굴하는 일도 게을리해선 안 되겠지만, 다가올 미래를 책임질 후배들을 위해 오늘 당장 가치 있는 역사를 만들어가는 일도 소홀해선 안 된다.

조선 초기 유만수가 대의를 저버리고 역사 속에서 조롱 받는 것처럼, 21세기의 김영수 소령이 공익을 위해 자기 희생을 감수했을 때 모두가 그를 소중한 사람으로 기억하는 것처럼, 도시 공동체가 당면한 중요한 순간들이 플롯이 되고 그때마다 내린 선택들이 모여 이야기가 될 것이다. 물론 그 이야기는 머지 않은 후대에 냉정한 평가를 받게 될 것이고.

-

스토리텔링이 만들어내는, 만들어내야 하는 정서는 '자긍심'이다. 도시 스토리텔링을 하겠다면 시민에게 자긍심을 선물로 주어야 한다. 이 도시에 살아서 행복하고, 이 도시 시민인 것이 자랑스러워야 한다. 그 자긍심의 내용을 채워주는 것이 바로 스토리텔링이다. 어디 내놔도 부끄럽지 않을 이야기, 누가 들어도 옷깃을 여미게 되는 숭고한 이야기를 시민 공동체가 함께 공유할 때 스토리텔링의 효과는 극대화될 수 있다.

하지만 그 내용이 부실할 때 뜻하지 않은 부작용이 일어나기도 한다. 내용은 없는데 자긍심은 올리고 싶을 때, 사람들은 자주 '규모'나 '숫자'에 호소한다. 세계에서 가장 '높은', 세계에서 가장 '큰', 세계에서 가장 '많은' 등의 상대성을 강조하는 수식어에 의존한다. 이 비교가 당장의 이목을 끌고 잠깐의 자랑거리는 될 수 있지만 오래 지속될 가능성은 거의 없다. 한 마디로 부질 없다. 시설은 금방 낡고, 규모와 숫자는 얼마 안 있어 따라 잡히기 때문이다.

여기서 한 걸음 더 나아가면 악의적인 스토리텔링으로 변질될 수도 있다. 자기 안에서 자긍심을 일으킬 내용을 찾기 어려울 때 사람들은 자주 타자와 악의적으로 비교하며 자긍심을 억지로 만들어내기도 한다. 인종 차별이 대표적인데 예전 남아프리카공화국과 오늘날 팔레스타인에서 분리 정책Apartheid이란 이름으로 제도화된 사례가 있다. 가장 악질적인 사례는 물론 2차 세계대전 당시 독일의 나치가 자행한 유대인 학살이었다. 히틀러는 독일인이 순수 아리안의 후손이라는 신화를 보급하는 한편 당시 사회의 모든 문제가 그 자체로 악마적인 유대인에게서 비롯됐다고 호도했다.

아리안과 유대인을 대비시킨 히틀러의 강렬한 스토리텔링은 독일인들을 무섭게 결속시켰고, 그 결과는 공동체 내 약자에 대한 무자비한 폭력이었다. 스토리텔링을 통해 공동체를 결속시켜 소속감과 안정감을 느끼게 하는 것이 바람직하지만, 그 자체가 목적이 되어서는 안 된다는 사실을 나치 사례가 웅변적으로 보여준다. 움베르트 에코의 소설 〈프라하의 묘지〉에서 주인공이 차르를 향한 민중의 불만을 돌리기 위해 애국주의를 동원하고 유대인을 공동의 적으로 설정해야 한다고 주장하는 대목이 나온다.

"민중에게 희망을 주기 위해서는 적이 필요합니다. 누가 말하기를 애국주의란 천민들의 마지막 도피처라 했습니다. 도덕적인 원칙과 담을 쌓은 자들이 대개는 깃발로 몸을 휘감고, 잡것들이 언제나 저희 종족의 순수성을 내세우는 법이죠. 자기가 한 국가나 민족의 일원임을 확인하는 것, 이는 불우한 백성들의 마지막 자산입니다."

이 인용문은 도시와 지역 등의 공동체에서 자기 정체성을 찾는 데 실패한 사람들이 마지막 카드로 국가 정체성에 기대어 심리적 도피처를 찾는 행태를 꼬집고 있다. 도덕성은 내팽개친 채 깃발로 몸을 휘감고 있지도 않은 종족의 우수성을 주장하는 모습은 2017년 초 서울 한복판에서 열린 이른바 태극기 집회 때 모습을 빼다박은 듯하다.

스토리텔링은 인류가 공동체의 정체성을 확인하는 데 사용한 가장 오래된 방법론이다. 스토리텔링을 통해 사람은 자기가 속한 공동체에 소속감과 자긍심을 느끼면서 존재하는 의의를 찾았다. 그러나 그 어떤 스토리텔링이라도 인류가 그 동안 축적하고 검증해온 보편적인 가치와 윤리 위에 서 있어야 한다.

인류가 지구상에서 멸종하지 않는 이상 도시는 인류 대부분이 살아가는 삶의 터전이 될 것이다. 그 속에서 인간이 인간답게 살기 위해, 주변 환경은 물론 자연과도 조화롭게 살아가기 위해 우리는 제대로 된 스토리텔링을 시작해야 한다. 돈 몇 푼 더 벌려고 관광객 호주머니나 엿보는 장삿속 스토리텔링이 아니라 도시 안에서 시민들이 자긍심을 갖고 살아갈 수 있게 도와줄 진정한 스토리텔링이 필요하다.

우리나라 도시들은 제법 긴 역사를 가지고 있음에도 불구하고 고유의 자기 정체성과 독자적인 문화를 가진 곳이 생각보다 많지 않다. 일제시대와 한국전쟁이라는 극심한 단절과 지방자치를 짓누르며 오랫동안 지속된 독재정치, 그리고 수출주도형 중공업을 육성한다는 이유로 편중됐던 지역 발전 등의 문제가 누적되면서 지역 스스로가 '자기 이야기'를 만들어갈 기회를 충분히 갖지 못했기 때문이다.

이처럼 허약한 기반 위에서 어렵게 시작된 지방자치는 25년 가까이 조급증에 시달리고 있다. 4년이라는 짧은 임기에 눈에 띄는 성과를 내려다 보니 대다수 도시의 문화 정책들이 근시안적이거나 표피적인 수준을 벗어나지 못하고 있다. 이런 토대 위에 만능 열쇠처럼 등장한 스토리텔링은 너무 쉽게 '돈벌이 수단'으로 오남용됐다.

스토리텔링, 즉 이야기하기는 말 그대로 동사여야 한다. 과거 어느 시점과 인물에 고정된 명사가 아니라 지금도 만들어지고 있고 앞으로도 만들어가야 하는 그 어떤 것이어야 한다. 도시공동체가 추구해야 할 성스러운 이야기를 함께 완성해가는 그 모든 여정이 바로 도시의 스토리텔링이어야 한다.

초판 1쇄 발행 2017년 6월 12일
초판 2쇄 발행 2017년 6월 27일
초판 3쇄 발행 2017년 7월 17일

지은이   김태훈
펴낸이   구주모

편집책임   김주완
표지·편집   서정인
유통·마케팅   정원한

펴낸곳   도서출판 피플파워
주소   (우)51320 경상남도 창원시 마산회원구 삼호로38(양덕동)
전화   (055)250-0190
홈페이지   www.idomin.com
블로그   peoplesbooks.tistory.com
페이스북   www.facebook.com/pepobooks

이 책의 저작권은 **도서출판 피플파워**에 있습니다.
이 책 내용의 전부 또는 일부를 사용하려면 반드시 허락을 받아야 합니다.

ISBN   979-11-86351-15-4 (03330)

이 도서의 국립중앙도서관 출판예정도서목록(CIP)은 서지정보유통지원시스템 홈페이지(http://seoji.nl.go.kr)와
국가자료공동목록시스템(http://www.nl.go.kr/kolisnet)에서 이용하실 수 있습니다. (CIP제어번호 : CIP2017013061)